KB154209

벌거벗은
한국사 권력편

벌거벗은 한국사 [권력편]

본격 우리 역사 스토리텔링쇼

tvN STORY 〈벌거벗은 한국사〉
제작팀 지음

프런트페이지
FRONTPAGE

특별한 여행을
함께 떠나볼까요

여행을 떠나볼까요?

반만년 우리 역사의 수많은 장면들.

그중 가장 매력적인 '스토리'가 있는

과거 어느 순간이 우리의 목적지입니다.

여러분은 언제, 어디로 떠나 누구를 만나고 싶으신가요?

저희의 고민도 여기서 시작됐습니다.

우리 역사의 어느 시점으로 돌아갈 수 있다면

과연 어디로 떠날 것인가?

어떤 인물의, 무슨 이야기를 들을 것인가?

답을 내리기는 생각보다 어려웠습니다.
분명 학교 수업시간에 배웠던 것 같은데
머릿속에 '스토리'는 없이 연도, 사건, 인물 같은
단편적인 정보들만 떠올랐기 때문입니다.

그래서 저희는 생각했습니다.
'우리 역사의 장면들이 오랫동안 기억되도록
쉽고 친절하게 흥미로운 스토리로 엮어 보여드리자.'
그리고 히스토리텔러 최태성 선생님과 뜻을 모았습니다.
우리 역사 스토리텔링쇼 〈벌거벗은 한국사〉는
그렇게 태어났습니다.

누구나 부담 없이 즐길 수 있는 스토리 한국사.
이제 준비는 끝났습니다.
펜과 노트는 잠시 내려놓고
홀가분한 마음으로 한국사 여행을 떠나보실까요?

tvN STORY 〈벌거벗은 한국사〉 제작팀

삶을 통찰하게 만드는
역사 속 권력 이야기

아들이 아버지를 위협하고,

형이 동생을 죽이는 스토리가 난무하는 현장.

무시무시한 이야기가 비일비재한 곳, 그것이 바로 역사입니다.

성실하게 능력을 쌓아 정상에 오르고,

허겁지겁 올라간 정상에서 곤두박질하는 스토리가 요동치는 현장.

아름다운 꽃도 열흘 이상 붉을 수 없고,

높은 권세도 십 년을 넘기지 못한다는

'화무십일홍花無十日紅 권불십년權不十年'이 증명되는 곳,

그것이 바로 역사입니다.

이런 드라마틱한 이야기의 중심에 놓여 있는 것은 무엇일까요?

바로 '권력'입니다.

권력은 강력한 힘으로 사람을 매혹하다가 그 무게를 버티지 못하면

순식간에 몰락하게 만드는 인간사의 뜨거운 감자이지요.

그래서 권력을 사용하는 방법을 아는 것은

인생을 사는 데 있어서 굉장히 중요한 문제입니다.

이번 《벌거벗은 한국사》는 '권력편'입니다.

옛사람들이 권력을 어떻게 사용했는지,

잘못 휘두르면 어떤 결말을 맞이했는지 모두 역사에 기록되어

있습니다.

권력의 칼이 춤추는 곳을 따라가며 쫄깃한 재미에 푹 빠지는 한편,

그 칼날이 베어진 곳에 이르면

처연한 삶의 뒤안길을 만나볼 기회도 있을 것입니다.

역사 속 권력의 흥망성쇠를 살펴보며

내 삶에 적용할 교훈을 찾는 시간이 되길 바랍니다.

우리 잘 살아봅시다.

큰별쌤 최태성

| 차례 |

1부

세상을 움직이는 힘을 장악한 사람들

1장

멸거멋은 고구려의 실세

임기환(서울교육대학교 사회과교육과 교수)

연개소문은 어떻게
고구려를 멸망으로 이끌었나

역사에 만약은 없다지만 이야기를 듣다 보면 종종 안타까운 마음에 '만약 이랬더라면' 하는 생각이 들고는 합니다. 한국사에서 흔히 들을 수 있는 가정 중 하나는 '고구려가 삼국을 통일했더라면'이겠지요. 삼국 중 가장 강한 나라였던 고구려가 백제와 신라를 통일했다면 우리나라가 더 넓은 영토를 갖게 되지 않았을까 하는 바람이 담긴 가정일 것입니다.

실제로 고구려는 중국 수나라, 당나라와의 전쟁에서 승리한 동아시아의 강국이었습니다. 당나라 제2대 황제 당 태종이 "요동에 가는 일을 모두 중지하라"라고 유언을 남길 정도였지요. 당시 요동을 차지했던 나라가 바로 고구려였습니다. 당 태종은 자신만만하

당 태종 초상 중국 당나라의 두 번째 황제. 주변 민족들과 전쟁을 벌여 중국을 통일하는 데 큰 공을 세웠다. 대만 국립고궁박물원 소장.

게 장담했던 고구려 원정에 실패하고 말았습니다. 그래서 죽기 직전 본인이 추진했던 고구려 원정을 멈추라는 말을 남긴 것입니다.

그렇다면 당 태종에게 실패를 안겨준 인물은 과연 누구였을까요? 우선 안시성에서 당 태종을 물리친 안시성주를 떠올릴 수 있습니다. 그리고 고구려의 최고 실권자였던 연개소문을 빼놓을 수 없겠지요. 그런데 놀랍게도 이 연개소문 집안 때문에 고구려는 멸망하게 됩니다. 당 태종이 요동 정벌을 중지하라고 유언을 남긴 지 20여 년 만에 말이지요.

강력한 군사력을 자랑하던 고구려는 왜 무너지고 말았을까요? 당나라 침공에 맞서 싸웠던 연개소문과 그의 집안은 어떻게 고구려를 멸망의 길로 이끌었을까요? 지금부터 고구려 멸망을 둘러싼 숨겨진 이야기를 벗겨보겠습니다.

쿠데타를 일으킨
유력 가문의 후계자

연개소문은 고구려의 유명한 장수이자 최고 권력자였습니다.

그런 그가 고구려 멸망에 영향을 끼쳤다니, 의아한 일이죠? 내막을 알기 위해서는 먼저 연개소문 가문을 살펴봐야 합니다.

연개소문의 할아버지와 아버지는 지금의 국무총리급인 대대로大對盧와 막리지莫離支를 역임한 인물들로, 연개소문 집안은 고구려 최고 관직을 차지한 유력 가문이었습니다. 연개소문은 연씨 집안의 촉망받는 젊은 후계자로 그 자신도 가문의 권력을 지키려는 욕망이 아주 강했습니다.

당시 고구려는 아버지의 관직을 아들이 이어받는 경우가 일반적이었습니다. 그런데 연개소문이 아버지의 관직을 물려받으려 하자 주요 귀족 세력들이 이를 반대하고 나섰습니다. 연개소문의 성격이 잔인하고 포악해서 최고 관직에 오르기에 적합하지 않다는 것이 이유였지요.

> "그의 아버지 동부 대인 대대로가 죽자 연개소문이 마땅히 아버지의 지위를 계승하고자 하였다. 하지만 국인國人은 연개소문의 성품이 잔인하고 포악하였기 때문에 그를 싫어하여 지위에 오를 수 없었다."
>
> 《삼국사기》 49권, 열전 개소문

아무래도 연개소문의 성격이 보통이 아니었던 모양이지요? 하지만 반대한 귀족들의 진짜 속내는 따로 있었습니다. 연개소문 집

연개소문 탈 중국 귀주 안순 지역의 탈로, 연개소문은 중국 경극이나 대중 소설에서 당 태종을 괴롭히는 인물로 등장한다. 국립민속박물관 소장.

안에 권력이 집중되는 일을 경계한 것이었습니다. 이러한 주변의 견제가 연개소문의 출셋길에 큰 장벽이 되었습니다. 상황이 이렇게 되자 연개소문은 귀족들에게 자신이 잘못했다며 사과하지요. 권력의 야망이 강했던 연개소문은 이렇게 해서라도 자리에 오르고 싶었던 것으로 보입니다. 연개소문은 사과하고 나서야 겨우 관직에 오를 수 있었지요.

관직에 오른 연개소문은 귀족들의 눈치를 살폈을까요? 아니었습니다. 오히려 고구려에 엄청난 파장을 불러일으켰습니다.

642년 음력 10월, 문제의 사건이 일어났습니다. 부대의 위용과 사기를 시찰하는 군 행사인 열병식이 열리는 날이었지요. 연개소문은 조정의 유력 대신들을 열병식에 초대했습니다.

그런데 갑자기 열병식을 거행하던 연개소문의 병사들이 칼을 들고 연회장으로 뛰어들었습니다. 연회장은 한순간에 비명이 난무하고 피비린내가 진동하는 살육의 현장으로 돌변했지요. 중국 기록에 따르면 연개소문과 병사들의 칼에 맞아 고구려 조정 대신

100여 명이 살해되었다고 합니다. 이 정도 숫자라면 조정을 움직이던 거물급 인사 대부분이 제거되었다고 볼 수 있습니다. 대규모 정변이 일어난 것입니다.

하지만 연개소문이 일으킨 피바람은 여기서 끝나지 않았습니다. 곧바로 자기 병사들을 이끌고 궁궐로 달려갔습니다. 궁궐에는 누가 있나요? 연개소문의 다음 타깃이 고구려의 왕이었던 것입니다. 궁궐에 도착한 연개소문은 바로 영류왕을 죽입니다. 고구려의 장수가 본국의 왕을 시해하다니, 충격적이지요? 하지만 더욱 충격적인 것은 시신을 다룬 방식입니다.

> "궁궐로 들어가 왕을 시해하고, 왕의 시신을 잘라 여러 토막으로 내고 도랑 안에 버렸다."
>
> 《삼국사기》 49권, 열전 개소문

잔인하게 죽인 것으로도 모자라 시신을 처리한 방식도 끔찍하기 이를 데 없습니다. 물론 연개소문에 관한 대부분의 기록은 고구려의 적이었던 당나라가 남긴 것이라 100퍼센트 믿을 수는 없지만 이렇게까지 기록된 것으로 보아 연개소문의 권력 투쟁이 얼마나 강렬했을지 가늠해볼 수 있겠지요. 왕과 조정 대신들을 몰살한 쿠데타를 일으켰던 이유는 권력을 장악하기 위함이었습니다. 이후 연개소문은 영류왕의 조카를 왕으로 세우고 스스로 막리지가 되어 고구려 중앙을 장악합니다. 왕은 허수아비일 뿐 고구려의 실질적 지배자는 연개소문이었지요. 다른 사람들의 견제를 받지 않는 무소불위의 권력을 얻게 된 것입니다.

첫 번째 외교 시험대
고구려에 찾아온 신라 사신

많은 사람의 피를 흘리며 권력을 장악한 연개소문. 고구려 중앙 정계에는 더 이상 반대 세력이 없었지만, 지방에는 여전히 남아 있었습니다. 하지만 연개소문을 위협하는 진짜 견제는 외부에 있었지요. 연개소문이 태어나고 활동했던 7세기는 한반도에 고구려, 백제, 신라가 있던 삼국 시대입니다. 영토를 확장하고 국력을 높이기 위해 전쟁을 벌이거나 동맹을 맺으며 세력 다툼을 하던 시기였지요.

그런데 연개소문이 정권을 장악한 지 얼마 되지 않았을 때, 뜻밖의 인물이 그를 찾아옵니다. 신라의 실권자 김춘추였습니다. 국경을 맞댄 신라가 고구려를 찾은 이유는 무엇이었을까요? 바로 동맹을 맺기 위해서였습니다.

642년, 신라는 백제 의자왕의 공격으로 수십 개의 성이 함락당하며 위기에 처했습니다. 함락된 성 중 하나인 대야성에서 벌어진 전투로 김춘추의 딸과 사위가 목숨을 잃기도 했지요. 혼자서 백제를 공격할 수 없었던 신라는 동맹을 맺을 주변 나라를 찾기 시작했습니다. 그래서 김춘추가 고구려에 찾아간 것입니다.

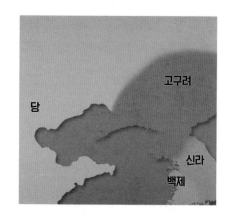

7세기 고구려 지도

신라의 사신 김춘추를 맞이하며 연개소문은 무슨 생각을 했을까요? 연개소문은 처음으로 외교 시험대에 오른 것이나 마찬가지였습니다. 고구려의 실권자가 된 연개소문에게 찾아온 선택의 순간, 그는 신라의 동맹 제안에 이렇게 답합니다.

> 고구려의 왕이 말하기를, "죽령은 본래 우리의 땅이니, 너희가 만약 죽령 서북의 땅을 돌려준다면 군사를 내줄 수 있다"라고 하였다.
>
> 《삼국사기》 신라본기 5권, 선덕왕 11년(642)

고구려의 왕을 통해 연개소문이 내놓은 답변은, 쉽게 말해 과거 고구려의 땅이었던 죽령 이북 땅을 내놓으라는 것이었습니다. 죽령은 지금의 경상북도 영주시와 충청북도 단양군 사이에 있는 고개입니다. 즉 신라가 차지하고 있는 한강 유역의 금싸라기 땅을 달라는 말이었지요. 이는 연개소문이 철저한 계산 아래 내놓은 전략적인 답변이었습니다. 삼국 시대에 한강 유역은 세 나라가 모두 탐내던 땅이었습니다. 서로 빼앗으려고, 빼앗기지 않으려고 안달이었지요. 권력을 장악한 지 얼마 되지 않은 연개소문은 지지 세력이 많지 않다 보니 김춘추를 압박해 한강 유역을 되찾게 되면 자신의 정권을 안정시킬 수 있으리라 판단했을 것입니다.

하지만 김춘추 입장에서 보면 어떨까요? 백제를 공격하려다가 고구려에 땅을 빼앗기게 생긴 것입니다. 그래서 김춘추는 이렇게 대답합니다.

> "대왕께서는 환란을 구원하여 이웃과 친선하는 데에는 뜻이 없으시고 단지 사신을 위협하여 땅을 돌려줄 것만을 요구하십니다. 신은 죽을지언정 다른 것은 알지 못합니다."
>
> 《삼국사기》 신라본기 5권, 선덕왕 11년(642)

죽으면 죽었지 절대 받아들일 수 없다는 김춘추의 대답을 들은 연개소문은 크게 분노합니다. 연개소문이 어떤 인물인가요? 쿠데타까지 일으킨 거침없는 성격의 소유자 아닌가요? 화가 난 연개소문은 외국 사신이자 신라 이인자인 김춘추를 감옥에 가둬버립니다. 김춘추를 인질로 삼아 신라를 압박하려는 계획이었을지 몰라도, 한 나라의 외교정책이라 보기에는 너무 안일한 대처였지요.

단양 신라 적성비 6세기 중반 진흥왕 시대에 신라는 개척한 영토를 기념하면서 새로운 국경 지역에 비석을 세웠다. 단양 신라 적성비는 고구려의 땅이었던 적성을 차지하며 세운 비석이다. 지금의 충북 단양 적성산성 안에 있다. 이 비석을 통해 신라가 죽령을 돌파하여 남한강 상류까지 영토를 확장했음을 알 수 있다. 문화재청 제공.

　　포로로 잡혔던 김춘추는 간신히 탈출해 신라로 돌아갔습니다. 본국에 돌아간 김춘추는 연개소문에 대해 뭐라고 말했을까요? 당연히 좋은 말이 나오지 않았을 것입니다. 연개소문은 단 한 번의 협상으로 신라를 적국으로 만들어버렸습니다. 당시 동아시아 정세에서 고구려는 신라와의 관계가 매우 중요했는데 이 결정 때문에 신라가 고구려와의 관계를 차단하기에 이르렀지요. 이 선택은 훗날 고구려의 운명을 바꿔놓는 결정적인 계기가 됩니다.

7세기 혼돈의 동아시아
여당전쟁의 서막

신라와 백제 외에 고구려를 위협하던 나라가 또 있었으니, 서쪽으로 국경을 맞대고 있던 중국의 당나라였습니다.

사실 중국 땅의 나라들이 고구려를 노린 것은 어제오늘의 일이 아니었습니다. 당나라 이전에 중국 대륙을 지배했던 수나라 역시 여러 차례 고구려에 쳐들어왔습니다. 612년에는 무려 110만 대군을 이끌고 고구려 원정에 나서기도 했지요. 이 전쟁에서 벌어진 유명한 전투가 살수대첩입니다.

살수대첩은 을지문덕 장군이 이끈 고구려군이 살수, 지금의 청천강 일대에서 수나라군을 크게 격파한 끝에 두 나라 간의 전쟁을 종결한 전투로 유명합니다. 고구려와의 전쟁에서 계속 패배한 수나라는 618년 멸망했고, 그 자리에 당나라가 세워졌습니다.

연개소문이 실권을 장악한 지 약 1년 반 뒤, 당나라는 고구려를 정벌하겠다고 선언합니다. 선전포고한 인물은 우리가 앞서 살펴본 당나라 제2대 황제 당 태종이었습니다. 그는 연개소문이 고구려의 임금과 대신들을 죽인 것을 명분으로 삼았지요.

"연개소문은 그 나라의 군주를 시해하였고, 그 나라의 대신을 죽였고, 그 나라의 백성을 잔인하게 학대하였으며 (…) 토벌하지 않을 수 없다."

《삼국사기》 고구려본기 21권, 보장왕 3년(644)

　　고구려 장수가 쿠데타를 일으킨 것이 당나라와 무슨 상관이라
고 고구려를 공격한다는 것일까요? 당 태종은 중국의 사방을 평정
하여 천하 통일의 야욕을 가진 군주였습니다. 고창국과 동돌궐을
굴복시키고 영토를 확장하던 그는 동쪽에 있는 고구려마저 차지
하려는 생각을 품고 있었지요.

　　당 태종에게 고구려는 수나라가 끝끝내 무너뜨리지 못했던 나

살수대첩 기록화 전쟁기념관 소장

라인 만큼 자신이 반드시 제압해야 하는 상대였습니다. 이런 와중에 벌어진 연개소문의 쿠데타는 당 태종이 강경하게 고구려 원정을 추진한 명분이 되었던 것입니다.

당 태종은 연개소문이 왕을 죽인 반역적인 행위를 문제 삼았습니다. 자신이 이끄는 시대에 연개소문 같은 반역자가 있어서는 안된다는 이유였지요. 당나라 황제가 고구려의 역적을 처단하겠다는 것도 황당한데, 더 황당한 사실이 있습니다. 당 태종 역시 쿠데타로 형과 동생을 죽이고 왕위에 오른 인물이라는 점이지요. 결국역적을 처단하겠다는 말은 평계에 불과했던 셈입니다.

그렇게 여당전쟁의 서막이 올랐습니다. 선전포고 이후 1년간의준비 끝에 645년 당 태종은 직접 최신형 무기와 20만 명이 넘는 군사를 이끌고 고구려로 쳐들어왔습니다. 살수대첩 이후 다시 한번중국의 총공세가 시작된 것입니다.

최정예 부대를 이끌고 진격하는 당나라군의 공격에 고구려군은필사적으로 싸워 버텨냈지만 중요한 성을 빼앗기고 말았습니다.바로 최전방에 위치한 요동성이었지요. 요동성을 빼앗긴 고구려는 큰 충격을 받았습니다. 수나라와의 전쟁에서 한 번도 함락된 적이 없던 요동성은 고구려의 철옹성이었기 때문이지요. 이런 요동성을 빼앗겼으니 고구려 군사를 통솔하는 연개소문에게는 비상이걸렸습니다.

운명이 달린 최후의 한판
안시성 전투

요동성을 빼앗고 기세등등한 당나라군은 다음 타깃인 안시성으로 향했습니다. 당나라 관점에서 안시성은 수도인 평양성으로 가기 전에 꼭 점령해야 하는 곳이었고, 고구려로서는 절대 빼앗겨서는 안 되는 곳이었습니다. 고구려와 당나라의 운명을 결정지을 치열한 전투가 시작되었습니다.

645년 음력 6월 20일, 당 태종과 그의 군대는 안시성 앞을 가득 메웠습니다. 하지만 계속되는 공세에도 그들은 성문을 열지 못했습니다. 안시성은 험준한 산 능선을 이용해 축조된 성벽이라 공격이 쉽지 않았기 때문이었지요. 게다가 안시성은 흙과 돌을 이용해 쌓은 토축 성벽이라 무척 견고하기까지 했습니다. 성의 높이도 높다 보니 돌을 쏴 성벽을 부수는 최신형 무기, 포차抛車 공격도 잘 통하지 않았습니다. 그리고 당나라의 20여만 대군에 맞선 안시성 병사들이 필사적으로 방어해낸 덕분이었습니다.

전투는 길어졌습니다. 평범한 공격으로 성문을 뚫을 수 없다고 판단한 당나라군은 새로운 작전을 구사하기에 이르지요. 안시성 앞에 토산을 쌓기로 한 것입니다. 성벽 높이까지 흙으로 산을 만든 뒤, 공격에 유리한 위치를 선점하려는 전략이었습니다.

겨울이 오기 전에 안시성을 함락하는 것이 목표였던 당나라는 하루 8천 명 이상의 군사를 투입해 밤낮으로 토산을 쌓았습니다. 그렇게 60여 일이 지나자 성안을 내려다볼 수 있을 정도로 높은 토산이 완성되었지요. 두 달 넘게 이어진 공격에 지친 고구려군, 그 앞에 떡 하니 자리 잡은 당나라군의 토산. 안시성의 운명은 바람 앞에 흔들리는 촛불 같았습니다.

그런데 그때, 천지가 진동하는 듯한 요란한 소리가 들렸습니다. 토산이 와르르 무너진 것입니다! 60일 넘게 쌓은 토산이 무너졌으니 당나라군은 얼마나 당황했을까요? 고구려군은 절호의 기회를 놓치지 않았습니다. 토산이 무너지면서 안시성 성벽의 한쪽 귀퉁

안시성 전투 기록화 무너진 토산을 배경으로 고구려군이 당나라군을 내쫓는 장면을 재현했다. 전쟁기념관 소장.

이를 허물어트렸거든요. 그 바람에 토산과 안시성 성벽 일부가 연결되었는데, 고구려군은 무너진 성벽으로 신속하게 달려나가 우왕좌왕하는 당나라군을 향해 총공격을 퍼부었습니다. 마침내 고구려군은 토산을 점령하는 데 성공합니다.

그 후 3일 동안 당나라군은 토산을 탈환하려고 전력을 다했으나 소용없었습니다. 토산으로 반전을 꾀하던 당나라는 큰 타격을 입었지요. 결국 당나라군의 안시성 공격은 실패로 돌아갔습니다.

마침내 645년 음력 9월 18일, 당 태종은 전군의 퇴각을 명령합니다. 고구려를 손에 넣을 거라 자신했던 당 태종은 패배한 뒤 쫓기듯 당나라로 돌아가야만 했습니다. 수적 열세에도 안시성의 고구려군은 평양성으로 향하던 당나라를 끝내 막아낸 것입니다.

여당전쟁 승리 후
권력에 취한 연개소문

치열했던 여당전쟁에서 고구려가 승리하자 전쟁을 총지휘했던 연개소문의 권위는 더욱더 올라가게 되었습니다. 사실 여당전쟁 이전까지 쿠데타로 권력을 잡은 연개소문에게 적대적인 마음을 품은 세력이 적지 않았거든요. 당나라와의 험난한 전투에서 가져온 승리는 쿠데타 이후 불안했던 연개소문의 권력이 훨씬 강해지는 발판이 되어주었습니다. 여당전쟁으로 연개소문이 뜻밖에 수확을 얻은 것이죠. 본격적으로 연개소문의 시대가 열린 것입니다.

당시 연개소문의 관직은 대대로였습니다. 지금의 국무총리급 지위로, 더 이상 올라갈 자리가 없는 관직이었지요. 하지만 연개소문은 만족하지 못했습니다. 대대로에 임기가 있었기 때문입니다. 3년의 임기가 끝나면 고구려 귀족 회의에서 다시 대대로를 선출하였습니다. 아무리 연개소문이라 하더라도 언젠가 최고 관직에서 내려와야 했지요.

권력을 갖기 위해 왕을 죽이기까지 한 연개소문이 과연 잠자코 물러났을까요? 그렇지 않았습니다. 권력을 위해서라면 물불을 가리지 않는 그는 새로운 관직을 만들었습니다. 바로 '태대대로太大對盧'. 태대대로는 이름에서 알 수 있듯이 대대로보다 높은 관직으로, 대대로와 달리 임기가 없는 종신직이었습니다. 이제 물러날 걱정 없이 최고 권력을 죽을 때까지 누리겠다는 생각이었지요.

없던 관직까지 만들며 평생 자리를 보장한 연개소문 앞에서 왕은 허수아비에 불과했습니다. 그런데 연개소문은 어째서 왕위를 탐하지는 않았던 걸까요?

고대 국가에서 실권을 장악하는 것과 왕이 되는 것은 완전히 다른 문제였습니다. 당대 왕의 권위는 하늘이 내려준 신성한 것이었습니다. 새로운 왕조를 만들기 위해서는 지난 왕조에 왕권의 신성성이 퇴색될 만큼 결정적인 흠결이 있어야만 했지요. 권력이 탐난다고 해서 함부로 왕조를 없애는 것은 불가능했다는 이야기입니다. 당시 고구려 왕실은 흠결이 있던 상황도 아니었으니, 연개소문은 자기 손으로 왕을 세우고 뒤에서 실권을 장악하는 데만 집중하는 것이 더 낫다고 판단한 것이지요.

권력을 거머쥔 연개소문이 다음으로 한 일은 무엇이었을까요? 그는 집안 식구들에게 권력을 나누어주기 시작했습니다. 지금은 강력한 권력을 쥐고 있더라도 언제 또 당나라가 침략할지, 어쩌면 누군가가 자기처럼 쿠데타를 일으킬지 모르니까요. 야욕이 빚어낸 권력의 대물림이 시작된 것입니다.

연개소문에게는 3명의 아들이 있었습니다. 이들이 별다른 공을 세우지 못했는데도 연개소문은 개의치 않고 큰 자리를 하나씩 안겨줍니다. 그중에서도 가장 많은 혜택을 받은 사람은 큰아들 연남

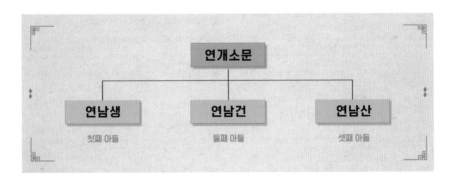

연개소문 가계도

생이었습니다. 연남생은 어릴 때부터 주요 관직을 차지했습니다. 18살에는 '중리대형中裏大兄'이라는 관직에 올랐지요. 중리대형은 오늘날 대통령 비서실급으로 왕의 최측근 관직이었습니다. 별다른 성과도 이루지 못한 18살의 청년이 연개소문의 아들이라는 이유만으로 주요 관직에 오른 것이지요.

이것이 끝이 아니었습니다. 연남생은 23살에 나랏일을 의논하는 최고 귀족 회의에 참석할 수 있는 중리위두대형 지위에 올랐고, 이듬해에는 장군을 겸하게 되었지요. 한마디로 젊은 나이에 고구려의 정치는 물론 군사를 지휘하는 권력을 갖게 된 것입니다. 아버지의 강력한 뒷받침 덕분에 말이지요.

연개소문은 권력을 남용하여 장남 연남생 외에 두 아들에게도 아낌없이 관직을 주었습니다. 심지어 연개소문 가문의 사람이면 누구나 고구려 중심 관직에 오를 수 있는 길이 열렸지요. 고구려 조정은 연씨 집안이 장악했다고 해도 과언이 아니었습니다.

동맹을 맺은
신라와 당나라

연개소문이 마음껏 권력을 휘두르고 있을 때, 고구려군에게 패배해 쫓기듯 당나라로 돌아갔던 당 태종은 어떻게 지내고 있었을까요? 그는 고구려 원정을 포기하지 않고 호시탐탐 공격의 기회를 엿보고 있었습니다. 그에게 고구려 원정은 자존심이 걸린 문제였기 때문이지요.

이런 당 태종 앞에 고구려를 적으로 여기는 또 다른 나라가 나타납니다. 바로 연개소문에게 수모를 당했던 김춘추의 나라, 신라! 고구려와 백제의 위협에서 벗어나려던 신라와 고구려를 쓰러뜨리기 위해 고심하던 당나라 간의 이해관계가 맞아떨어져 두 나라는 손을 잡습니다. 이들이 의기투합하여 결성한 것이 바로 신라와 당나라의 연합, 나당연합이지요.

위에서는 당나라, 아래에서는 신라가 고구려를 노리고 있으니 연개소문에게 또다시 위기가 닥친 것이나 다름없었습니다. 그런데 뜻밖의 상황 덕분에 연개소문은 위기를 모면하게 됩니다. 나당연합이 결성된 다음 해에 당 태종이 갑작스럽게 죽고 만 것입니다.

연합을 맺은 당사자가 죽은 것도 악재인데, 649년 당 태종은 죽으면서 고구려 원정을 그만두라는 유언을 남깁니다. 신라와 연합해 고구려 원정을 준비했는데 죽음을 맞이하며 자기가 추진한 고구려 원정을 중단하라고 한 것이지요. 속내는 알 수 없지만 자신도 죽고 없는데 별다른 대책 없이 고구려를 공격했다가 큰 피해를 볼 것을 걱정한 건 아닐까 추측할 수 있습니다.

결국 당 태종의 죽음으로 나당연합은 전쟁 준비를 멈추게 됩니다. 이후 당 태종의 아들, 당 고종이 당나라 황제로 즉위했지요. 정복 군주의 대명사 당 태종도 고구려의 벽을 넘을 순 없는 것처럼 보였습니다.

그런데 당 태종이 죽은 지 10년이 흐른 660년, 연개소문에게 충격적인 소식이 들려옵니다. 백제가 멸망했다는 소식이었지요. 그것도 당 태종이 죽고 흐지부지된 줄 알았던 나당연합군에 의해서 말입니다. 신라가 당 고종과 다시 연합을 맺은 것이었지요. 힘을 합친 나당연합군은 백제로 쳐들어가 순식간에 멸망시켜 버립니다.

백제를 무너뜨린 나당연합군이 노리는 다음 상대는 누구일까요? 두말할 것 없이 고구려였습니다. 애초에 당나라가 신라와 연합을 맺은 이유가 고구려였으니까요. 게다가 이때 신라의 왕은 김춘추였습니다. 연개소문이 매몰차게 동맹 제안을 거절하고 가두기까지 했던 김춘추가 그사이에 신라의 왕으로 즉위했던 것이지요. 나당연합군은 연개소문의 숨통을 천천히 조여 오기 시작했습니다.

위기에 빠진 고구려
2차 여당전쟁의 시작

1차 여당전쟁까지만 해도 당나라가 고구려를 공격할 수 있는 길은 요동을 통하는 육로뿐이었습니다. 하지만 2차 여당전쟁 때는 새로운 길이 열렸습니다. 바로 바닷길이었지요.

백제 정벌은 고구려를 공격하기 위한 당나라의 사전 작업이나 다름없었습니다. 이때 당나라는 무려 1,900척의 배를 만들고 13만 의 군사를 바닷길로 이동시켜 백제 수도를 공격했습니다. 이로써 당나라는 고구려의 수도 평양성도 바닷길을 통해 더 쉽고 빠르게 공격할 수 있다는 확신을 얻게 되었지요.

백제를 무너뜨리고 기세가 오른 당나라는 661년 무려 20여만 명의 대군을 이끌고 고구려를 침략합니다. 2차 여당전쟁이 시작된 것이지요. 1차 여당전쟁 이후 16년 만에 당나라와 맞붙게 된 고구 려는 이번에도 당나라의 공격을 막아낼 수 있었을까요?

당나라군의 최종 목표는 연개소문이 있는 수도 평양성이었습니 다. 평양성으로 진격하기 위해 두 갈래의 길을 이용했지요. 첫 번째 부대는 바다를 건너 평양성 부근으로 들어온 뒤 진영을 치고 고구려를 압박했습니다. 두 번째 부대는 육로를 이용해 압록강으로 쳐들어왔습 니다. 압록강을 건너 평양성을 향해 진격했지요. 당나라가 위아래로 평 양성을 압박하는 동안 신라군은 남 쪽에서 합세하기로 했습니다.

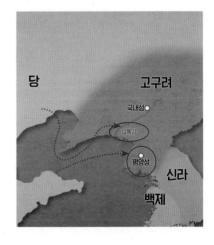

당나라의 고구려 침략 경로

수도 평양성이 사방에서 포위될 위기를 맞은 연개소문은 어떤 결정을 내렸을까요? 우선 육로 방어를 위해 압록강에 군사를 파견했습니다. 661년 음력 9월, 드디어 고구려군과 당나라군이 압록강에서 맞붙었습니다. 고구려의 운명을 짊어진 군사령관은 연개소문의 장남 연남생이었지요. 28살의 연남생은 군사를 지휘하는 총사령관 '삼군대장군三軍大將軍'의 직책을 받고 3만 명의 군사와 출정했습니다.

대패한 연남생
수습에 나선 아버지 연개소문

고구려의 위기를 막아야 하는 연남생! 그는 아버지의 기대에 부응할 수 있었을까요? 기대와 달리 결과는 처참했습니다. 연남생이 이끄는 3만 명의 군사는 전멸, 모두 목숨을 잃고 말았거든요. 사실 연남생에게는 치명적인 문제가 있었습니다. 큰 직책을 맡았지만 전투를 해본 경험이 없다는 것이었습니다. 그런데 연개소문은 아들이라는 이유로 연남생에게 압록강 방어를 맡겨버렸지요.

당나라와의 전투에서 큰 피해를 본 연남생은 어떻게 되었을까요? 자기가 이끄는 군대가 대패하는 와중에 혼자 도망쳐 가까스로 목숨을 건져 돌아왔습니다. 그런 그에게 지휘권을 맡겼으니, 연개소문의 판단이 얼마나 잘못되었는지 알 수 있는 대목이지요.

연남생의 허무한 패배로 고구려는 육로가 뚫리고 말았습니다. 이미 바다를 건너온 당나라군의 첫 번째 부대가 평양성을 에워싸며 공격하고 있었습니다. 이런 상황에서 압록강으로 내려오는 당나라군과 아래에서 올라오는 신라군까지 평양성으로 들이닥친다면 고구려는 사방이 포위될 큰 위기에 처하게 되겠지요.

이때 수도 평양성을 지키던 사람이 바로 연개소문이었습니다. 연개소문은 아들 연남생의 패배를 씻기 위해 평양성에서 직접 고구려군을 지휘하기로 합니다. 그리고 평양성을 지켜낼 묘안을 하나 떠올렸지요. 전쟁을 장기전으로 이끌어가는 것이었습니다. 연개소문과 고구려군은 겨울이 올 때까지 평양성 안에서 꿋꿋이 버텨냅니다.

연개소문은 당나라군의 약점인 보급 문제를 간파하고 있었습니다. 실제로 당나라군은 평양성 앞에 주둔한 지 한 달 정도 지나자 군량과 물자 보급에 어려움을 겪기 시작합니다. 전쟁이 길어져 겨울이 찾아왔고, 당나라군은 혹독한 추위와 배고픔에 맞서야만 했지요. 반대로 고구려군이 머무는 평양성은 물자가 풍부했으니 넉넉하게 겨울을 날 수 있었던 것입니다. 더군다나 고구려를 함께 치기로 했던 신라군은 멸망한 백제의 잔존 세력에 막혀 남쪽에서 올라오지 못하고 있었습니다. 이런 점에서 연개소문이 장기전을 펼친 것은 당나라군이 꼼짝 못하게 만든 뛰어난 전략이었지요.

하지만 아무리 물자가 풍부해도 고구려군이 계속 성안에서만 버틸 수도 없는 노릇이었습니다. 대치 상태가 장기화되던 662년 음력 1월, 날이 풀리자 평양성 안에서 전략적으로 버티던 연개소문이 군사들과 처음으로 성 밖에 나왔습니다. 그리고 식량 부족으로 굶주리고 지친 당나라군을 향해 총공격을 퍼부었지요.

고구려군은 빠른 속도로 평양성 인근에 있는 대동강 지류인 합장강으로 향했습니다. 그 강가에 당나라군의 일부 부대가 주둔하고 있었거든요. 연개소문과 고구려군은 수만 명의 당나라군과 치열한 전투를 벌였습니다.

> "방효태가 사수가에서 개소문과 싸워 전군이 죽고 아들 13명과 함께 모두 전사하였다."
>
> 《삼국사기》 고구려본기 22권, 보장왕 21년(662)

연개소문은 당나라 장수와 그의 아들 13명을 포함해 부대 1개를 전멸하는 큰 승리를 거둡니다. 전쟁 경험이 많은 연개소문의 전략이 적중한 것입니다. 아들 연남생의 압록강 전투 패배를 아버지인 연개소문이 설욕한 셈이지요.

보급이 끊겨 어려움을 겪던 당나라군은 연개소문과 평양성 전투를 치른 이후, 완전히 전의를 상실하고 기세가 꺾였습니다. 결국 662년 신라의 도움으로 겨우 군사를 수습하여 쫓기듯이 평양성에서 철군하고 말았지요. 기필코 고구려를 멸망시키겠다며 쳐들어온 당나라의 의지가 무색하게 2차 여당전쟁도 고구려의 승리로 막을 내렸습니다.

두 차례 대규모 원정에서 모두 쓰디쓴 패배를 맛본 당나라는 전쟁으로 고구려를 이길 수 없다고 생각했던 듯합니다. 전쟁 이후 고구려를 대하는 당나라의 태도가 사뭇 달라졌거든요. 당나라는 고구려를 '태산 봉선泰山 封禪'이라는 중요한 행사에 초대했습니다. 봉선이란 천하 통일을 이룬 군주가 태산에 올라, 하늘에 성공적인 통치를 보고하고 감사드리는 고대 중국의 제사 의례입니다. 즉, 태산 봉선은 하늘의 뜻을 받은 천자天子만이 행할 수 있는 정치적, 종교적 의례 행위였지요.

중요한 행사인 만큼 당나라는 초청할 나라를 꼼꼼히 선별했습니다. 일본과 신라 등 당나라와 우호 관계를 맺은 나라들이 주로 참석했지요. 그런데 이런 자리에 불과 몇 년 전까지 적대적인 관계였던 고구려도 초대된 것입니다. 연이은 패배를 겪고서 당나라는 고구려를 무력으로 정복할 수 없다고 판단했던 것이지요. 당나라는 지금까지 취하던 강경한 태도를 버리고 고구려에 먼저 손을 내밀게 됩니다. 그만큼 고구려가 막강했다는 방증이기도 하지만, 고구려로서도 당나라와 계속 전쟁을 벌일 수 없으므로 외교적으로 타협을 본 것입니다. 전쟁이 이어졌던 당나라와 고구려 사이에 마침내 평화가 찾아온 것이지요.

연개소문의 죽음
배신자 연남생이 항복하다

당나라가 태도를 바꾸는 사이, 고구려 내부에도 큰 변화가 있었습니다. 연개소문이 집권한 지 20여 년 만에 사망한 것이지요. 권력을 오롯이 장악했던 인물의 죽음은 고구려 정국을 뒤흔들 변수가 되기에 충분했습니다. 물론 연개소문은 이미 자신의 아들들을 후계자로 만들어놓았지요.

연개소문은 죽으면서 사랑하는 세 아들에게 한 가지 유언을 남겼습니다. "물과 물에서 사는 고기처럼 화합하라." 이는 만약 형제끼리 싸우게 되면 주변에 웃음거리가 될 것이니 권력을 다투지 말라는 뜻이었습니다. 이것이 죽기 전까지 권력을 놓지 않았던 고구려의 최고 지배자, 연개소문의 마지막 당부였지요.

연개소문이 사망한 뒤 그의 권력은 그의 아들들에게 돌아갔습니다. 장남인 연남생이 아버지의 자리를 물려받아 고구려 최고 권력자가 되었지요. 연남생의 동생들은 아버지의 유언대로 높은 자리에 오른 형을 응원하며 서로 화합했을까요?

연개소문의 당부가 기우는 아니었나 봅니다. 그의 바람과 달리 연남생과 두 동생 사이에 권력 다툼이 벌어지고 말았거든요. 세 형제는 왜 사이가 틀어진 것일까요? 사실 연개소문의 세 아들은 돈독한 사이였다고 합니다. 그러나 연개소문이 죽은 뒤 주변에서 형제 사이를 이간질하기 시작했습니다. 연남생이 지방의 성을 순찰하기 위해 평양성을 비운 사이 신하들이 두 동생에게는 연남생이 그들을 죽이려 한다고, 연남생에게는 동생들이 권력을 노리고 있다고 음해한 것이 결정적이었지요.

> 어떤 사람이 두 동생에게 말하기를, "남생은 두 아우가 핍박하는 것을 싫어하여 제거하려고 하니 먼저 계책을 세우는 것이 낫습니다"라고 하였다. 두 동생이 처음에는 이를 믿지 않았다. 또 어떤 사람이 남생에게 알리기를, "두 동생은 형이 돌아와 그 권력을 빼앗을까 두려워하여 형을 막고 들이지 않으려 합니다"라고 하였다.
>
> 《삼국사기》 고구려본기 22권, 보장왕 25년(666)

이간질에 넘어간 동생들은 연남생을 배신하고 수도 평양성을 장악합니다. 그리고 아버지에게 물려받은 형의 관직도 빼앗지요. 동생들에게 목숨을 위협받은 연남생은 수도에서 멀리 떨어진 국내성으로 몸을 피해야만 했습니다. 하루아침에 최고 권력자에서 도망자 신세가 된 것입니다.

이러한 세 형제의 권력 다툼을 관심 있게 지켜보던 나라가 바로 당나라입니다. 기회라고 여겼던 것일까요? 고구려 정복을 포기했던 당나라가 666년 또다시 고구려를 침공했습니다.

1차 여당전쟁은 안시성에서, 2차 여당전쟁은 평양성에서 당나라를 패배시켰던 고구려. 그런데 이번에는 평양성까지도 함락되고 맙니다. 당나라의 어떠한 공격에도 꿋꿋이 버텨냈던 고구려의 성들이 이번에는 왜 이렇게 쉽게 함락된 것일까요? 당나라에 고구려가 예상하지 못한 조력자가 있었기 때문입니다. 다름 아닌 연개소문의 장남, 연남생이었지요. 연남생이 고구려를 배신하고 당나라를 도운 것입니다.

전쟁이 발발하기 3개월 전인 666년 음력 6월, 연남생은 당나라로 가서 항복을 선언했습니다. 당나라는 2차 여당전쟁에서 패배한 후 고구려 정복을 포기한 상태였는데, 고구려 내부 사정을 속속들

고구려 평양성의 성벽 조각 고구려의 수도 평양성은 성곽의 둘레만 약 16킬로미터에 이른다. 외성은 일부 도성민이 거류하는 거주 지역으로도 기능했다고 하니 평양성이 얼마나 컸을지 가늠할 수 있다. 평양중앙력사박물관 소장, 국립중앙박물관 제공.

이 알고 있는 최고 지도자가 목숨을 살려달라며 제 발로 찾아왔으니 얼마나 반가웠을까요? 연남생의 항복은 고구려 역사에 엄청난 후폭풍을 불러왔습니다. 연남생은 당나라군의 길을 안내하는 길잡이가 되어 정보를 제공했습니다. 자기가 거느리고 있던 고구려의 여러 성을 당나라에 고스란히 바치기까지 했지요. 그렇게 배신자 연남생의 도움으로 준비를 마친 당나라는 다시 한번 고구려에 쳐들어왔습니다.

1차, 2차 여당전쟁에서 당나라군은 요동에서 겨울을 나지 못하고 후퇴하거나 보급 부족에 시달리다가 패배했습니다. 같은 실패를 겪지 않기 위해 당나라는 먼저 연남생이 머물고 있던 국내성으로 군사를 보냈습니다. 그런데 당나라군이 국내성으로 들어가려면 꼭 지나야만 하는 곳이 있었습니다. 고구려 최전방을 지키는 '신성'이었지요. 신성은 고구려 서쪽 변방의 요새로, 그곳을 빼앗지 못하면 나머지 성을 함락하는 데 어려움을 겪을 만한 중요한 요충지였습니다.

당나라군은 667년 가을 신성을 공격해 함락에 성공했지요. 연달아 국내성까지 차지하면서 고구려 땅 안에 당나라의 근거지가 마련됩니다. 1차, 2차 여당전쟁과 달리 빼앗은 고구려 성에서 겨울을 나거나 보급을 받을 수 있게 된 것이었지요. 이제 당의 대군이 압록강을 건너 평양성으로 밀어닥치는 것은 시간문제였습니다.

700년 역사의
고구려 멸망

　　당나라군은 무서운 기세로 고구려의 주요한 성들을 함락해오며 수도 평양성 앞에 도착했습니다. 당나라군 옆에는 배신자 연남생도 함께였지요. 곧이어 신라군까지 평양성에 당도하면서 나당연합군은 평양성을 포위하고 파죽지세로 공격했습니다.

　　버틸 수 없었던 고구려는 결국 668년 음력 9월 항복했습니다. 700여 년의 고구려 역사가 막을 내리는 순간이었습니다.

> "남생은 군대로 돌아가서 이적李勣과 함께 평양을 공격하여 들어가 왕을 사로잡았다."
>
> 《삼국사기》 49권, 열전 연개소문 부록 남생·남건·남산

　　그렇다면 고구려 멸망 이후 연남생은 어떻게 되었을까요? 연남생은 고구려 멸망에 일조한 공을 인정받아 당나라로부터 높은 관직과 토지를 받았습니다. 각종 금은보화는 물론 당나라 수도에 있는 큰 저택도 받았지요. 고구려의 집권자였던 연남생은 당나라의 귀족이 되어 죽을 때까지 당나라 땅에서 호의호식하며 살았습니다. 지금도 연남생과 후손들의 무덤은 중국 땅에 있습니다.

　　한 나라가 멸망을 맞이하는 데는 여러 이유가 있을 것입니다. 고

구려 멸망도 마찬가지겠지요. 하지만 연씨 집안의 권력 사유화가 결정적인 역할을 했다는 것은 부인할 수 없습니다. 연개소문은 무능력한 아들들에게 권력을 줌으로써 고구려 멸망의 주요 원인이 되었습니다. 연개소문이 죽자마자 그의 세 아들은 권력 다툼을 일으켰고, 그 다툼에서 밀린 장남 연남생은 목숨을 부지하기 위해 고구려를 버리고 당나라에 항복하는 일을 저질렀지요. 결국 무능력한 연남생의 황당한 선택이 한 나라의 멸망을 불러온 것입니다. 700년간 이어졌던 고구려의 역사가 연남생의 배신 때문에 무너진 것이지요.

앞서 이야기한 대로 역사에는 가정이 없다고 합니다. 그러나 고구려의 역사를 살펴보면, '만약 연개소문이 권력을 독점하지 않고 유능한 신하들과 그 힘을 나누었다면 어땠을까' 하는 생각이 들곤 합니다. 그렇다면 700년의 고구려 역사가 그렇게 허무하게 끝나지는 않았을지도 모릅니다.

고구려 멸망 과정을 통해 우리는 사적인 이해관계가 공공성을 무너뜨린 나라는 결코 오래 유지될 수 없다는 것을 배울 수 있습니다. 건강한 사회는 개개인의 능력이 공정하게 존중받는 데서 비롯됨을 잊지 말아야 할 것입니다.

2장

벌거벗은
신라의 명장

임기환(서울교육대학교 사회과교육과 교수)

가야 왕족 김유신은
어떻게 삼국 통일의 주역이 되었나

천 년의 역사를 간직한 신라 왕조의 궁궐터인 경북 경주시 월성 지구. 그곳에서 그리 멀지 않은 자리에 재매정이라는 이름의 우물이 있습니다. 화강암을 벽돌처럼 쌓아 올려 만든 이 우물은 신라 장군 김유신의 집에 있던 것으로, 재매정이 있는 이 일대가 김유신 장군의 집이 있던 자리로 추정하고 있지요. 지금은 터만 남은 이 우물에 신라를 지키기 위해 치열한 삶을 살았던 무장 김유신의 일화가 전해 내려오고 있습니다.

644년 신라 원정군의 최고 지휘관이었던 김유신은 백제의 잦은 침입 때문에 오랜 시간을 전쟁터에서 보내야만 했습니다. 몇 개월간의 전투에서 연일 승전고를 울리던 그는 승리를 거둔 뒤에 귀환

경주 재매정 문화재청 제공

했지만, 집에 채 도달하기도 전에 또다시 백제가 침입했다는 급보를 받습니다. 그리운 가족의 얼굴이 코앞에 있었으니 얼마나 보고 싶었을까요? 하지만 김유신은 집에 들르지 않고 다시 전열을 정비하여 즉시 떠날 준비를 합니다.

김유신의 가족이 그를 맞이하기 위해 문밖에 나와 기다렸지만 김유신은 문을 지나쳐 갔습니다. 50보쯤 갔을까요? 김유신이 말을 멈추고 사람을 시켜 집에서 마실 물을 떠 오게 했습니다. 떠 온 물을 마신 김유신은 "우리 집의 우물 맛이 아직 옛 맛 그대로구나"라고 말하고는 다시 전장으로 출발했습니다. 이 모습을 본 군사들은 "대장군께서 이와 같이 하시는데, 우리가 어찌 가족과 이별하는 것을 한스럽게 여기겠는가?"라고 말하며 사기를 높였다고 합니다.

이렇듯 김유신은 신라 최고의 명장다운 품성을 갖추고 있었지요. 이러한 군사적 능력을 한껏 발휘하여 삼국 통일의 기틀을 마련했습니다. 그런데 김유신이 정통 신라 혈통이 아니라는 사실을 알고 있나요? 더 놀라운 것은 그가 신라의 오랜 적이었던 가야 왕족의 후손이라는 사실입니다.

가야의 혈통으로 태어나 적국이었던 신라의 영웅이 되기까지, 김유신은 어떤 삶을 살았을까요? 지금부터 출신의 한계를 극복하고 신라의 중심 세력이 된 김유신의 이야기를 벗겨보겠습니다.

가야계 김유신 집안은
어떻게 신라로 오게 되었나

김유신 가문의 출신지인 가야는 1세기경, 낙동강 하류에 형성된 나라입니다. 삼국과 비슷한 시기에 존재했지만 다른 점이 있었습니다. 바로 여러 소국이 뭉쳐서 만들어진 연맹국이라는 점이었지요. 가야는 하나의 국가가 아니라 금관가야, 대가야, 아라가야 등 여러 개의 가야가 뭉쳐 가야 연맹으로 존재했습니다.

김유신 가문은 김해 지역을 중심으로 한 금관가야 왕실이었습니다. 금관가야는 42년에 김수로왕이 세운 나라로, 가야 연맹의 초기 주도권을 장악하며 크게 성장했지요. 이 나라의 제10대 왕인 구해왕이 김유신의 증조할아버지입니다. 김유신이 태어나기 70여

가야 연맹

년 전, 증조할아버지 김구해가 금관가야의 왕으로 즉위했습니다. 즉 김유신 가문은 본래 금관가야 왕족이었던 것이지요.

그런데 구해왕이 집권하던 6세기경, 가야 연맹은 큰 위기를 맞이합니다. 국경을 맞대고 있던 신라가 영토를 확장하기 위해 가야 연맹에 맹공을 퍼부었기 때문이지요. 신라의 공격에 가야 연맹도 있는 힘을 다해 맞섰습니다. 그렇게 두 나라는 오랜 시간 대립했지요.

그러던 532년, 구해왕이 가족을 데리고 신라로 떠났습니다. 그리고 신라 법흥왕 앞에 무릎을 꿇어 항복을 선언하지요. 한 나라의 왕으로서 이런 결정을 내리기 쉽지 않았겠지만 신라의 맹공에 고통받는 금관가야의 백성들과 가문을 지키기 위해 어쩔 수 없이 내린 결정이었습니다.

신라 법흥왕은 구해왕의 항복을 받아들였습니다. 그리고 구해

왕 가족을 특별 대우하여 신라 왕족 신분인 '진골'로 살도록 하였지요.

신라 역사를 공부하다 보면 꼭 등장하는 것이 성골, 진골 등으로 나뉜 '골품제骨品制'입니다. 골품제는 타고난 혈통에 따라 신분 등급을 매기는 신라의 독특한 신분 제도입니다. 크게 '골'과 '두품'으로 구분했는데 '골'은 왕족, '두품'은 일반 귀족이나 평민에게 부여하는 신분이었습니다.

구해왕 집안이 받은 진골도 왕족이나 왕실 혈통의 귀족이 갖는 신분이었지요. 김유신 집안은 투항한 가야 왕족이지만 법흥왕의 배려 덕분에 신라에서 왕실의 친인척에 버금가는 대우를 받을 수 있었습니다. 이후 금관가야뿐만 아니라 남은 가야도 차례로 신라에 병합되고 말았습니다. 이로써 가야 연맹은 역사에서 사라졌지요.

김수로왕 금관가야의 제1대 왕. 김해 김씨의 시조이다. 《삼국유사》에 따르면 가야라는 나라가 세워지기 전, 그 지역을 다스리던 9명의 추장이 구지봉에 올라 제사를 지내는데 하늘에서 붉은 보자기로 싼 금빛 그릇이 내려왔다고 한다. 그 안에는 황금색 알이 6개가 있었고 이 알에서 차례로 아이가 태어났는데, 가장 먼저 태어난 이를 수로라 이름 붙이고 왕으로 세웠다. 그가 김수로다. 가락중앙종친회 소장.

구해왕과 그의 가족이 가야를 떠나 신라에 살게 된 지 22년이 지난 554년, 신라 진흥왕 재위 시절에 신라는 위기를 맞이합니다. 백제군이 신라의 요충지, 관산성을 습격했기 때문입니다. 지금의 충북 옥천 지역에 있었던 것으로 추정하는 관산성은 신라와 백제의 주요 격전지로, 관산성이 뚫리면 신라는 백제와의 영토 전쟁에서 주도권을 빼앗기는 것이나 마찬가지였습니다. 그러니 신라로서는 관산성을 어떻게든 지켜내야만 했지요.

이때 관산성을 지키기 위해 구해왕의 셋째 아들 김무력 장군이 출격했습니다. 김무력은 금관가야의 마지막 왕자로, 구해왕 항복 이후 신라의 주요 장군으로 조정에서 활약하고 있었습니다.

사활을 걸고 쳐들어온 백제군에 맞서기 위해 김무력은 병사들과 관산성으로 향했습니다. 결과는 어땠을까요? 김무력이 이끄는 신라군의 압승이었습니다. 김무력을 비롯한 신라군은 약 3만 명에 달하는 백제군을 전사시키고 전투를 지원하기 위해 출정한 백제 성왕의 목숨까지 빼앗았습니다. 백제군에게 패배를 안겨준 관산성 전투는 신라와 백제 관계에 커다란 변곡점이 되었지요.

김유신의
출생 비하인드

신라를 위해 최전방에 몸을 아끼지 않고 싸웠던 것으로 보아 김유신 집안은 신라에서 가문의 위상을 높이는 것이 중요하다고 판단했던 것 같습니다. 비록 나라를 잃었지만 신라에서라도 다시 가문의 세력을 떨칠 날을 꿈꾸면서 말이지요. 김유신의 할아버지인 김무력의 활약에 힘입어 김유신 집안은 신라 중앙 무대에서 신흥 무장 세력으로 이름을 떨치게 됩니다. 그리고 그사이, 김무력은 아들을 얻었지요. 아들의 이름은 김서현, 즉 김유신의 아버지입니다. 김유신의 탄생에는 그의 아버지 김서현의 애틋한 러브 스토리가 얽혀 있습니다.

신라에서 태어나 정계에서 일하던 김서현은 어느 날 길에서 한 여인을 만나 첫눈에 반하게 됩니다. 여인의 이름은 만명. 신라 정통 왕실 집안의 딸이었지요. 그것도 그냥 왕실 집안이 아니라, 만명의 아버지는 진흥왕의 친동생인 숙흘종이었습니다.

이런 복잡한 사정도 생각하지 않고 김서현과 만명은 애틋한 연인 사이로 발전하지요. 사랑이 무르익어 결혼까지 약속한 그때! 둘의 사이를 숙흘종에게 들키고 맙니다. 딸의 연애를 알게 된 아버지의 반응은 어땠을까요? 노발대발 화를 내면서 결사반대합니다.

> "일찍이 서현이 길에서 (…) 만명을 보고, 사랑하는 마음을 품어 눈짓으로 그녀를 꾀어 중매를 거치지 않고 야합하였다. (…) 숙흘종이 비로소 딸이 서현과 야합한 것을 알고, 그녀를 미워하여 별채에 가두고 사람을 시켜 지키게 하였다."
>
> 《삼국사기》 41권 열전, 김유신 상

숙흘종은 딸과 김서현을 떼어놓기 위해 딸을 집에 가두기까지 합니다. 왜 이렇게까지 했을까요? 가야계와 사돈이 되기 싫었던 것입니다. 만명은 신라 왕족과 혼인할 수도 있는 위치였는데, 멸망한 나라의 왕족 출신인 김서현과 결혼을 하겠다고 하니 탐탁지 않았을 테지요. 그래서 어떻게든 둘을 떼어놓기 위해 딸을 가둬버리는 초강수를 두었던 것입니다.

만명 아버지가 이렇게 강력하게 반대했는데, 김유신은 어떻게 태어날 수 있었던 걸까요? 사랑은 막을 수가 없나 봅니다. 갇혀 있던 만명이 아버지 몰래 집을 빠져나와 만노군 태수로 발령을 받은 김서현과 함께 지금의 경주인 수도 서라벌을 떠나 지금의 충북 진천인 만노군까지 멀리 도망쳤습니다. 그곳에서 둘은 아들을 얻게

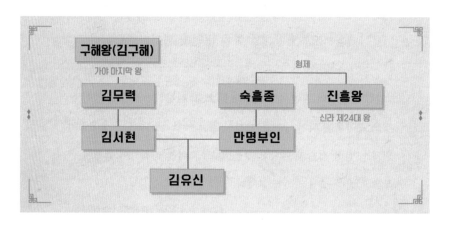

김유신 집안 가계도

됩니다. 우여곡절 끝에 태어난 아들, 바로 김유신이었지요. 김유신 집안이 가야에서 신라로 넘어온 지 63년 만의 일이었습니다.

집안과 나라의 기대를 받는 화랑

595년 태어난 김유신이 역사에 이름을 올린 것은 고작 15살 때였습니다. 만노군을 떠나 수도 서라벌로 와서 살던 그가 화랑花郞으로 선출되었기 때문입니다.

화랑은 '꽃같이 아름다운 사내'라는 뜻으로 신라의 청소년 수련 집단을 이끄는 우두머리를 말합니다. 화랑은 왕족이나 귀족 자제들이 주로 맡았지요. 그리고 화랑이 이끄는 무리를 낭도郞徒라 불렀는데 그들은 하급 귀족이나 평민 출신들이었습니다. 화랑과 낭도를 합친 조직을 화랑도花郞徒라 불렀고 이는 신라의 국가 인재 양성 기관으로 기능했습니다. 이곳에서 선발된 청소년들은 공동체 생활을 하며 학문을 배우고 무예를 갈고닦았습니다. 유사시에는 전쟁에 참전해 나라를 위해 목숨을 바치기도 했지요.

기록을 보면 화랑 김유신은 수많은 낭도를 이끌며 두각을 나타냈다고 합니다. 가문을 드높이고 신라의 인재로 인정받기 위해 부지런히 노력했던 듯합니다. 김유신은 화랑으로 능력을 인정받으며 역량을 뽐냈지요.

그런데 어느 날, 어머니 만명이 김유신을 불러다 앉혀 놓고 평평 울기 시작했습니다.

> "나는 이미 늙고 밤낮으로 네가 성장하여 공명을 세워 임금과 부모에게 영예가 되기를 바랐는데, 지금 네가 가축이나 때려잡는 젊은 이들과 어울려 계집을 희롱하고 술집에서 방자하게 놀 수 있는가?"
>
> 이인로, 《파한집》

집안의 기대와 달리 김유신이 술과 여자에게 폭 빠졌기 때문이었습니다. 김유신이 천관녀라는 여인에게 빠져 그녀의 집에 자주 드나들자 그의 행적이 어머니 귀에까지 들어가게 된 것입니다. 어머니가 눈물을 보이며 호되게 꾸짖자 김유신은 "다시는 그 집 문 앞을 지나가지 않겠습니다"라고 맹세했지요.

천관녀의 집에 발길을 끊은 지 여러 날, 김유신이 술에 취해 집으로 돌아오는 길이었습니다. 꾸

파한집 김유신과 천관녀의 사랑 이야기는 고려 시대 문신 이인로가 쓴 《파한집》에 실려 있다. 천관녀가 기생이 아니라 사제였다는 의견도 있는데, 이는 당시 김유신이 관계를 단절해야 할 특정 여성이 분명 있었음을 알려준다. 서울대학교 규장각 한국학연구원 제공.

벅꾸벅 조는 김유신을 태운 말은 익숙한 길로 향했지요. 말발굽 소리가 멈춘 곳에서 몸을 일으킨 김유신은 말이 자기를 이끌고 도착한 곳이 어디인지를 깨닫고 화들짝 놀라고 말았습니다. 바로 천관녀의 집이었던 것입니다. 어머니의 눈물로 마음을 굳게 먹었던 김유신은 지체 없이 칼을 뽑아 말의 목을 베어버렸습니다. 그리고 천관녀를 뒤로한 채 집으로 돌아왔지요. 그 후로도 김유신은 어머니와의 약속을 지키기 위해 다시는 천관녀를 찾아가지 않았다고 합니다.

김유신은 만명의 바람대로 한눈팔지 않고 수련에 몰두했습니다. 가문과 나라를 위한 인재가 되어야겠다고 결심했던 것이지요. 몸과 마음을 갈고닦은 김유신은 화랑이 된 지 3년 만인 18살에 화랑을 대표하는 총지도자격인 '국선國仙' 자리에 오릅니다. 집안과 신라의 기대주로 착실하게 성장하고 있었지요.

인생 파트너, 김춘추와 연을 맺다

이쯤에서 김유신을 설명하는 데 빠질 수 없는 인물을 한 명 소개해야 할 것 같습니다. 바로 김춘추입니다. 김춘추는 신라 정통 왕실의 피를 물려받은 최상위 혈통으로 잘생기고 늠름한 사내였지요. 훌륭한 왕실 재목인 것 같지만 김춘추는 왕위를 물려받을 수 없는 비운의 처지였습니다. 그의 할아버지인 신라 제25대 왕 진지왕이 귀족들에 의해 왕위에서 쫓겨났기 때문입니다. 진지왕을 쫓아낸 귀족들은 진지왕의 조카 진평왕을 왕으로 세우고 김춘추 집안을 계속 견제했습니다. 왕위 계승 서열에서 밀려난 것도 억울한데 귀족들의 눈치까지 봐야 하니 김춘추는 얼마나 속상하고 분했을까요? 쫓겨난 왕족의 비애를 온몸으로 느꼈을 것입니다.

김유신은 김춘추의 처지를 알면서도 친분을 쌓으며 가깝게 지냈습니다. 김춘추가 당장 왕이 될 수는 없지만 왕위 계승의 희망이 사라진 것은 아니었기 때문이죠. 진지왕이 쫓겨난 뒤 왕위에 오른

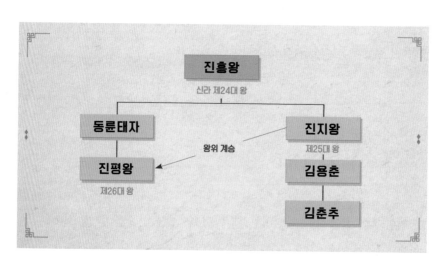

김춘추 집안 가계도

진평왕에게는 아들이 없었거든요. 그렇다면 왕과 가까운 혈족인 김춘추가 왕위를 계승할 가능성을 배제할 수 없었습니다. 김유신은 자기의 군사 능력으로 김춘추를 지지함으로써 그가 왕위에 올랐을 때 신라의 이인자가 되겠다는 야망을 품었던 것입니다. 두 사람은 금세 가까워졌습니다.

김춘추의 혈통이 자신 집안을 굳건히 세우는 데 반드시 도움이 될 것으로 생각한 김유신은 그와 더 끈끈하게 연을 맺을 방법을 궁리했습니다. 고민을 이어가던 김유신은 어느 날, 김춘추에게 "축국 한 판 하시죠"라고 권했지요. 축국은 가죽 공을 여럿이서 발로 차고 받는 지금의 축구와 비슷한 민속놀이입니다. 그렇게 둘은 김유신의 집 앞에서 공을 차게 되었습니다. 한참 공을 차면서 신나게 뛰고 있었는데 김춘추의 저고리 고름이 김유신의 발에 밟혀 뜯어지고 말았습니다. 김유신은 미안했는지 당황한 김춘추에게 자기 집에 가서 옷고름을 달자고 청했지요.

집으로 들어온 김유신은 김춘추를 빈방에서 기다리게 했습니다. 잠시 후 김춘추가 있던 방문이 열리고 김유신의 둘째 여동생 문희가 들어왔습니다. 김유신은 왜 김춘추에게 여동생을 보냈을까요? 사실 이 모든 것은 김유신의 큰 그림이었습니다. 김춘추에게 여동생을 소개해주려고 일부러 옷고름을 밟았고, 여동생을 보낸 것이었지요. 그리고 이 방법은 통했습니다. 이날 이후 김춘추와 문희가 서로 만나기 시작했거든요.

위기일발!
동생을 불태우려는 김유신

김유신의 시나리오대로 김춘추와 문희는 사랑을 키워나갔습니다. 그런데 몇 개월 후 김유신은 잔뜩 화가 난 채로 여동생 문희를 부르고는 놀라운 행동을 벌입니다. 집 안에 땔나무를 쌓아 놓고 문희를 불태워 죽이겠다며 불을 지른 것이죠.

도대체 김유신은 왜 이렇게까지 화가 난 것일까요? 아직 결혼도 하지 않은 문희가 임신했기 때문이었습니다. 김춘추의 아이를 말이지요. 김유신은 큰 충격을 받고 화가 나서 이 소동을 벌인 것이었습니다.

문희가 목숨을 잃을 일촉즉발의 상황! 그때 누군가 말을 타고 김유신 집에 등장하더니 자신이 문희를 책임질 테니 이 소동을 멈추라고 말했습니다. 바로 김춘추였습니다. 덕분에 문희는 구사일생으로 목숨을 구할 수 있었지요. 그런데 아무리 화가 난다 한들 어떻게 여동생을 불태울 생각을 했을까요? 사실 이 소동 역시 김유신의 진심이 아니었습니다. 김유신이 계획한 큰 그림이었지요. 이러한 시나리오를 쓰게 된 데에는 그만한 사정이 있었습니다.

문희와 김춘추는 서로 사랑했지만, 현실적으로 결혼하기는 어려웠습니다. 김유신 집안이 가야계라는 것이 발목을 잡았기 때문입니다. 김유신의 아버지 역시 만명과 만날 때 가야계라고 반대를 당했는데, 문희도 마찬가지였던 것이지요. 그러나 방법이 없던 것은 아니었습니다. 한 가지 방법이 있었으니 바로 왕실의 허락을 받는 것이었습니다. 왕실이 승인하면 아무도 이 결혼에 반대할 수 없었거든요. 그래서 김유신이 머리를 쓴 것이었습니다.

김유신은 문희를 불태우겠다고 주변에 소문을 냈고, 이런 사정을 왕실이 알도록 손을 써 두었습니다. 그리고 신라 왕위 계승 서열 1위인 덕만공주가 궁 밖으로 나오는 날 소동을 벌이기로 결심했습니다. 마침내 김춘추가 덕만공주를 모시고 시찰하러 나오자, 집 마당에 문희를 세워두고 보란 듯이 불을 붙였지요.

> 왕이 연기를 바라보고 "무슨 연기인가?" 하고 묻자 좌우에서 아뢰기를 "아마도 유신이 누이를 불태우려는 것 같습니다" 하였다. 왕이 그 까닭을 물으니, 아뢰었다. "그 누이가 남편도 없이 임신하였기 때문입니다." 왕이 이르기를 "그것은 누구의 소행이냐?"고 물었다. 마침 춘추공이 왕을 모시고 앞에 있다가 얼굴색이 붉게 변했다. 그것을 보고 왕이 말하기를 "이는 너의 소행이니 속히 가서 그녀를 구하도록 하여라" 하였다. 춘추공이 임금의 명을 받고 말을 달려 왕명을 전하여 죽이지 못하게 하고 그 후 떳떳이 혼례를 올렸다.
>
> 《삼국유사》 1권, 기이 태종춘추공

김유신 집에서 연기가 피어오르는 것을 보고 상황을 눈치챈 덕만공주는 김춘추에게 당장 가서 문희를 구하라고 말합니다. 이는 왕실이 김춘추와 문희의 결혼을 허락한다는 뜻이었습니다. 김유신이 택한 파격적인 방법이 통한 것이지요. 이로써 김춘추와 문희는 정식 부부가 되었고, 두 집안도 사돈 관계를 맺었습니다.

신라의 영웅으로
거듭난 김유신

　김춘추와 문희의 결혼으로 김유신 집안은 신라에서 입지를 높였습니다. 하지만 김유신은 만족하지 않았습니다. 또 한 번 가문의 위상을 높이기 위해 노력하지요.

　629년 신라는 한강 유역을 더욱 안정적으로 지키기 위해 북쪽으로 영토를 확장하기로 합니다. 그러면 누구와 전투를 벌여야 했을까요? 바로 고구려였습니다. 신라는 북쪽에서 한강 유역을 두고 대립하던 고구려를 선제공격하기로 합니다. 그 목적지는 현재 포천의 반월산성으로 추정되는 고구려의 요충지 낭비성이었습니다.

　신라는 대규모 군사를 낭비성으로 출격시켰습니다. 35살의 원숙한 장수였던 김유신도 이 전투에 참전했지요. 의기양양하게 낭비성에 도착한 신라군은 돌격 함성과 함께 고구려군과 크게 맞붙었습니다. 결과는 어땠을까요? 신라군의 대패였습니다. 낭비성에서 나온 고구려군의 기세는 대단했습니다. 수많은 군사를 잃은 신라군은 후퇴해야 했지요. 야심 차게 쳐들어갔는데 첫 전투부터 고구려군에게 패하고 말았으니 신라군의 기세가 꺾이는 것은 당연한 일이었겠지요. 전세는 고구려 쪽으로 기운 듯했습니다.

그때 김유신이 낭비성 전투에 함께 참전한 아버지 앞에 나아가 이렇게 말했습니다.

"제가 평생 나라에 충성하고 부모에 효도할 것을 스스로 기약하였으니, 전투에 임하여 용맹하지 않을 수 없습니다."

그러고는 홀로 말을 타고 나가 고구려 진영으로 돌진했지요. 신

포천 반월성 경기도 포천시 군내면 반월산에 있는 산성. 둘레가 1,080미터로 고대 시대에 지어진 산성 중 큰 축에 속한다. 반월성은 궁예가 쌓았다고 알려졌으나, 조사 결과 백제가 축조하여 4세기 후반까지 사용하다가 광개토대왕 시기에 고구려로 편입되었을 것으로 본다. 6세기 신라가 한강 유역을 차지하면서 신라의 북방 진출의 중요한 전진기지로 사용됐을 것으로 추정한다. 한국학중앙연구원 제공.

라군의 기세를 살리기 위해 목숨을 걸고 혈혈단신 적진으로 뛰어들어간 것이었습니다.

> "말을 타고 검을 빼어 들고 참호를 뛰어넘어 적진을 드나들면서 장군의 목을 베어 그 머리를 끌고 돌아왔다."
>
> 《삼국사기》41권, 열전 김유신 상

살아 돌아온 것도 대단한데 그의 손에는 고구려 장군의 목이 들려 있었습니다. 고구려 장군의 목을 베어 돌아온 김유신의 용맹한

모습을 본 신라군은 다시 사기가 끓어올랐습니다. 김유신도 여기서 멈추지 않고 군사를 이끌고 고구려 진영을 다시 공격했지요. 결과는 어땠을까요? 고구려군 5천여 명의 목을 베고 1천여 명을 사로잡았습니다. 김유신의 대활약으로 신라가 낭비성 전투에서 완승한 것입니다. 신라군의 기세를 두려워하던 낭비성주는 결국 항복하고 말았지요. 덕분에 신라는 한강 하류 일대를 안정적으로 장악할 수 있었습니다.

당시 신라군에서 총대장급도 아니고

김유신 진천 길상사 소장

중간 지도자급이었던 김유신은 낭비성 전투로 신라와 고구려 양쪽에서 유명해졌습니다.《삼국사기》고구려본기에 "신라 장군 김유신이 와서 동쪽 변경을 침범하고 낭비성을 격파했다"라고 기록될 정도였지요. 장수로서 화려한 데뷔전을 치른 김유신은 신라 사회 내에서 명성이 높아졌고, 적진을 돌파하는 리더십은 신라 젊은 군사들 사이에서 추앙되었겠지요.

김유신은 신라 조정에서도 김춘추와 힘을 합칠 기회를 얻게 되었습니다. 632년 선덕여왕이 왕으로 즉위하면서 자신의 힘이 되어줄 우군으로 김유신과 김춘추를 등용했기 때문이지요.

우리나라 역사 최초로 여왕으로 즉위한 선덕여왕은 수식어에서 알 수 있듯 유례없는 왕이었습니다. 당시 신라를 비롯한 삼국에서는 남자가 왕위를 이어받는 것이 당연했으므로 여왕의 즉위를 삐딱하게 바라보는 귀족 세력들이 있었습니다. 그들은 언제든 선덕여왕의 꼬투리를 잡기 위해 준비하고 있었습니다. 이에 선덕여왕은 자기에게 힘을 보태줄 세력이 필요했고, 이를 위해 김유신과 김춘추를 중앙 정계로 부른 것이지요.

김춘추는 선덕여왕의 조카로, 똑똑하고 능력도 출중한 가장 믿을 만한 혈육이었습니다. 김유신 역시 많은 공을 세운 장군이자 김춘추와 끈끈한 인물이었으니 믿을 수 있었겠지요. 김춘추는 외교를 담당해 정치적으로 여왕에게 힘이 되어줄 수 있었고, 김유신은 능력 있는 장수로서 여왕에게 군사적 기반을 마련해 줄 수 있었으니 둘은 힘을 합쳐 여왕을 보좌하게 됩니다. 선덕여왕의 비호 아래 김유신과 김춘추는 신라를 주도하는 새로운 세력으로 성장했고 요. 이렇게 세 사람은 신라 중흥을 위해 의기투합합니다.

함락된 대야성
백제를 향한 복수심

선덕여왕이 즉위한 지 11년째에 접어든 642년, 신라에 위기가 찾아옵니다. 백제 의자왕이 작심하고 신라에 총공세를 퍼부은 것이지요. 그 결과 신라는 지금의 경남 합천인 대량주에 있던 40여 개의 성을 백제에 빼앗기고 맙니다. 심지어 백제와의 경계를 지키는 요충지 역할을 했던 대야성까지도 순식간에 함락되고 말았지요. 대야성의 함락으로 수도 서라벌로 진군하는 교통로가 뚫리게 되었으니 신라 조정에는 큰 위기감이 돌았습니다.

대야성 전투의 패배로 김춘추는 신라 조정에서 비난의 화살을 한몸에 받아야만 했습니다. 당시 대야성을 지키던 성주가 김춘추의 사위였거든요. 사위를 보낼 만큼 중요한 대야성을 변변한 저항도 없이 빼앗겨버리고 말았으니 책임을 피하기 어려웠습니다.

더구나 김춘추에게 더 충격적이고 슬픈 소식이 들려옵니다. 대야성 성주인 김춘추의 사위 곁엔, 성주의 아내이자 김춘추의 딸인 고타소가 있었습니다. 대야성을 함락하면서 백제군은 성주인 사위와 고타소를 죽여버렸지요. 그런데 이게 끝이 아니었습니다. 백제가 김춘추의 딸을 모욕하려고 그 시신을 백제의 감옥에 묻어버린 것입니다. 백제의 죄인들이 그들의 유골을 밟고 지나다니게 한 것이지요.

> 처음에 대야성이 패하였을 때 도독인 품석의 아내도 죽었는데, 바로 춘추의 딸이었다. 춘추가 이를 듣고 기둥에 기대어 서서 하루 종일 눈도 깜박이지 않았고, 사람이나 물건이 그 앞을 지나가도 알아채지 못하였다. 이윽고 말하기를, "아! 대장부가 되어 어찌 백제를 삼키지 못하겠는가?"
>
> 《삼국사기》 신라본기 5권, 선덕왕 11년(642)

김춘추는 충격에 넋이 나가고 말았습니다. 고타소의 어머니인 문희도 마찬가지였지요. 대야성 전투는 김유신과 김춘추 모두에게 혈육을 잃는 슬픔을 안겨주었습니다.

이를 계기로 김유신과 김춘추는 백제에 큰 원한을 갖게 됩니다. 김유신 역시 대야성 전투로 타격을 입었거든요. 대야성은 본래 옛 가야의 땅에 세운 성이었습니다. 그렇기 때문에 가야 출신 김유신의 세력 근거지이기도 했는데 백제에 빼앗겼으니 큰 타격을 입었겠지요. 김춘추와 김유신은 힘을 합쳐 공동의 세력 근거지를 되찾아야 했습니다. 특히 딸을 잃은 김춘추는 남은 생을 걸고 백제를 없애버리겠다고 다짐합니다.

김춘추는 백제를 치기 위해 다른 나라에 군사적 도움을 요청하기로 했습니다. 첫 번째로 고구려를 떠올렸지요. 당시 고구려도 백제와 적국 관계였기 때문에 손을 잡으려 한 것입니다. 선덕여왕의 허락을 받은 김춘추는 고구려로 향했습니다.

642년 김춘추는 딸의 복수를 위해, 그리고 정치적 위기를 돌파하기 위해 겨울바람을 뚫고 적국 고구려에 도착합니다. 왠지 익숙한 이야기 아닌가요? 맞습니다, 앞서 소개한 연개소문과 김춘추의 만남이 이때 성사된 것입니다. 백제를 공격할 군사를 빌려달라는 김춘추의 요청에 연개소문은 한강 유역의 땅을 내놓으라고 요구했지요. 김춘추가 거절하자 화가 나서 그를 가둬버렸고요.

도움을 구하러 간 고구려에서 졸지에 포로 신세가 된 김춘추. 며칠이 지나자 김춘추가 갇혀 있다는 소식이 신라에 전해졌습니다. 김춘추가 포로로 사로잡혔다는 소식을 들은 선덕여왕은 김유신에게 김춘추를 구해오라 명합니다. 명을 받은 김유신은 최정예 군사 1만 명을 이끌고 고구려로 진격했습니다. 사실 김춘추가 고구려로 떠나기 전, 김유신은 그가 고구려에서 돌아오지 않으면 반드시 자기가 복수하겠다고 약속하기도 했지요.

유신이 말하기를, "공이 만일 갔다가 돌아오지 못한다면, 나의 말발군이 반드시 고구려와 백제 두 왕의 조정을 짓밟을 것입니다. 만약 이렇게 하지 않는다면, 장차 무슨 면목으로 나라 사람들을 대할 수 있겠습니까?"라고 하였다.

《삼국사기》 41권, 열전 김유신 상

김유신은 김춘추가 그저 살아 있기만을 바라며 매서운 기세로 고구려 국경을 향해 달렸지요.

한강을 건너 고구려의 남쪽 경계에 도착한 김유신과 신라군은 당장이라도 고구려에 쳐들어갈 기세를 뿜었습니다. 김유신이 국경에 도착했다는 소식을 들은 연개소문은 어떤 선택을 했을까요? 김유신이 등장했다는 소식만 듣고 김춘추를 감옥에서 풀어주었습니다.

김유신의 도움으로 김춘추가 고구려에서 탈출했으니, 두 사람 사이가 얼마나 끈끈해졌을까요? 이제 김유신과 김춘추는 정치적 동반자를 넘어 서로에게 없어서는 안 될 평생 동지가 되었습니다.

백제를 치고 위기를 모면하다

무사히 고구려에서 신라로 돌아온 두 사람. 고구려와의 외교 협상에 실패했기에 김춘추와 김유신의 입장은 그리 좋지 않았습니다. 두 사람이 위기에서 벗어날 방법은 반드시 백제를 물리치는 것뿐이었지요.

김유신은 더 늦기 전에 군사적 능력을 한껏 발휘해야만 했습니다. 그래서일까요? 선덕여왕이 김유신에게 중요한 보직을 맡깁니다. 그를 신라 요충지인 압량주의 군주로 임명한 것이지요.

압량주는 백제의 소유가 된 대야성의 오른쪽에 있는, 지금의 경북 경산 지역의 성이었습니다. 대야성과 수도 서라벌 사이에 있는 곳으로 신라의 최전방이자, 수도를 방어하는 마지노선인 셈이었습니다. 48세의 김유신이 최전방을 책임지는 지방군 사령관이 된 것입니다. 이렇게 중요한 곳에 김유신을 보냈으니 그만큼 김유신의 역량을 믿었다는 뜻이기도 하고 김유신에게 만회의 기회를 준 것이기도 하지요.

이제 더는 물러날 곳이 없었던 김유신은 어떻게 해서든 압량주로 쳐들어오는 백제의 공격을 막아야만 했습니다. 그 간절한 마음이 빛을 발한 것일까요? 김유신은 대장군으로서 군사적 역량을 한껏 발휘해 백제로부터 압량주를 지켜냅니다. 나아가 빼앗겼던 대야성 근처 지역의 일부를 되찾아오기까지 하지요. 김유신은 지금의 경북 고령 지역인 백제 가혜성을 비롯해 7개의 성을 함락하는 데 성공합니다.

이때 김유신의 나이는 50세를 넘기고 있었습니다. 적지 않은 나이였지만, 전쟁터에서 그의 활약은 압도적이었지요. 어느 정도였냐면, 백제와 치른 전투마다 연전연승이었습니다.

앞에서 재매정 이야기를 했었지요? 백제군을 물리치고 돌아왔는데 다시 백제가 침공했다는 소식에 선덕여왕은 집에도 들르지 못한 김유신을 출전시킵니다. 그만큼 당시 백제의 공세를 김유신이 혼자 감당하고 있다고 해도 지나친

7세기 백제와 신라의 영토

말이 아니었습니다. 어느덧 김유신은 백전불패의 장군, 신라의 수호신으로 거듭나고 있었지요.

김유신이 가야계라고 무시하던 귀족들도 어쩔 수 없을 정도로 김유신의 위세는 높아져만 갔습니다. 김유신의 활약 덕분에 대야성 함락과 고구려 외교 협상에 실패해 정치적 위기에 몰렸던 김춘추 역시 위기를 만회할 수 있었고요.

초유의 여왕 거부 사태!
비담의 난

정치적 위기에서 벗어난 김유신과 김춘추는 조정에서의 입지

를 찾아가며 정치적 주도권을 잡아가고 있었습니다. 그런데 선덕여왕 재위 16년이 되던 647년, 신라 조정에 큰일이 벌어졌습니다. 비담이라는 인물이 귀족들을 모아서 여왕을 몰아내고자 난을 일으킨 것이었지요. 일명 '비담의 난'으로 주동자인 비담은 귀족 연합을 이끌며 귀족 회의를 주재한 상대등이었습니다.

상대등은 당시 신라의 최고 관직으로 지금으로 따지면 국회의장에 해당하는 큰 힘을 가진 자리였습니다. 정당한 왕위 계승자가 없을 경우, 상대등은 스스로 후계자가 될 수도 있었지요. 이런 인물이 반대파를 모아 선덕여왕을 끌어내리기 위해 음모를 꾸몄으니 선덕여왕과 그를 따르는 친위 세력에게는 비상이 걸린 셈이었습니다.

그런데 아무리 높은 관직에 있다 한들 왕을 끌어내리려 난을 일으키다니요. 난을 일으킨 명분은 무엇이었을까요? 비담과 귀족들이 내세운 명분은 '여주불능선리女主不能善理'였습니다. 하나씩 풀어서 읽어볼까요? '여주'는 여성 군주, 즉 여왕을 의미합니다. '불능'은 할 수 없다는 뜻이고, '선'은 훌륭하다, '리'는 다스린다는 의미입니다. 풀이를 합하면 '여성 군주는 나라를 훌륭하게 다스릴 수 없다'는 말이 되지요. 그들은 이 말을 반란의 명분으로 삼았습니다.

그런데 선덕여왕이 재위한 지 16년이 지났는데 이제 와서 반란을 일으키다니, 의아하지요? 이 시기에 선덕여왕은 갑자기 건강이 나빠져 병석에 누워 있었습니다. 여왕의 건강이 좋지 않으니 후계자를 정해야 할 텐데, 그 후계자가 다름 아닌 선덕여왕의 사촌 동생 승만공주였습니다. 여왕의 후계자 역시 여성이었던 것이지요. 비담은 또다시 여성이 왕위를 물려받는 것을 두고 볼 수 없었습니다. 그래서 선덕여왕이 아픈 틈을 타 차기 여왕이 즉위하는 것을 막고 자신이 정권을 잡으려 한 것입니다.

여왕 즉위에 반대하며 일어난 초유의 반란에 김유신과 김춘추 모두 긴장했습니다. 반란군이 승리할 경우, 자신들은 물론 집안까지 몰살당할 수 있는 절체절명의 상황이었지요.

그러나 김유신은 주저하지 않았습니다. 반란의 불씨를 끄기 위해 왕실 군대의 선봉에 서서 비담이 이끄는 반란군과 전투를 벌였지요. 김유신은 선덕여왕이 머물던 신라의 왕궁 월성에 자리를 잡았습니다. 비담의 반란군은 월성으로부터 직선거리로 단 4킬로미터 남짓 떨어져 있는 명활성에 진을 쳤습니다. 서로를 훤히 파악할 수 있는 거리에서 대립한 채, 두 진영은 수일간 치열한 전투를 이어갔습니다.

얼마나 피 튀기는 전쟁이었을까요? 기록에 따르면 10여 일 동안 공격과 방어가 계속되었으나 승패를 가리지 못했다고 합니다.

경주 월성과 명활성

그러던 어느 날 밤, 반란군의 기세가 하늘을 찌를 듯이 높아진 사건이 벌어집니다. 하늘에서 큰 별이 월성 쪽으로 떨어진 것이었지요. 이를 본 비담은 군사들을 불러다가 별똥별에 대한 놀라운 해석을 이야기해줍니다.

> 비담 등이 군사들에게 말하기를, "내가 듣건대, 별이 떨어진 곳에는 반드시 피를 흘릴 일이 생긴다고 하니, 이는 아마 여왕이 패할 징조일 것이다"라고 하였다. 군사들의 환호성이 하늘과 땅을 진동시켰다. 대왕이 환호성을 듣고 매우 두려워서 어찌할 줄 몰랐다.
>
> 《삼국사기》 41권, 열전 김유신 상

별이 떨어졌으니 여왕이 패한다는 해석이었지요. 비담은 군사들에게 왜 이런 해석을 들려주었을까요? 하늘도 우리 편이라는 메시지로 군사들의 사기를 높이려는 속셈이었던 것입니다. 비담의 심리전은 적중했지요. 반란군은 승리가 눈앞에 있고, 자신들이 이길 것이라고 철석같이 믿었습니다.

반란군의 기세가 높아졌다는 소식을 듣고 두려워하는 왕에게 김유신은 이렇게 말합니다.

"좋고 나쁜 것은 고정되어 있는 것이 아니라 오로지 사람들이 스스로 불러들이는 것입니다. 그러니 별이 떨어진 일은 두려워할 것이 못 됩니다. 왕께서는 걱정하지 마십시오."

그리고 김유신은 왕실 군대의 사기를 높이고, 반란군의 기세를 꺾을 묘수를 생각해냈습니다. 바로 떨어진 별을 다시 띄우는 것이었지요.

김유신이 생각해낸 방법이 아주 기가 막힙니다. 한밤중에 김유신은 허수아비를 연에 묶었습니다. 그리고 허수아비에 불을 붙여 병사들 몰래 하늘로 띄웠지요. 멀리서 그 모습을 보면 마치 별이 떠오르는 것처럼 보이게 한 것이었습니다. 다음 날, 김유신은 사람을 시켜 "어젯밤 떨어진 별이 다시 하늘로 올라갔다"라는 말을 퍼트렸지요. 이 이야기로 병사들의 사기는 단숨에 끌어올랐고 반란군은 자신들의 승리에 의구심을 품게 되었습니다. 효과는 어땠을까요? 전세가 역전되었습니다. 왕실 병사들이 하늘은 우리 편이라고 믿기 시작하니 반란군도 쉽사리 제압되었지요.

마침내 김유신은 난을 진압하고 신라 왕실을 지켜냈습니다. 그리고 도망가던 비담과 귀족 30명을 잡아 참수형에 처했습니다. 이로써 열흘 넘게 지속되었던 비담의 난은 막을 내리게 되었지요.

반란 중에 선덕여왕이 승하하여 새로운 여왕으로 즉위한 승만 공주도 안정적으로 왕위를 이을 수 있게 되었습니다. 이 여왕이 신라 제28대 왕 진덕여왕입니다. 비담을 비롯한 왕실 반대파들을 제거한 김유신과 김춘추는 명실공히 신라 조정의 중심이 되었습니다. 새로운 여왕의 시대가 열렸고, 왕실의 유일한 남자 후손이던 김춘추의 존재감은 더욱 커졌습니다.

입지를 높이는 두 사람
왕과 최고 관직자가 되다

상황이 안정되자 김유신과 김춘추는 접어두었던 목표를 다시 꺼내 들었습니다. 바로 백제 멸망이었지요. 먼저 김유신은 압량주로 향했습니다. 자신이 지키던 성으로 돌아가서 백제와의 전투를 이어갔지요. 김춘추는 당나라로 향했습니다. 이전에 백제를 공격할 군사를 빌리러 고구려에 갔던 것처럼 이번에는 당나라와 군사연합을 맺기 위해서였지요. 당나라는 절대 권력자인 당 태종이 군림하는 아시아 최고의 강대국이었기 때문입니다.

김춘추는 당나라와 동맹을 맺기 위해 사력을 다했습니다. 그 결과, 당 태종과의 협상에 성공했지요. 고구려와 백제를 공격하는 데 힘을 합치기로 한 것이었습니다. 앞서 고구려의 연개소문을 위기로 몰아넣은 나당연합이 결성된 것이지요. 동맹이 결성되었을 때 김춘추는 드디어 백제를 칠 수 있다는 생각에 뛸 듯이 기뻤을 것입니다. 더할 나위 없는 최고의 외교 성과를 얻었으니 신라로 돌아가는 발걸음도 가벼웠겠지요.

김춘추가 나라 밖에서 활약하는 동안 김유신의 상황은 어땠을까요? 김유신 역시 엄청난 성과를 거둡니다. 백제에 함락되었던 대야성 탈환에 성공한 것이었지요. 압량주에 있던 김유신은 신라군의 사기가 충만해지자 백제에 본격적인 복수를 해야겠다고 마음먹었습니다. 그래서 군사를 이끌고 대야성으로 진격했지요. 결과는 김유신의 대승이었습니다. 신라가 대야성을 빼앗긴 지 6년 만의 일이었습니다.

김유신이 되찾은 것이 이뿐만이 아니었습니다. 6년 전 백제가 가져갔던 김춘추의 딸이자 자신의 조카인 고타소의 유골까지 수습하여 돌아옵니다. 그리고 고타소의 유골을 당나라에서 돌아온 김춘추에게 건네지요. 마침내 딸의 유골을 받아든 김춘추의 마음이 어땠을까요? 김춘추는 딸의 유해를 받아 들고 그리움에 눈물을 뚝뚝 흘리고 말았습니다.

신라 조정의 실세이자 서로의 든든한 동반자로 동행하던 이들의 인생에, 654년 큰 변화가 찾아왔습니다. 진덕여왕이 재위한 지 8년 만에 승하한 것이었지요. 진덕여왕에게는 후사가 없었던 터라 김유신을 포함한 귀족들은 후계자 자리를 놓고 열띤 논의를 펼쳤습니다. 그리고 다음 왕이 결정됐습니다. 진덕여왕의 뒤를 이어 신라 왕이 된 사람은 태종무열왕, 김춘추였습니다.

김춘추는 후사가 없던 진덕여왕의 가장 가까운 핏줄이었습니다. 일찍이 김유신이 예측한 대로 왕실의 대를 이을 사람이 없는 상황에서 김춘추의 왕위 계승은 당연했습니다. 드디어 두 사람이 바라던 대로 김춘추가 왕이 되었습니다. 꿈에 그리던 일이 현실이 되는 순간이었습니다.

김춘추가 집권한 지 6년이 흐른 660년, 김유신은 66세의 나이에 신라 최고의 관직인 상대등에 오르게 됩니다. 가야계 출신으로 무시당하고 견제받던 김유신이 마침내 신라 귀족의 맨 꼭대기에 서게 된 것이지요.

복수의 마침표
백제를 무너뜨리다

이제 마지막 대업을 이루기 위해 두 사람은 힘을 모읍니다. 18년 동안 품었던 복수의 마침표를 찍기 위해 백제를 공격하기로 한 것이지요. 드디어 660년, 나당연합군이 백제로 출격합니다. 신라군을 이끈 총지휘관은 의심할 것 없이 김유신이었습니다.

김유신은 5만 명의 신라군을 이끌고 당나라 군사와 힘을 합쳐 지금의 충남 부여에 있는 백제의 수도 사비성을 공격했습니다. 나당연합군의 공세에 백제 의자왕은 백기를 들고 말았지요. 김유신과 김춘추가 그토록 바라던 백제 멸망의 순간이었습니다. 마지막 목표를 이룬 김춘추는 이듬해인 661년 눈을 감았습니다.

백제를 멸망으로 이끈 나당연합군은 기세를 몰아 고구려까지 쳐들어갔습니다. 그리고 668년 신라는 고구려를 무너뜨리지요. 한때 삼국 중 가장 약한 나라였던 신라가 한반도의 주도권을 틀어쥐게 된 것입니다. 이 과정에서 가장 활약한 사람이 김유신이었

태종무열왕의 작전회의 660년 태종무열왕이 백제의 사비성을 공격하기 위해 김유신을 비롯한 장군들과 남천정, 지금의 경기도 이천에서 전략을 모의하는 장면을 그린 기록화이다. 전쟁기념관 제공.

지요. 왕과 백성들 모두 이러한 공로를 잘 알고 있었습니다.

> "지금 김유신은 할아버지와 아버지의 일을 이어받아 사직의 신하
> 가 되어 밖에서는 장수가 되고 안에서는 재상이 되어 많은 공적을
> 쌓았다. 만약 김유신 집안이 없었다면 우리나라의 흥망을 알 수 없
> 었을 것이다."
>
> 《삼국사기》 43권, 열전 김유신 하

덕분에 김유신은 신라 왕실과 백성들의 존경을 받으며 여생을

보냈습니다. 그리고 673년, 79세의 나이로 숨을 거두었지요.

투항한 가야 후손이
신라 왕으로 추존되기까지

김유신의 묘는 현재 경주시 충효동 송화산에 있습니다. 그의 무덤은 지름 30미터에 달하며, 봉분을 두른 돌에는 십이지신이 새겨져 있어 전형적인 신라 왕릉의 형식을 갖추기까지 했지요.

아무리 존경받는 신하이고 장군이라 할지라도 왕의 무덤에 비견하는 묘를 갖기는 쉽지 않을 것입니다. 김유신이 위용 넘치는 무덤을 갖게 된 데에는 놀라운 이유가 있습니다. 김유신이 세상을 떠나고 160여 년이 지나서 흥무대왕으로 추존되었기 때문입니다. 신라 정통 왕족이 아닌 인물이 왕으로 추존된 전례 없는 일이었지요. 게다가 한때 신라와 칼을 겨뤘던 가야의 후손이 신라의 왕으로 대우받는 이례적인 일이었습니다.

김유신이 흥무대왕으로 추존된 데는 당시 정치적 상황이 맞물려 있긴 하지만, 김유신에 대한 신라 사회의 존중이 워낙 높았던 결과라고 볼 수 있습니다. 김유신은 진평왕부터 문무왕까지 무려 5명의 왕을 섬겼고, 태종무열왕과 함께 백제와 고구려를 멸망시켜 '삼한일통三韓一統'을 이루었습니다. 신라 역사의 새로운 페이지를

경주 김유신묘 송화산 구릉에 있는 김유신의 무덤. 다른 왕릉의 십이지신상은 갑옷으로 무장을 한 것과 달리 김유신묘의 십이지신상은 평복을 입고 무기를 들고 있다. 문화재청 제공.

열었으니 두고두고 칭송할 만한 업적을 세운 인물이었지요.

한계도 있었고 위기도 있었지만 김유신은 좌절하지 않고 목표를 향해 차근차근 나아갔습니다. 가문의 입지를 안정시키면서 가문을 받아준 나라를 목숨 바쳐 지키고자 했기에 최고 지위에 오른 뒤에도 주변으로부터 존경을 받을 수 있었지요. 죽은 뒤에 더 큰 자리에 올랐으니 진정한 권력가란 어떠해야 하는지 본보기가 되어주었습니다. 김유신 장군의 능이 있는 경주시 흥무공원에는 김유신이 문무왕에게 올린 문장이 비로 새겨져 있습니다. 그 글에는 권력에 대한 김유신의 태도가 스며 있지요. '지성공지불이知成功之不易 염수성지역난念守成之亦難'. 성공하기는 쉬운 일이 아니나 성공을 지키는 것 또한 어려운 일이다.

3장

멸거벗은 쿠데타

박재우 (성균관대학교 사학과 교수)

무신정변의 주모자들은
왜 서로의 목을 노렸나

1170년 음력 8월, 우렁찬 함성이 고려 조정을 뒤흔들었습니다. "문신의 씨를 말려버려라!" 분노에 찬 목소리의 주인공은 고려 무신들이었습니다. 무신은 오늘날 군인, 경찰과 같은 일을 맡은 관리들로 오늘날 공무원, 법관 등의 역할을 하는 문신과 비교해 차별과 멸시를 받아왔지요. 오랫동안 억눌려 온 분노가 폭발해 정변으로 이어지고 만 것입니다. 이 사건을 무신들이 일으킨 정변이라 하여 무신정변이라 부르지요. 고려 궁궐은 무신들의 무자비한 칼부림에 목숨을 잃은 문신들의 피로 붉게 물들었습니다.

많은 피를 흘리고 정변에 성공한 무신들은 그토록 고대하던 무신의 시대를 맞이했습니다. 그런데 정변이 일어나고 불과 9년 뒤,

정변의 주역이었던 한 인물이 대역 죄인으로 처형되는 일이 벌어집니다. 게다가 그의 목은 모든 사람이 볼 수 있는 저잣거리에 걸리기까지 했지요.

무신정변 이후 고려에는 도대체 무슨 일이 벌어진 것일까요? 어째서 정변의 주역이 이토록 처참하게 죽음을 맞이하게 되었을까요? 무신정변 이후 고려를 혼란으로 이끈 그 피의 역사를 지금부터 벗겨보겠습니다.

무신정변 3인방
무신의 시대를 열다

고려 역사의 분기점이 된 무신정변을 일으킨 핵심 인물은 종3품 대장군 정중부입니다. 그는 무신정변의 총지휘를 맡아 무신들을 이끌었지요. 하지만 정변을 처음 계획했던 사람은 정중부가 아니었습니다. 당시 정8품, 왕의 호위군인 견룡군 소속의 젊은 무신 이의방과 이고였지요. 이 두 사람이 정중부를 찾아가 정변을 일으키자고 제안했던 것입니다. 정변이 일어나자 이의방과 이고는 행동대가 되어 활약했습니다. 세 사람이 힘을 뭉친 덕분에 정변은 성공적으로 마무리되었지요.

정변 직후 무신정변 3인방은 정권을 주도할 힘을 쥐게 되었습니다. 차별과 멸시의 설움을 딛고 무신이 고려의 실세로 자리 잡은 것이지요. 고려 시대 무신이 집권한 이 시기를 무신정권武臣政權이라 부릅니다.

이들이 뜻을 모아 벌인 첫 번째 일은 고려 제18대 왕 의종을 폐위하고 수도 개경에서 멀리 떨어진 거제도로 유배를 보내는 것이었습니다. 그리고 의종의 동생을 새로운 왕, 명종으로 세웠지요.

정권을 쟁탈하기 위해 난을 일으켰지만 무신들은 왕을 처단하거나 정변 세력의 우두머리를 왕으로 세우지 않았습니다. 이는 고려 왕실이 가지고 있는 권위 때문이었지요. 고려인들은 왕건의 할머니가 용의 딸이라 생각했습니다. 때문에 왕실을 용의 후손, 즉 특별한 존재로 여겼지요. 무신들 역시 왕건의 후손이 아

용왕대신 무속에서 비를 내리고 바다를 관장하는 신으로 알려져 있다. 《고려사》에 나타난 고려 건국 설화에 용신 신앙이 깃들어 있음을 알 수 있다. 왕건의 할아버지인 작제건은 16세에 당나라로 가던 중 여우에게 시달리는 서해 용왕을 구해주고 용궁으로 초청된다. 그곳에서 용왕의 딸인 저민의를 만나 아내로 맞이한다. 설화에 따르면 고려를 세운 왕건은 용의 후손인 셈이다. 국사당 소장, 한국학중앙연구원 제공.

니면 왕위에 오를 수 없다고 생각했기 때문에 왕이 될 생각은 하지 못하고 왕족인 의종의 동생을 왕으로 추대한 것입니다. 그 방법이

자신들에게 정치적으로 더 안전했기 때문이기도 하지요.

여전히 고려의 왕이 권위를 누리고 있었지만 정변 이후 무신들의 삶은 180도 달라졌습니다. 우선 그들이 간절히 바랐던 것, 무신과 문신 간의 차별이 없어졌습니다.

고려 시대 관료 체제는 무반武班과 문반文班으로 이루어진 양반兩班으로 관직이 나누어져 있었습니다. 무반에는 무신이, 문반에는 문신이 속해 있었는데, 문신은 최상위 품계인 1품까지 오를 수 있었지만 무신들은 3품까지만 허락되었습니다. 무신들도 문반 관직을 얻어 정치에 참여하고 싶었으나 문신과 무신의 역할 분담이 뚜렷하여 국정 운영에 참여할 수 없었지요. 이에 불만을 느끼고 있던 무신들은 정변 이후 무신들도 문반직을 겸할 수 있도록 바꾸었습니다. 고려 상위 품계 2품 이상의 재상직에도 오를 수 있게 만들었지요.

정변의 핵심 인물들도 한 자리씩 차지했습니다. 우선 종3품 대장군이었던 정중부는 종2품에 올라 지금의 국무위원과 같은 재상을 겸직했습니다. 정8품 하위 무신이었던 이의방과 이고는 품계가 5단계나 상승해 종3품 대장군이 되었고요.

품계가 달라지니 권세도 달라졌습니다. 정중부가 종2품 재상직에 오름으로써 드디어 무신도 재추회의宰樞會議에 참여할 수 있게 된 것입니다. 재추회의는 2품 이상의 문반인 재상만 참여해 고려의 중요한 정책을 논했던 국정회의입니다. 오를 수 있는 품계가 한정

되어 있던 무신들은 그동안 철저히 배제되었지요. 그런데 이제 재추회의에 정중부가 참여하게 되었으니 무신들의 목소리가 커지는 것은 자연스러운 일이었습니다.

정변 3인방이 손에 쥔 것은 높은 관직만이 아니었습니다. 그들은 재산도 살뜰히 챙겼습니다. 폐위된 왕 의종에게는 궁궐 외에 재물을 가득 쌓아둔 개인 저택이 3채나 있었습니다. 세 사람은 의종의 집과 재산을 사이좋게 나눠 가졌지요. 무신정변의 성공으로 무신의 처우도 제대로 개선되고 이전에 누릴 수 없던 부와 명예까지 얻은 것입니다. 본격적으로 무신들의 시대가 열린 것이지요.

과격파 무신 이고
왕좌를 탐내다

드디어 무신들이 바라고 바라던 세상이 온 듯했습니다. 이제 무신들에게도 평화가 찾아오는 걸까요? 하지만 기대와 달리 평화는 금방 사라져버렸습니다. 정중부, 이의방, 이고 사이에 균열이 생기기 시작했거든요.

사실 이고는 정변에 성공한 직후부터 엄청난 일을 계획하고 있었습니다. 그는 정중부, 이의방과 달리 고려 최고의 권위를 누리고 싶어 했습니다. 이 말인즉슨 이고가 왕좌를 탐냈다는 말이지요.

고려의 왕은 오직 왕건의 후손에게만 허락된 자리였으니, 누구도 함부로 상상할 수 없는 일인데도 불구하고 말입니다.

> 이고가 분수에 맞지 않는 희망에 뜻을 두고 있어 불량배 및 법운사 중 수혜, 개국사 중 현소 등과 몰래 결탁하고 밤낮으로 연회를 벌여 술을 마시며 일러 말하기를, "큰 일이 만약에 성공하면 너희들은 모두 높은 벼슬에 오를 것이다"라고 하였다.
>
> 《고려사절요》 12권, 명종 1년(1171) 1월

이고는 무신정변을 일으켰던 것처럼, 다시 한번 피비린내 나는 난을 일으키기 위해 뜻을 함께할 사람들을 비밀리에 모았습니다. 마침내 1171년 음력 1월 이고에게 기회의 날이 찾아왔습니다. 명종의 장남이 성인식을 치르게 되어 명종이 궁에서 잔치를 베풀기로 한 것이지요. 장남의 성인식이니 왕과 왕실 사람들은 물론이고 주요 관직의 신료들이 모두 모일 것이 분명했습니다. 그래서 이고는 이 날을 거사를 일으킬 운명의 날로 정했습니다.

또 한 번 고려 궁궐에 피바람이 불지도 모를 일촉즉발의 상황이었습니다. 이윽고 이고는 난을 일으키기 위해 궁궐 문 앞에 도착했습니다. 그런데 예상치 못한 인물을 맞닥뜨립니다. 바로 함께 정변을 일으켰던 이의방이었지요. 이의방은 이고를 만나자마자 손에 들고 있던 철퇴를 휘둘러 그에게 내리쳤습니다. 철퇴에 맞은 이고는 그 자리에서 바로 목숨을 잃고 말았지요.

이고가 정변 초보도 아니고 분명 비밀리에 일을 준비했을 텐데 이의방은 어떻게 알고 궁궐 문 앞에서 이고를 기다리고 있었던 것일까요? 사실 이의방은 이고의 불같은 성격을 잘 알고 있었습니다. 앞뒤 가리지 않는 이고의 성격 때문에 이전부터 의견이 부딪칠 때가 많았거든요. 무신정변 직후에 이고는 의종을 죽이려 했다가 저지되었고, 문신들도 모두 죽이려고 했다가 정중부가 제지하는 일도 있었습니다.

"당시 여러 무신들이 중방에 모여 남아 있는 문신들을 모두 불러들였는데, 이고가 모두 죽이고자 하였으나 정중부가 이를 그만두도록 하였다."

《고려사》 128권, 열전 반역 정중부

그러니 정중부와 이의방은 이고를 언제 어디서 터질지 모르는 화약고 같은 인물로 여겼을 것입니다. 그를 예의주시할 수밖에 없었겠지요. 그러던 중 이의방이 자신의 수하로부터 이고가 남몰래 거사를 준비한다는 정보를 들은 것입니다. 덕분에 이의방은 일찍이 궁궐에 찾아올 수 있었지요.

뜻을 모아 무신정변을 성공시킨 3인방이었지만, 이고의 죽음으로 서로의 생각이 극명하게 달랐다는 것을 확인했습니다. 정변 이후 4개월 만에 벌어진 일이었지요. 자신들이 세운 왕 명종을 지킴으로써 무신정권을 이어가려던 이의방과 정중부, 명종을 죽이고 스스로 왕이 되려 했던 이고. 결국 이들은 칼을 겨누고 서로의 목숨을 노리는 사이가 되고 말았습니다.

잠적한 정중부를 찾아간 한 사람

그 후 고려의 군사력은 자연스럽게 한 사람에게 집중되었습니다. 이고를 죽인 이의방이 실권자로 떠오르게 된 것이지요. 이제 무신정변 3인방 중 이의방과 정중부, 단둘만 남게 되었습니다.

이의방이 실권을 잡았을 때 정중부는 무엇을 하고 있었을까요? 놀랍게도 정중부는 집에 틀어박혀 밖에 나오지 않았습니다. 정중부가 이의방보다 지위는 높았지만 정변 때 군사들과 함께 문신 제거에 앞장섰던 사람은 이의방이었거든요. 그래서 이의방이 더 많은 지지를 받고 있었지요. 무인들 중에서도 특히 하급 무인들에게 큰 지지를 받았는데 이는 군사를 일으키고 움직일 힘이 정중부보다 이의방이 더 컸다는 것을 뜻합니다.

그런데 이고가 죽은 지 3개월 만에 이의방이 또 다른 무신을 살해하는 사건이 벌어집니다. 문신도 아니고 무신을 죽였다니, 어찌 된 영문이었을까요? 이 무신이 고려 조정의 모든 신료를 없애버릴 난을 비밀리에 준비하고 있었거든요. 이의방은 자신과 뜻이 다른 강경한 인물은 무신정변을 함께 일으켰던 무신이라 할지라도 가차 없이 칼을 휘둘렀습니다.

정중부는 이의방의 손에 자기가 죽을 수도 있겠다고 생각했습니다. 이의방의 거침없는 행동에 신변의 위협을 느낀 나머지 집안에 틀어박혀 여차하면 권력을 내려놓을 생각까지 했지요.

그런데 두문불출하던 정중부의 집에 누군가가 찾아왔습니다. 손님의 정체는 정중부가 제일 만나고 싶지 않았던 인물, 바로 이의방이었습니다. 한때 뜻을 같이했으나 이제는 경계해야 하는 옛 동지를 마주한 정중부는 사뭇 긴장했을 것입니다. 그런데 정중부의 예상과 달리 이의방의 손에는 술과 안주가 들려 있었습니다. 그리고 정중부에게 정중하게 부탁했지요. 자신의 아버지가 되어 달라고 말입니다.

> "이의방 등이 서로 맹세하고 부자 관계를 맺으면서 말을 매우 지극하게 하니, 정중부가 이에 안심하였다."
>
> 《고려사》 128권, 열전 반역 정중부

이의방은 정중부와 정치적 부자 관계를 맺기 위해 찾아온 것입니다. 당시 무시무시한 힘을 휘둘렀던 이의방이 손을 내밀자 살해되지 않을까 두려워했던 정중부는 한시름을 내려놓고 제의를 받아들이지요.

군사력을 장악했던 이의방으로서도 정변 자체를 총지휘했던 정중부의 위상을 무시할 순 없었을 것입니다. 이의방의 정치적, 군사적 영향력이 크긴 했지만 고려의 모든 권력을 독점할 정도로 강한 것은 아니었거든요. 그러니 영향력을 더 넓히기 위해서라도 같은 정변의 주역인 정중부와 연합하는 일이 꼭 필요했던 것입니다.

무신정권은 물러가라!
김보당의 난

이의방과 정중부는 정권의 중심 세력으로 차근차근 힘을 키웠습니다. 이제야 무신정권이 안정세에 접어드는 것일까요? 하지만 쿠데타로 들어선 새로운 정권이 안정되기는 그리 쉬운 일이 아니었나 봅니다. 무신들이 집권한 지 3년째인 1173년 음력 8월 20일 그들의 목숨을 위협하는 '김보당의 난'이 발생했습니다. 유력 가문 출신의 문신 김보당이 더 이상 무신정권의 횡포를 참지 못하겠다며 난을 일으킨 것입니다.

횡포라니, 이게 무슨 말일까요? 권력을 차지한 뒤 무서울 것 없던 무신들은 궁궐에서 왕이 있건 말건 밤늦도록 기생을 불러 술을 마시고 북을 치며 시끄럽게 떠들어댔습니다. 게다가 이의방 세력은 높은 관직을 겸직하며 권력을 남용했지요. 무신들이 나라의 질서를 어지럽히고 권력을 남용하는 행태에 더는 참을 수 없었던 간관諫官 김보당은 왕에게 상소를 올렸습니다. 왕에게 바른 말을 하는 것이 직책이었던 간관으로서 무신정권을 전면 비판했지요.

작정하고 상소를 올렸으니 간관들은 이의방 세력에게 어떤 조치가 취해지기를 기대했을 것입니다. 하지만 아무런 조치도 내려지지 않았습니다. 그러자 간관들은 대궐 앞으로 모였습니다. 그리고 모두 엎드려 이의방 세력을 파직하고 잘못된 일을 바로잡아 달라 요청했지요. 이번에는 청을 들어주었을까요? 아니었습니다. 오히려 대궐 앞에 모인 간관들은 이의방 세력이 보낸 군인에게 두들겨 맞았지요.

결국 김보당은 혼란한 고려를 바로 세우려면 권력을 멋대로 휘두르는 무신정권을 처단하고, 고려를 무신정변 이전으로 되돌려야 한다고 생각했습니다. 그는 군대를 움직일 수 있는 지방관이 되자마자 때가 왔음을 직감하고 반란을 도모하지요. 그리고 폐위되어 거제도로 유배된 왕, 의종을 끌어들입니다. 김보당은 고려가 올바로 서려면 무신들을 물리치는 것은 물론, 그들이 세운 왕 명종도 끌어내려야 한다고 생각했습니다. 그래서 의종을 다시 왕으로 추대해 과거의 고려로 돌아가려 했던 것이지요. 김보당의 난에 참여한 사람들에게 의종의 왕위 복권은 아주 중요한 문제였습니다.

"동북면병마사 김보당이 군대를 일으켜, 정중부·이의방을 토벌하고 전왕前王을 복위시키려고 하였다. (…) 장순석 등으로 하여금 거제에 이르러 전왕을 받들어 계림으로 나와 거처하게 하였다."

《고려사》 19권, 명종 3년(1173) 8월 20일

문신 김보당이 난을 일으켰다는 소식에 이의방과 정중부는 발등에 불이 떨어졌습니다. 부자 관계를 맺은 두 사람이 처음으로 공동의 적을 눈앞에 두게 되었지요. 두 사람은 김보당의 난을 진압하기 위해 군대를 출정시켰습니다.

의종을 앞세워 무신정권에 맞섰던 문신들의 난, 결과는 어떻게 되었을까요? 군사력을 앞세운 무신들 앞에 문신들은 무릎을 꿇을 수밖에 없었습니다. 함께 난에 동참했던 서해도, 경주와 전주, 충청도 지역 등 남쪽 지방 세력도 금세 백기를 들었지요. 결국 김보당의 난은 한 달도 채 되지 않아 진압되고 말았습니다.

김보당의 반란이 실패하면서 무신정변 3년 만에 또다시 고려 땅이 문신들의 피로 흥건히 물들어버리고 말았습니다. 가담한 문신들은 물론이고 그들의 친족, 지역 가담자들까지 무참히 살해당했지요.

그렇다면 의종은 어떻게 되었을까요? 거제도에 머물던 의종은 난이 성공할 경우 복위하기 위해 계림, 지금의 경주로 나와 있었습니다. 의종이 경주에 있다는 소식을 들은 천민 출신 장군 이의민은

예천 용문사 대장전과 윤장대 경북 예천의 용문사에 지어진 대장전은 1173년 김보당의 난을 극복하기 위해 조성되었다. 역사 건축물로는 드물게 건립자, 건립 시기, 건립 목적이 분명하게 드러나 있다. 대장전은 일반적으로 불교 경전을 보관하는 건물인데 용문사 대장전은 윤장대를 보관하고 있어 독특한 가치를 지닌다. 윤장대 안에는 경전을 보관했고, 글을 읽지 못하는 사람이 윤장대를 돌리면 경전을 읽는 효과가 있다고 보았다. 문화재청 제공.

군사를 이끌고 경주로 갔습니다. 그리고 난이 실패한 뒤 객사에 갇혀 있던 의종을 연못가로 데리고 나와 술을 몇 잔 올렸지요. 그러고는 상상도 못할 행동을 저질렀습니다.

> "이의민이 의종의 척추를 꺾어 버렸는데, 손을 놀리자 소리가 나니 이의민이 크게 웃었다."
>
> 《고려사》 128권 열전, 반역 이의민

힘이 아주 셌던 이의민이 맨손으로 의종의 척추를 부러뜨려 죽인 것이었습니다. 의종이 괴로워하자 이의민이 웃음을 그치지 않았다고 전해지니, 이 얼마나 소름 끼치고 잔인한 일인가요? 이의민은 의종을 시해한 후 그 시체를 커다란 가마솥에 넣고 줄로 꽁꽁 묶은 뒤 연못으로 던져버렸습니다.

앞서 이야기한 것과 같이 고려의 왕은 신성한 존재로 여겨졌습니다. 폐위도 무척 큰일이었으니 죽인다는 것은 상상도 못할 일이었지요. 이 극악무도한 일을 무신 이의민이 저지른 것입니다. 도대체 왜 이의민은 의종을 죽이기까지 한 것일까요?

당시 기록을 보면 이의민의 배후로 특정 인물이 꾸준히 지목되고 있습니다. 바로 이의방과 정중부이지요. 이들은 문신 김보당이 일으킨 난을 겪으며 의종이 살아 있는 한 제2의, 제3의 김보당의 난이 일어날 수도 있겠다고 생각했을 것입니다. 의종의 존재 자체가 무신정권을 흔드는 불안 요소가 되었으니, 그냥 두고만 볼 수 없었겠지요. 그래서 결국 극단적인 방법을 선택한 것입니다. 반란을 일으킬 수 있는 싹, 의종을 제거하기로 말이지요.

무신정변 이전의 고려를 대표하는 인물이자, 난의 구심점이 될 수 있는 의종이 죽었다는 건 다시는 정변 이전으로 돌아갈 수 없다는 뜻이었습니다. 그나마 남아있던 문신들이 다수 제거되고 정치적 구심점마저 사라졌으니 완벽한 무신정권의 시대가 열리게 된 것이지요.

실권을 장악한 이의방
왕실을 넘보다

영향력과 힘을 키워가던 이의방은 고려의 실권을 완전히 장악했습니다. 원래 가지고 있던 무신 직책에 왕명을 전달하는 승선까지 겸해 위치도 더 높아졌지요. 하지만 그런 그조차 손에 넣을 수 없는 것이 있었으니, 바로 가문의 명망이었습니다.

이의방은 고려에서 가장 강한 힘을 누렸지만 고려 최상위 가문인 문벌이 될 수는 없었습니다. 권력이 막강한 것과 명망 높은 가문이 되는 것은 별개의 문제였거든요. 고려 문신의 최고위 관직인 재상을 대대손손 배출한 집안이어야만 문벌이 될 수 있었습니다. 그러니 하급 무신 출신인 데다, 정변을 통해 이제 막 승선에 올랐을 뿐인 이의방에게는 불가능한 일이었지요. 그러나 욕심이 생긴 이의방이 방법이 없다고 쉽게 포기했을까요? 그렇지 않았습니다. 이의방은 방법을 만들어냈습니다. 자기 딸을 태자와 혼인시켜 태자비로 만들면서 말이지요.

많은 사람이 반발했지만 이의방은 딸을 태자비로 만드는 데에 성공합니다. 그야말로 신분 세탁을 시도한 것이지요. 왕과 사돈 관계가 되었으니 이의방은 단숨에 문벌을 넘어 왕실의 가족이 되었습니다.

이 일은 고려 사회와 지배층에 큰 충격을 주었습니다. 정변 이후 왕권이 약해지긴 했지만 왕실의 신성한 권위와 명망이 단숨에 사라진 것은 아니었습니다. 그전까지 태자의 혼인 상대는 왕실이나 여러 재상을 배출한 문벌의 딸이 대부분이었습니다. 비록 이의방이 군사력을 장악하긴 했지만, 문벌도 아닌 이의방 가문과 혼인 관계를 맺다니요? 왕실은 물론 대다수 지배층은 이의방의 이런 행동을 받아들이기가 매우 어려웠습니다. 이 일로 왕실의 권위는 크게 추락했습니다.

이의방은 고려가 오랫동안 지켜온 관습을 깨버린 것은 물론 왕실의 권위까지 떨어뜨렸습니다. 하지만 그는 개의치 않았습니다. 별로 큰일이라고도 생각하지 않았지요. 왕실과 사돈을 맺은 것으로 가문의 명망을 크게 높였다고 자만했을 것입니다. 그리고 자신이 그토록 원하는 문벌의 일원이 된 것을 기뻐했겠지요. 이 일은 이의방에게 수많은 적이 생기는 결정적 사건이 되었습니다.

무신정권을 위협하는 대규모 반란 조위총의 난

고려 왕실과 결혼까지 강행한 이의방은 제멋대로 선을 넘으며 폭주했습니다. 그러나 그의 시대도 그리 오래가지 못했습니다. 김보당의 난을 진압하고 1년이 지난 1174년 음력 9월, 무신정권의 횡포와 만행을 못 참겠다며 또다시 난이 일어났거든요. 이의방과 정중부를 두려움에 떨게 만들고 고려를 뒤흔든 '조위총의 난'이 발생한 것이지요. 조위총의 난은 1174년부터 1176년까지 약 3년 동안 이어진 대규모 난이었습니다.

이번엔 서경을 지키는 무신 조위총이 난을 일으켰습니다. 조위총의 난은 김보당의 난과는 규모부터 달랐는데, 서경을 중심으로 북쪽과 동쪽 등 수많은 지역이 힘을 보탰기 때문입니다. 게다가 난이 일어난 서경은 지금의 평양으로, 고려 수도인 개경으로부터 직선거리로 190킬로미터밖에 떨어져 있지 않은 곳이었지요. 개경 코앞에서 유례없이 큰 규모의 난이 일어났으니 이의방과 정중부는 위협을 느꼈습니다.

난을 진압하기 위해 정권의 최고 권력자 이의방은 빠르게 진압군을 보냈습니다. 하지만 반란군의 규모가 큰 만큼 전투력도 세서, 이의방의 진압군은 순식간에 반란군에게 제압되었습니다. 기세를 이어 반란군은 개경 근처까지 쳐들어왔지요.

개경 근처까지 몰려온 반란군을 보고 이의방은 마음이 불안했을 것입니다. 그래서일까요? 촌각을 다투는 전쟁 중에 생각지도 못한 일을 벌입니다. 느닷없이 중앙 정계의 무신과 문신을 죽인 다음, 그 목을 저잣거리에 걸어서 누구나 볼 수 있게 한 것입니다.

대체 이게 무슨 일일까요? 서경에서 일어난 반란군이 개경까지 쉽게 밀고 내려오자 이의방은 내부에 반란군과 내통하는 사람이 있을지도 모른다는 생각하게 되었습니다. 그래서 반란지인 서경 출신의 관리라면 귀천을 막론하고 모조리 죽이고 목을 걸었던 것입니다.

이의방의 의심이 맞았더라면 반란군의 진군 속도가 줄어들었을 테지만, 틀렸었나 봅니다. 반란군이 점점 포위망을 좁혀오자 이의방은 직접 칼을 들고 전장으로 나섰습니다. 출정한 이의방은 파죽지세로 반군을 대동강 이북까지 몰아붙이는 데 성공합니다.

정중부,
이의방을 제거하다

조위총의 난을 제압하는 군사 중에는 정중부의 아들 정균도 투입되었지요. 이때, 무신정권에 한 획을 긋는 사건이 벌어집니다. 전쟁터에서 한 남자가 숨겨둔 칼을 꺼내 이의방을 급습한 것입니다. 이 사건으로 이의방은 조위총의 난이 일어난 지 3개월 만인 1174년 음력 12월에 목숨을 잃고 말았지요.

그 남자는 왜 이의방을 죽였을까요? 누군가에게 사주를 받았기 때문입니다. 그에게 이 일을 사주한 사람은 뜻밖의 인물이었습니다. 바로 정중부의 아들 정균이었지요. 정중부가 이의방 군대에 아들을 보냈던 것은 이의방을 도와주기 위해서가 아니라 아들과 함께 이의방을 처단하기 위해서였던 것입니다.

아마도 정중부는 이의방의 선 넘는 행동을 참을 수 없었던 것 같습니다. 이의방은 계속해서 과도한 살상을 저질렀거든요. 1174년 음력 1월에는 승려들이 반란을 일으키자 승려 100여 명의 목을 베기도 했지요.

승려를 죽인 것도 모자라 그들의 재물까지 탈취하자 이의방은 많은 비판을 받았습니다. 심지어 친형도 그의 잘못을 짚어줄 정도였습니다.

> 이준의가 이의방을 꾸짖어 말하기를, "너에게는 세 가지 큰 잘못이 있다. 임금을 내쫓고 시해하고서 그 집과 애첩을 차지한 것이 첫째 잘못이요. (…) 정사를 마음대로 한 것이 세 번째 잘못이다"라고 하였다.
>
> 《고려사》 128권, 열전 반역 이의방

이의방의 폭력적인 군사 활동은 정중부도 불안하게 했습니다. 게다가 딸을 태자비로 만들어 왕실의 권위까지 침해했으니 더 이상 참을 수 없었겠지요. 이의방의 만행으로 한때 연합을 맺었던 정중부의 정치적 입지마저 위태로워지자, 정중부는 때가 왔음을 직감하고 이의방을 암살했던 것입니다.

무신정변 3인방 중
홀로 살아남은 정중부

결국 무신정변 이후 4년 동안, 정치적 지향점과 생각이 너무나 달랐던 3인방은 서로를 죽이는 참극을 벌이고 말았습니다. 최고 실권자에 올랐던 이의방도 결국 정중부에게 죽임을 당하면서 최후에는 무신정변의 주역 중 정중부만 남게 되었지요.

이의방이 죽은 후 정중부는 곧바로 종1품 문하시중 자리에 올랐습니다. 이의방에 이어 명실상부 무신정권 최고의 실권자로 등극한 것이지요. 하지만 그에겐 해결해야 할 숙제가 하나 있었습니다. 아직 조위총의 난이 진압되지 않았던 것입니다. 난을 수습하기 위해 1175년 음력 1월 정중부는 왕의 권위를 이용하기로 했습니다. 고려의 왕 명종이 반란군과 백성에게 메시지를 전달하게 했지요.

> 왕이 (…) 타이르는 말을 백성들에게 널리 선포하였다. 조서를 내려 이르기를, "(…) 최근에 적신이 국정을 마음대로 하며 불의한 일을 많이 행하여 피해가 중앙과 지방에 미침으로써 인심이 원망하고 배반하게 되어 전란이 일어나게 되었으니 무지한 백성에 이르기까지 죽거나 다친 이가 매우 많으므로 짐은 매우 애통하도다. (…) 짐의 지극한 뜻을 알고서 다시 충성하기에 힘쓰라"라고 하였다.
>
> 《고려사절요》 12권, 명종 5년(1175) 1월

충성하기에 힘쓰라는 왕의 편지를 받은 조위총은 왕의 뜻을 받들어 항복을 선언합니다. 이렇게 조위총의 난은 진압되는 것일까요? 그러나 다음 날 조위총은 항복을 번복했습니다. 왕의 편지로도 그들의 분노를 잠재울 수 없었던 것이지요. 고려 조정은 또 한 번 조위총을 회유할 묘안을 생각해냈습니다. 바로 죽은 의종의 장례를 치르는 것이었습니다.

조위총이 난을 일으킨 데에는 정중부와 이의방을 제거하기 위함도 있었지만 의종의 장례를 치르지 않았다는 이유도 있었습니다. 왕의 장례를 치르지 않은 것은 왕권을 무시하는 것과 같은 행위였으니 반란의 명분이 될 수 있었지요. 그래서 고려 조정은 뒤늦게라도 장례를 치러서 난을 일으킨 명분을 없애려 했던 것입니다. 이는 실제로 효과가 있었지요. 장례 이후 난의 기세는 꺾였고 결국 1년 뒤 조위총이 죽음으로써 반란은 완전히 진압되었습니다.

최고 권력을 놓지 않기 위한
정중부의 묘안

정중부는 골칫거리였던 조위총의 난을 수습하고 드디어 정권을 장악합니다. 하지만 그의 시대는 시작과 동시에 끝나야 할 상황에 놓이고 말았습니다. 정중부의 나이가 걸림돌이었지요. 당시 고려에도 지금과 같이 정년 퇴임이 있었거든요. 고려의 관리는 70세가 되면 관직에서 물러나야 했습니다. 정중부가 실권자가 된 때는 이의방이 죽은 1174년 음력 12월, 그때 정중부의 나이는 이미 69세였습니다. 권력을 잡자마자 은퇴하게 생겼으니 얼마나 떠나기 싫었을까요. 그래서 정중부는 은퇴를 면제받을 묘수를 생각해냈습니다.

고려는 예부터 중국의 고사를 모방해 70세가 되는 대신 중에 필요한 이에게는 앉을 때 몸을 기대는 등받이인 안석과 지팡이, 즉 '궤장几杖'을 선물로 주고 계속 벼슬을 하도록 했지요. 통일신라부터 조선까지 내려온 제도로, 왕이 공로가 있고 재능이 뛰어난 신하에게 궤장을 하사하면 은퇴하지 않고 국정에 계속 참여할 수 있었습니다. 바로 앞에서 소개했던 신라의 명장 김유신도 궤장을 받았다는 기록이 있습니다.

궤장은 곧 왕이 내리는 은퇴 면책권이나 다름없었지요. 곁에서 계속 일 해달라는 의미였기 때문에 신하들은 궤장을 받는 것을 큰 명예로 여겼습니다. 그런데 정중부는 명종에게 궤장을 반강제로 받아내고 은퇴하지 않았던 것입니다.

> 낭중 정충의가 그의 뜻을 알아차리고 아부하기를 "재상에게 궤장이 내려지면 비록 70살이어도 치사致仕하지 않습니다"라고 하였다. 정중부가 기뻐하며 예관에게 넌지시 말해 한나라 공광의 고사에 따

라 궤장을 내리도록 했다.

《고려사》 128권, 열전 반역 정중부

자신의 앞길을 막는 문제를 해결하고 정중부는 하늘을 찌를 듯한 권세를 손에 쥐게 되었습니다. 드디어 꿈에 그리던 권력을 갖게 된 정중부는 무엇을 하는 데 힘을 썼을까요? 그는 재물을 늘리는 데에 온 힘을 쏟았습니다. 그중에서도 가장 눈독을 들인 것은 땅이었지요. 당시에는 곡물이 곧 돈이었기 때문에 땅은 금싸라기나 마찬가지였습니다.

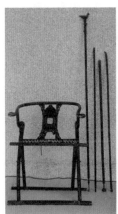

이경석의 궤장 및 사궤장 연회도 화첩 왕이 나이 많은 공신에게 궤장을 내리는 풍습은 조선 시대에도 이어진다. 왼쪽은 조선 제18대 왕 현종이 원로 대신 이경석에게 내린 의자 1개와 지팡이 4개다. 오른쪽은 현종이 이경석에게 의자와 지팡이를 내리며 벌인 축하 행사를 글과 그림으로 기록한 화첩이다. 신하들의 시선 끝에 궤장이 그려져 있다. 경기도박물관 소장, 한국학중앙연구원 제공.

"정중부는 성격이 본래 욕심이 많고 인색하여 재물을 늘리는 데에 거침이 없었다. 시중이 되자 전원田園을 많이 늘렸으며(…)"

《고려사》 128권, 열전 반역 정중부

이의방은 왕실의 권위를 무너뜨리는 행동과 무차별적으로 휘두르는 폭력이 문제였는데, 정중부는 끝을 모르는 탐욕이 문제였습니다. 정치는 뒷전인 채 사리사욕을 채운 정중부는 이 때문에 큰 반발을 사게 되었지요. 1176년 수도 개경에는 익명으로 쓴 방이 곳곳에 걸리기도 했습니다.

"시중 정중부 및 아들 승선 정균, 사위인 복야 송유인은 권력을 마음대로 휘두르고 횡포를 부리고 있으니, 남적이 봉기한 것은 그 근원이 여기에 있다. 만약 군사를 출동시켜 그들을 토벌하려면, 반드시 먼저 이들부터 제거한 뒤에야 가능할 것이다."

《고려사》 128권, 열전 반역 정중부

정중부는 물론이고 그 아들과 사위까지 사리사욕을 채우기 위해서 권력을 남용하고 횡포를 부리고 있다고 정중부 일가를 고발하는 내용이었지요. 그리고 이들의 욕심 때문에 남부 지방에서 큰 봉기가 일어났다는 말이었습니다. 비판적인 방이 걸리자 정중부를 향한 민심도 점점 흉흉해졌지요.

고려를 뒤흔든
망이·망소이의 봉기

그렇다면 방에 쓰여 있던 '남적의 봉기'란 대체 무엇이었을까요? 1176년 음력 1월에 발발했던 '망이·망소이의 봉기'를 뜻합니다. 망이와 망소이는 봉기를 일으킨 두 주역의 이름으로, 이들은 문신도 무신도 아닌 백성이었습니다.

망이와 망소이는 지금의 대전광역시 유성 부근에 있던 명학소라는 곳에서 살던 사람들이었습니다. 명학소는 숯을 생산하던 수공업자들이 모여 살던 지역으로, 고려의 특수행정구역 향, 소, 부곡 중 '소'에 속했습니다. 그들이 봉기를 일으킨 이유는 살던 지역과도 연관이 있지요.

고려 시대에는 지역별로 등급이 있었습니다. 가장 위에 있는 주현에 지방관이 파견되었고 이 지방관이 속현과 향, 소, 부곡도 다스렸지요. 이 지역들이 모두 같은 대우를 받은 것은 아니었습니다. 특수행정구역인 향, 소, 부곡은 지방 중에서도 가장 낮은 등급이었기 때문에 속현 주민들보다 더 많은 일을 해야 했고 심지어 천대까지 받았습니다.

향, 소, 부곡의 주민들은 무신정변 이전부터 차별 대우를 받아오긴 했지만 정변 이후 그들이 겪는 수탈은 더욱 심해졌습니다. 김보당의 난 이후, 문신만 갈 수 있던 지방관 자리에 무신도 갈 수 있도

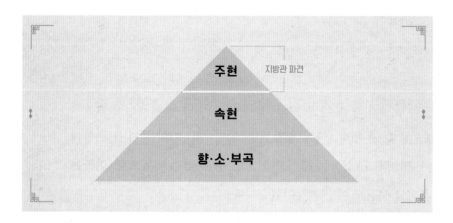

주현
지방관 파견
속현
향·소·부곡

고려 시대 지방 행정의 위계

록 법을 바꾸었던 것이 영향을 끼쳤지요. 지방관들이 반기를 들지 못하도록 하려던 것인데 여기서 생각지 못한 문제가 발생했습니다. 지방관으로 내려간 무신들이 백성들을 수탈하고 괴롭히기 시작한 것입니다. 정권 농단은 결국 백성들의 피눈물로 이어졌습니다. 난을 제압하려고 내린 결정이 큰 파도가 되어 무신들을 덮치게 된 것입니다.

개경에서는 정중부 집안이 사리사욕을 채웠다면 지방에서는 무신 지방관들이 백성들의 고혈을 빨아먹고 있었습니다. 이에 명학소에 살던 백성들은 무신정권에 큰 불만을 품게 되었고, 결국 분노를 참지 못하고 봉기를 일으킨 것입니다. 망이와 망소이는 봉기 후 주현인 공주를 공격했는데, 공주 지방관이 명학소를 심하게 수탈해서 민란을 일으킨 것으로 볼 수 있지요.

명학소 백성들은 놀라운 기세로 지방관을 내치고 공주를 장악했습니다. 개경에서 이 소식을 들은 정중부는 봉기를 멈추기 위해 망이와 망소이를 타이르고 설득했지만 효과는 없었습니다. 결국 정부군과 백성 간의 격렬한 전투가 시작되었습니다. 중앙에선 봉기를 진압하기 위해 3천 명의 군사도 파견했지요. 승자는 누구였을까요? 놀랍게도 명학소 주민들이었습니다.

무신들을 상대로 승리하다니 어떻게 된 일이었을까요? 봉기가 일어난 1176년은 아직 조위총의 난이 진압되기 전이었기 때문에 정규군은 조위총의 난을 진압하러 나간 상태였습니다. 그러다 보니 봉기를 진압하는 데에는 급하게 모은 군사들을 보내게 된 것이었지요. 이들을 데리고 거센 봉기를 잠재우기는 쉽지 않았습니다.

결국 망이·망소이의 봉기가 일어나고 5개월 만에 중앙에서는 백성들을 회유하기 위한 파격적인 방법을 내놓았습니다. 공주 명학소를 충순현으로 승격하겠다는 것이었지요. 그리고 명학소 주민들이 불법적인 수탈을 겪지 않도록 지방관까지 파견하겠다고 약속합니다. 이 제안이라면 명학소 주민들도 차별과 수탈에서 조금은 벗어날 수 있을 터였습니다.

봉기의 주역 망이와 망소이는 조정의 제안을 받아들이고 항복의 뜻을 밝힙니다. 그들은 원하던 바를 이루고 고향으로 내려갔지요. 그런데 그곳에서 눈으로 보고도 믿지 못할 끔찍한 장면을 목격하고 말았습니다. 고려 조정에서 보낸 진압군이 명학소를 공격하고 망이, 망소이의 어머니와 아내를 잡아간 것입니다. 분노에 휩싸인 망이와 망소이는 1177년 음력 2월 10일 다시 한번 고려 조정을 상대로 2차 봉기를 일으켰습니다. 차별과 수탈의 굴레를 끊어내고자 일으킨 봉기였지요.

> "이미 우리 고향을 현으로 승격시키고 또 수령을 두어 사정을 살피고 위로하더니, 돌이켜 다시 군대를 일으켜 토벌하러 와서 우리 어머니와 아내를 옥에 가두었으니 그 뜻은 어디에 있는가? 차라리 칼날 아래에서 죽을지언정 끝내 항복하여 포로가 되지 않을 것이며, 반드시 개경까지 가고야 말겠다."
>
> 《고려사》 19권, 명종 7년(1177) 3월

하지만 첫 번째 봉기와 같은 기적은 일어나지 않았습니다. 봉기군은 포위망을 좁혀오는 진압군에게 속수무책으로 무너지고 말았지요.

결국 봉기의 주역 망이와 망소이는 옥에 갇혀 죽음을 맞이했습니다. 약 1년 6개월의 긴 싸움 끝에 1177년 음력 7월, 봉기는 실패로 막을 내리고 말았지요. 명학소 주민에게 조정이 약속했던 현 승격과 지방관 파견은 지켜졌을까요? 어떤 약속도 지켜지지 않고 모두 파기되었습니다. 칼날 아래 죽을지언정 항복만은 하지 않겠다던 피 맺힌 외침은 결국 무신정권의 강력한 탄압으로 무참히 짓밟히고 말았습니다.

비록 망이·망소이의 봉기는 실패로 끝났지만, 이는 백성들의 마음에 분노의 불을 지피는 불쏘시개가 되었습니다. 이후 고려 무신정권 내내 부정부패로 정치적 기강이 문란해져 지방관 수탈이 심해지고 백성들의 생활은 궁핍해졌으나, 백성들은 끊임없이 봉기를 일으키며 저항의 시대를 이어나갔지요.

탐욕에 눈이 먼
정중부의 가족

집권 이후 끊임없이 일어나는 난과 봉기를 본 정중부. 실권자가 되었어도 목숨을 위협받는 이 상황을 크게 받아들였을 법도 한데, 정중부의 욕심과 횡포는 수그러들지 않았습니다.

정중부의 나이가 73세가 되던 1178년, 그는 관직에서 물러나 정계에서 은퇴하기로 합니다. 그러나 그의 영향력은 조금도 사그라지지 않았습니다. 실권자로서 권력을 꽉 쥐고 있었기 때문에 여전히 힘을 과시했지요.

정중부는 은퇴 이후에도 욕심을 멈추지 않았습니다. 그런데 그보다 더 탐욕스럽게 재물을 끌어모으는 사람이 있었으니, 바로 정

중부의 사위인 송유인이었습니다. 정2품 재상에 올랐던 그의 탐욕
은 상상을 초월했습니다.

> "송유인은 일찍이 수덕궁을 청하여 그곳에 머물렀는데, 집이 웅장
> 하고 화려하여 대개 신하가 살 곳이 아니었으며 부귀와 사치가 왕
> 실에 비할 만하였다."
>
> 《고려사절요》 12권, 명종 8년(1178) 11월

일개 신하인 그가 감히 왕에게 궁궐인 수덕궁을 내어달라고 요
청한 것입니다. 누구도 상상하기 어려운 터무니없는 요구를 한 것

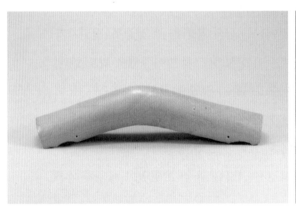

청자 모란무늬 대평명 곡와 수덕궁 안에 있던 정자 '태평정'을 가리키는 것으로 보이는 청자기와. 고
려 의종 때 수덕궁을 짓기 위해서 부근의 민가 50여 채를 헐었으며, 궁궐 안에 청자 기와로 덮은 정자를
만들 정도로 사치스러웠다고 전한다. 고려청자박물관 소장.

이지요. 그런데 기가 막힌 것은 송유인이 결국 궁을 받아냈다는 것입니다. 신하가 왕의 궁궐을 빼앗은 사상 초유의 일이었습니다. 왕에게 받은 수덕궁에서 송유인은 왕실에 버금갈 정도로 사치를 부리며 살았습니다.

사위의 오만방자한 행동만으로도 고려 사회는 정중부 가족에 불만을 가졌을 텐데, 그들의 욕심은 이것이 전부가 아니었습니다. 앞서 정중부에게 아들이 있다고 얘기했었지요? 이의방을 죽이라고 사주했던 정균말입니다. 그가 벌인 일 때문에 고려 사회가 또한 번 발칵 뒤집혔습니다.

> "정균은 예전에 상서 김이영의 딸을 꾀어서 부인으로 삼고는 본처를 버렸으며, 방종하고 절도가 없이 여색을 탐하였다. (…) 정균이 은밀히 공주에게 장가들려고 꾸미자 왕 역시 이를 근심하였다."
>
> 《고려사》 128권, 열전 반역 정중부

평소 행실이 좋지 않았던 정균이 공주의 남편이 되려고 일을 꾸미고 있었던 것입니다. 이의방이 자기 딸을 태자비로 만들었다가 반발을 얻어 목숨을 잃었는데, 정중부의 아들이 또 이런 일을 반복한 것이지요.

게다가 이번에는 사안이 더 심각했습니다. 왜냐하면 고려의 공주는 고려 왕실 사람 외에는 결혼한 적이 없었거든요. 왕실이 아닌 이상 공주와 결혼할 수 없다는 것이 불문율이었습니다. 그런데 정균이 공주의 남편이 되겠다고 나선 것입니다.

정중부 집안이 이렇게 무리한 일을 추진한 것은 이의방과 같은 이유에서였습니다. 여전히 실권을 잡은 무신보다 국왕과 왕실, 문벌의 명망을 높이 평가하는 사회적 분위기가 그대로 유지되었기 때문이지요. 가문의 명망을 높이는 데에는 왕실과 결혼하는 것만 한 일이 없었습니다. 정균은 이의방과 똑같이 부족한 명예를 얻기 위해 왕실과 사돈을 맺는 무리수를 강행한 것이지요. 최고의 권력을 자랑하던 정중부의 아들은 공주와의 결혼에 성공했을까요? 정균과 공주의 혼인은 성사되지 않았습니다.

정중부가 정계를 은퇴했다고는 하지만 그의 아들과 사위는 도가 지나친 행동을 벌이며 고려 왕실의 권위를 실추시키고 있었습니다. 정중부 일가의 횡포로 고려 신하들의 인내심은 한계에 다다르고 있었지요.

무신정변의 마지막 주인공 정중부의 몰락

권력에 취해 함부로 행동하고 사리사욕을 채우는 데에만 급급했던 정중부 일가의 권세는 영원히 이어지진 않았습니다. 결국

1179년 음력 9월, 정중부 정권을 향한 불만이 터져 나왔지요.

때는 궁궐에서 큰 행사가 있었던 날, 일정이 끝나고 모두가 잠든 고요한 밤이었습니다. 누군가가 정중부의 아들 정균이 숙직하는 방으로 들어갔습니다. 이 사람의 목적은 정균의 목숨이었지요. 그는 정균을 단숨에 해치우고 휘파람을 불어 작전 성공을 알렸습니다. 잠시 후, 30여 명이 담을 넘어 궁궐에 난입하여 닥치는 대로 사람을 죽였습니다.

대궐은 순식간에 치열한 전투 현장으로 변해 칼날이 부딪치는 소리와 비명으로 가득 찼습니다. 소란이 일어나자 왕이 무척 놀라 충격을 받았는데, 그때 왕이 머물던 처소 밖에서 이런 소리가 들려왔습니다.

"신들이 사직을 보호하려는 것이니, 청컨대 임금께서는 두려워 마십시오!"

이 말을 외친 사람은 26세의 젊은 장군 경대승이었습니다. 그가 정중부의 부정부패로 혼탁해진 세상을 바꿔보겠다며 정변을 일으킨 것이지요. 경대승이 명종에게 정중부를 체포할 수 있게 도와달라고 요청하자 왕은 그의 요청을 받아 친위군을 출동시켰습니다. 왕실의 권위를 땅에 떨어뜨린 장본인을 처단하겠다는데 주저할 이유가 없었지요.

고려를 손에 쥐고 마음대로 흔들던 최고 권력자 정중부는 순식간에 쫓기는 신세가 되었습니다. 정중부는 목숨을 부지하기 위해 민가로 숨어들었으나 경대승 무리에게 발각되어 결국 저잣거리에 목이 걸리는 최후를 맞이했습니다.

잇따른 무신들의 집권
민란의 고려 사회

권력과 재산만 탐하던 정중부가 죽은 뒤 고려는 어떻게 바뀌었을까요? 정중부를 대신할 새로운 세력이 부상했습니다. 바로 새로운 정변의 주역 경대승이었지요. 무신정변 3인방은 전부 죽었지만 또 다른 무신이 집권하게 되어 무신의 시대는 계속 이어졌습니다. 그러나 연이은 집권자의 교체로 고려의 혼란은 좀처럼 가라앉지 않았고 백성들의 삶도 점점 힘들어졌습니다. 이후 고려는 수많은 난과 봉기가 일어나는 민란의 시대를 맞이하게 되었지요.

1170년, 무신들은 문신들의 차별과 부당함에 저항하기 위해 일어섰습니다. 그리고 무신정변이 성공함으로써 고려 사회에는 큰 지각변동이 일어났습니다. 무신들의 지위가 높아지고 국정에 참여할 수 있게 되어 더는 멸시와 차별을 받지 않게 되었지요. 하층민들도 이들을 보며 신분 상승에 대한 기대를 품을 수 있었습니다.

그러나 집권자가 된 무신들은 권력에 취해 국정을 마음대로 주무르며 자신들의 이익만을 취하는 데 급급했습니다. 그래서 불과

9년 만에 모두 비참한 죽음을 맞이했지요.

무신정변 3인방의 최후를 보며 어떤 생각을 하셨나요? 새로운 시대를 꿈꾸며 권력을 쟁취했다 할지라도 권력을 제대로 사용하지 못하면 새 시대는 오지 않을 것입니다. 한 번쯤 목적을 이룬 뒤의 삶은 어떻게 살아야 할지 고민해보는 시간을 보내면 좋겠습니다.

4장

멀거멎은 조선의 적장자

강문식(숭실대학교 사학과 교수)

태종 이방원은 왜
장남 양녕대군을 버렸나

우리나라 역사에서 가장 모범을 보인 왕을 뽑으라 하면, 아마 많은 사람이 조선 제4대 왕 세종대왕을 말할 것입니다. 훈민정음을 창제했을 뿐만 아니라 각종 과학 기구를 개발하고 무기를 개량하는 등 문무를 가리지 않고 나라의 기틀을 마련했기 때문이지요. '왕이 되려고 태어났나?'라는 생각이 들 정도로 세종대왕의 업적을 나열하자면 끝이 없습니다. 그런데 이렇게 준비된 왕의 모습을 보였던 세종대왕이 처음부터 왕세자였던 것은 아니라는 사실을 알고 있나요?

세종대왕 대신 왕이 될 뻔했던 인물은 세종대왕의 첫째 형, 양녕대군입니다. 양녕대군은 조선 제3대 왕 태종의 맏아들로 태어나,

태종이 후계자로 고려했던 유일한 사람이었습니다. 태종이 앞서 태어난 아이를 잃은 후 어렵게 얻은 적장자로서 태종의 사랑을 듬뿍 받았지요. 실제로 양녕대군은 왕세자로 책봉되어 14년간 국왕 수업을 받기도 했습니다.

순조롭게 차기 왕이 될 것만 같았던 양녕대군. 그런데 우리는 이미 역사의 결과를 알고 있습니다. 조선의 네 번째 왕은 양녕대군이 아닌 세종대왕이라는 것을 말입니다. 왜 태종 이방원은 그토록 아꼈던 장남을 세자의 자리에서 쫓아냈을까요? 지금부터 태종의 장남이자 세종의 형, 양녕대군이 왕세자에서 폐위된 이유에 대해 벌거벗겨 보겠습니다.

태종 이방원이 적장자 계승을 고집한 이유

세종대왕과 양녕대군의 아버지인 태종 이방원은 무조건 적장자를 후계자로 세우겠다는 원칙을 가진 인물이었습니다. 그가 이러한 원칙을 고집하게 된 데는 특별한 이유가 있었지요. 그 이유를 알기 위해서는 태종의 아버지인 태조 이성계가 조선 제1대 왕이던 시절로 거슬러 올라가야 합니다.

태조 이성계가 조선을 건국하고 왕으로 즉위한 지 6년이 지난

1398년 음력 8월, 조선 왕실에 유례없는 피바람이 불어닥쳤습니다. 이성계의 다섯 번째 아들인 이방원이 왕위 계승을 문제 삼으며 이복형제들을 죽여버린, 제1차 왕자의 난이 일어난 것입니다. 이방원은 난을 일으킨 후 태조에게 상소를 하나 올렸습니다.

> "전하께서 장자를 버리고 어린 아들을 세웠으며, 도전 등이 세자를 감싸고서 여러 왕자들을 해치고자 하여 화가 불측한 처지에 있었으나, (…) 원컨대 전하께서는 적장자인 영안군을 세워 세자로 삼게 하소서."
>
> 《태조실록》 14권, 7년(1398) 8월 26일

이성계는 태조로 즉위한 후 조선 건국에 큰 공을 세운 이방원과 그의 형제들을 다 제쳐두고, 둘째 부인이 낳은 막내아들 이방석을 세자로 책봉했습니다. 세자로 책봉된 이방석은 당시 11살에 불과했습니다. 더군다나 이방원과 그의 형제들은 이성계의 첫째 부인 자식들이었으니 아버지의 결정을 납득하기 어려웠겠지요.

이방원이 올린 상소의 내용을 풀이해 보면, 적장자도 아닌 데다 첫째 부인의 아들도 아닌 막내아들을 세자로 책봉한 것이 분란의 씨앗이 되었다고 불만을 표합니다. 그러고는 실질적 맏이인 첫째 부인의 둘째 아들을 세자로 삼으시라고 청했습니다. 당시 이성계의 첫째 아들은 사망한 터라 둘째가 적장자의 위치에 있었기 때문이지요.

결국 이방원은 이복동생 이방석과 정도전을 비롯한 태조의 측근 세력을 모조리 제거함으로써 권력을 잡았습니다. 이방원의 입장에서는 막내아들 대신 적장자인 둘째 형을 세자로 세우라고 주장해야 왕자의 난을 일으킨 명분에 부합했지요. 왕자의 난으로 인해 이방원의 둘째 형은 세자가 되었고 이후 왕위에도 올랐습니다. 그가 바로 조선 제2대 왕 정종이지요.

정종은 즉위 후 자신의 후계자로 동생인 이방원을 지목합니다. 왕자의 난 명분대로라면 정종의 맏아들이 후계자가 되어야 했지

의안대군 방석 묘역 경기도 광주시 남한산성면에 위치한 태조의 여덟 번째 아들 의안대군 이방석의 묘역. 조선 개국 후 태조 이성계는 자신이 왕위에 오르기 전 사망한 첫 번째 부인 한씨의 아들들 대신 두 번째 부인이자 조선의 첫 번째 왕비인 신덕왕후의 아들을 세자로 세우려 했다. 7남인 이방번을 세자로 책봉하려 했으나 대신들의 반대에 부딪혀 8남인 이방석이 세자가 되었다. 이방석은 조선 최초의 세자로 책봉되었으나 얼마 되지 않아 이방원이 일으킨 제1차 왕자의 난으로 정도전 등과 함께 살해당했다. 문화재청 제공.

만 정종에게는 적장자가 없었습니다. 아들은 있었지만 중전과의 사이에는 없었던 것이지요. 그래서 이방원은 형의 아들이 되어 적장자로서 왕위를 계승할 정통성을 인정받으려 했습니다. 이 때문에 이방원은 특이하게도 세제가 아닌 세자로 불리게 됩니다. 정종의 동생이었지만 세자로 불리면서 적장자 계승의 명분을 지킨 것이지요.

왕위에 강한 욕망을 보였던 이방원은 우여곡절 끝에 1400년, 조선 제3대 왕 태종으로 즉위했습니다. 그가 왕위에 오른 과정을 보니 왜 적자 계승을 고집했는지 알겠지요? 적자 계승을 명분으로 형제들을 죽이는 피바람을 일으켰던 장본인이니 분란의 씨앗을 남기지 않아야겠다고 생각했을 것입니다. 목에 칼이 들어와도 후계자는 장자로 세우겠다는 태종의 꿈은 이때 심어졌을지도 모릅니다.

꿈을 이뤄줄
적장자 양녕대군의 탄생

태종의 꿈을 이루어줄 양녕대군은 태종이 왕자 신분이었던 1394년에 태어났습니다. 사실 태종은 양녕대군이 태어나기 전에도 3명의 아들을 보았지만 모두 연달아 죽는 슬픈 일을 겪었습니다. 줄

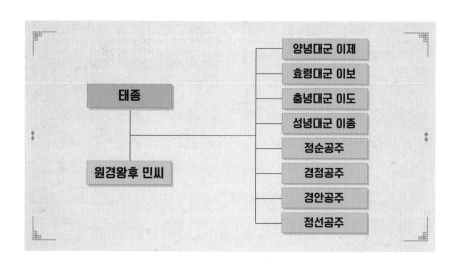

```
                        ┌─ 양녕대군 이제
                        ├─ 효령대군 이보
          ┌─ 태종 ──────┤─ 충녕대군 이도
          │             ├─ 성녕대군 이종
          │             ├─ 정순공주
          │             ├─ 경정공주
          └─ 원경왕후 민씨 ┤─ 경안공주
                        └─ 정선공주
```

태종 가계도

줄이 아들을 잃은 태종의 심경은 무척 비통했겠지요.

실의에 빠져 있을 때 기적처럼 찾아온 아들이 바로 양녕대군이 었습니다. 얼마나 소중하고 귀했을까요? 태종은 집에서 키우던 세 아들이 죽었던 일을 반면교사 삼아 양녕대군을 처가로 옮겨서 키웠습니다. 이 아이만큼은 절대 잃을 수 없다는 간절함에서 비롯된 결정이었겠지요.

> "내가 젊은 시절에 아들 셋을 연이어 여의고 갑술년에 양녕을 낳았 는데, 그도 죽을까 두려워서 본방댁本房宅에 두게 했고(…)"
>
> 《세종실록》 3권, 1년(1419) 2월 3일

태종은 부지런히 본가와 처가를 오가며 큰아들을 키웠습니다. 그리고 그 사랑과 간절함이 통했는지 양녕대군은 건강하게 잘 자랐지요.

태종은 정실부인인 원경왕후 민씨와 슬하에 4남 4녀를 두었습니다. 정실부인과 낳은 아들이 양녕대군을 포함해 4명이나 있었으니 차기 왕위를 이을 후계자를 고민하는 것도 이상한 일은 아니었

왕세자 책봉 옥인 왕이 왕세자를 책봉하면서 내리는 도장으로 공식적으로 왕의 후계자로 결정되었음을 나타낸다. 은이나 옥으로 만들었으며 상자에 3중으로 싸여 보관되었다. 국립고궁박물관 소장.

을 것입니다. 셋째 아들이 충녕대군 이도 아니던가요? 이도는 세종대왕의 어릴 적 이름입니다. 하지만 이때 이도는 세자 자리를 언감생심 꿈도 꿀 수 없는 여러 왕자들 중 한 명일 뿐이었지요. 태종의 사랑은 일찍이 한 사람에게 향해 있었습니다. 바로 장남 이제, 즉 양녕대군에게로 말이지요. 그가 완벽한 적장자의 조건을 갖추고 있었기 때문입니다.

사실 태종에게는 정실부인 외에도 후궁이 많았고 그들 사이에서 낳은 자식도 많았습니다. 하지만 정실부인에게서 태어난 큰아들은 오직 양녕대군만이 가질 수 있는 타이틀이었지요. 그렇기에 태종에게는 양녕대군이 가장 완벽한 세자감이었습니다.

양녕대군은 아버지 태종의 전폭적인 지지를 받으며 11살이던 1404년 음력 8월 6일 마침내 왕세자로 책봉됩니다. 태종 즉위 4년 만에 책봉된 세자는 조선 최초, 정통성에 흠이 없는 적장자였습니다. 적장자를 왕세자로 책봉한 태종은 얼마나 기뻤는지 전국에 "대역죄인과 살인죄, 강도죄를 제외한 범죄자들을 모두 석방하라!"라고 어명을 내립니다. 조선 시대에는 나라에 큰 경사가 있을 때 죄인을 풀어주고는 했거든요. 세자 책봉도 그만큼 큰 경사로 여겼다는 뜻입니다.

철부지 아들과 안타까워하는 아버지

혹여 잘못되지는 않을까 태종이 노심초사하며 지극한 사랑으로 키운 큰아들 양녕대군은 무사히 세자로 자리매김했습니다. 태종은 양녕대군에게 큰 기대를 걸고 물심양면으로 지원을 아끼지 않았지요. 그는 양녕대군이 똑똑하고 유능한 후계자가 되기를 바랐습니다. 그래서 제왕 공부를 가르칠 전담 선생님들을 초특급 호화 라인으로 구성했지요. 우선 조선 최고의 대신인 삼정승 영의정, 좌의정, 우의정을 선생으로 붙였습니다. 지금으로 따지면 국무총리와 장관들을 과외 선생님으로 붙인 것이지요. 이들 외에도 조선에서 최고로 똑똑한 관리들을 선생으로 임명해 세자 교육에 힘쓰게 했습니다. 양녕대군은 지금까지 조선의 어떤 왕도 받지 못했던 최초의 '엘리트 코스' 후계자 교육을 받게 된 것입니다.

조선 최고의 학업 환경을 만들어주었으니 기대도 컸을 것입니다. '우리 세자가 훌륭한 선생들 아래서 잘 배우고 있겠지?' 하는 마음도 들었겠지요. 하지만 양녕대군은 그런 아버지의 기대를 저버리고 말았습니다. 때는 1405년 어느 날, 태종은 그동안 세자가 공부를 열심히 했는지 어디까지

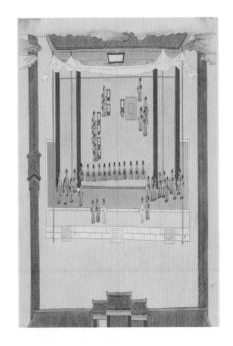

회강반차도 20여 명의 시강원 관원과 임금이 보는 앞에서 왕세자가 경서를 강론하는 '회강'을 묘사하였다. 가운데 빈 곳이 세자가 앉는 자리이다. 서울대학교 규장각한국학연구원 제공.

배웠는지 궁금했던 모양입니다. 그래서 큰아들을 만나 "그동안 배운 것을 외워 보거라"라고 말했지요. 그런데 세자가 우물쭈물하며 답을 얼버무리는 것이 아니겠어요? 양녕대군이 아직 글을 외우지 못했던 것입니다.

일급 선생들까지 붙여서 공부시킨 지 1년이나 지났는데 세자가 외우는 것이 하나도 없다니, 태종은 얼마나 황당했겠습니까? 세자

가 제대로 공부를 하지 않았다는 사실에 화가 머리끝까지 난 태종은 누군가의 종아리를 치라고 명령합니다. 누구의 종아리였을까요? 세자궁에서 일하는 환관의 종아리였습니다. 세자의 잘못을 바로잡겠다는 의미로 세자를 보필하는 환관의 종아리를 치라 한 것이지요. 세자를 직접 체벌하면 왕위 후계자로서의 위상에 해가 될 수 있으니 환관에게 대신 벌을 준 것입니다.

화가 잔뜩 난 태종은 이에 그치지 않고 이후 또 세자가 답을 제대로 못하면 그때는 환관이 아니라 선생들을 벌주겠다고 엄포를 놓았습니다.

> 임금이 환관에게 종아리를 때리고 하교하기를 "만일 후일에도 또한 이와 같으면 마땅히 서연관書筵官을 죄주겠다" 하고 이 말로써 세자에게 경고하였다.
>
> 《태종실록》 10권, 5년(1405) 9월 14일

태종은 큰아들이 잘못을 깨닫고 제대로 공부하기를 바랐습니다. 그래서 큰아들의 주변을 압박한 것이지요. 더불어 선생들에게도 세자를 제대로 가르치라고 경고한 것입니다. 아버지 태종이 이렇게까지 나오니, 양녕대군도 부담을 느꼈겠지요.

그런데 한바탕 소란이 있고 한 달밖에 되지 않아, 이번에는 세자궁의 환관이 장을 맞는 사건이 벌어집니다. 무슨 일이었을까요?

세자가 여전히 공부를 게을리한다는 사실이 태종의 귀에 들어간 것입니다. 화가 난 태종이 이번에는 세자궁 환관의 볼기를 치라고 명한 것이지요.

난데없이 장을 맞게 된 환관. 자신이 세자궁의 환관이라 해도 너무 억울하지 않았겠어요? 그래서 세자에게 말합니다.

> 임금이 세자가 공부를 게을리하므로 노희봉을 시켜 좌우에서 시중드는 자인 환관 노분에게 볼기를 때리니, 분이 세자에게 말하기를 "이것이 어찌 소인의 죄입니까?" 하니, 세자가 기뻐하지 아니하였다.
>
> 《태종실록》 10권, 5년(1405) 10월 21일

"세자께서 공부 안 한 게 왜 내 죄냐!"라고 대놓고 하소연한 것입니다. 그 말을 들은 양녕대군은 몹시 민망해했다고 합니다.

태종이 세자 교육에 이렇게까지 신경을 쓴 이유는 국왕의 학문 수준이 높아야 똑똑한 조정 대신들과 국정을 논할 수 있다고 보았기 때문입니다. 국왕의 학식은 국정 운영의 필수 조건이자 권위의 척도였습니다. 유교 국가인 조선에서는 국정을 논할 때 유학 경서와 역사서의 내용을 근거로 활용했기 때문입니다. 그렇기에 왕이 학식을 갖추지 못하면 대신들의 의견을 듣고 옳고 그름을 판단하거나, 정책을 결정하는 일에 어려움을 느낄 수밖에 없었지요. 이런 일이 반복되면 왕의 권위가 떨어질 수밖에 없을 터였습니다. 왕권

강화를 중요하게 생각한 태종은 그래서 세자가 학문을 갈고닦길 바랐던 것입니다.

또 다른 이유를 찾아본다면 태종 자신이 공부를 잘했던 것도 있었습니다. 태종은 조선 시대 왕 가운데 유일하게 과거에 급제했던 왕이거든요. 공부 안 하는 아들과 공부 잘하는 아버지 사이에 갈등이 생길 수밖에 없었겠지요.

태종의
밥상머리 교육

세자궁의 환관이 볼기를 맞은 그날, 세자는 또 한 번 태종에게 꾸중을 듣습니다. 태종과 세자가 함께 밥을 먹는 자리에서였지요. 태종이 밥을 먹다가 보니 12살의 양녕대군이 산만해도 너무 산만했던 것입니다. 보다 못한 태종이 "너는 어리지만 세자의 위치에 있는데 어째서 말과 행동이 엉망이냐!"라고 혼을 내었지요.

> "네가 비록 나이는 적으나, 그래도 원자이다. 언어 거동이 어찌하여 절도가 없느냐? 서연관이 일찍이 가르치지 않더냐?" 하니 세자가 부끄러워하고 두려워하였다.
>
> 《태종실록》 10권, 5년(1405) 10월 21일

이를 미루어 보아 양녕대군은 평소에 공부를 소홀히 했던 것뿐만 아니라 장난기도 많고 산만했던 것 같습니다. 태종은 그런 큰아들이 못마땅했겠지요. 그래서 날을 잡아 꾸중한 것입니다.

세자 책봉 후 1년이 넘는 기간 동안 양녕대군이 보여준 모습은 태종의 마음에 들지 않았습니다. 공부도 잘 안 하고, 예절도 못 지켰으니 후계자로서 자질이 부족하다고 느꼈겠지요. 양녕대군이 계속해서 부족한 점을 보이자 태종은 특단의 조치를 내립니다.

> "이제부터 서연에 입직하는 관원은 세자가 식사하거나 움직이거나 가만있을 때에도 좌우를 떠나지 말고, 장난을 일절 금하여 오로지 학문에만 힘쓰도록 하라. 세자가 만약 듣지 아니하거든 곧 와서 계달하라."
>
> 《태종실록》 11권, 6년(1406) 4월 18일

세자가 밥을 먹거나 움직이거나 가만히 있을 때도 곁을 지키면서 장난을 치지 못하게 하고 공부만 하게 하라고 명한 것입니다. 한마디로 24시간 세자를 감시하라고 이른 것이지요. 그것도 세자 교육을 담당하는 선생들에게 말입니다.

태종은 양녕대군이 학문을 더 익히면 문제점이 개선될 것이라고 생각했습니다. 양녕대군을 철저히 교육하면 자신이 바라는 완벽한 세자의 모습을 갖출 것으로 생각하며 엄하게 교육하였지요.

특명, 명나라로 떠나라!
사신단의 수장이 된 세자

공부 때문에 갈등은 있었지만 태종은 양녕대군을 후계자로 생각하는 마음에 변화가 없었습니다. 그래서 세자가 14살이 되던 1407년에는 혼인도 시켰습니다. 세자빈을 맞아 가정을 꾸리는 큰아들을 보며 한층 더 성숙하길 바랐겠지요.

혼인한 지 두 달이 지나서는 중대한 임무도 맡았습니다. 1407년 음력 9월, 태종은 양녕대군에게 이렇게 말합니다.

"길이 험하고 멀다. 그러니 몸을 잘 살펴야 한다. 세자는 책임이 중하다. 명나라로 가는 것은 종사와 백성을 위한 것이니라."

양녕대군에게 명나라에 다녀오라고 명한 것입니다. 세자가 명나라에 가게 된 이유는 무엇이었을까요? 조선은 매년 명나라 황제에게 신년 인사를 하기 위해 사신단을 보냈습니다. 이번에는 사신단을 이끌 수장으로 세자를 내세운 것입니다.

태종은 양녕대군이 견문을 넓히고, 외교 경험을 쌓게 할 뿐만 아니라 성공적으로 방문을 마치고 돌아와 세자의 위상을 높이기를 바랐습니다. 조선의 사신단을 이끌고 명나라에 감으로써 차기 왕위를 이을 후계자라는 것을 명 황제로부터 확실하게 인정받고, 조선과 명나라 양쪽에서 태종을 잇는 후계자로서의 위상을 확고히 하려는 의도가 있었던 것이지요.

그렇게 14살의 세자는 태종의 명에 따라 100여 명의 사신단을 이끌고 명나라로 향하게 되었습니다. 세자가 떠나던 날, 태종은 직접 궐 밖으로 나와 배웅했습니다. 태종은 세자에게 명나라와의 외교에 조선의 안위가 달렸으니 세자로서 책임감 있게 행동하기를 신신당부했지요.

> 임금이 법복을 갖추고 표전에 절하고 나서, 장의문으로 나가 세자를 영서역 동쪽에서 전송하고, 세자에게 이르기를 "길이 험하고 머니, 마땅히 자애하여야 하느니라. 저부라는 것은 책임이 중하다. 오늘의 일은 종사·생민을 위한 계책이니라" 하였다.
>
> 《태종실록》 14권, 7년(1407) 9월 25일

이에 양녕대군은 울면서 아버지에게 인사를 고합니다. 큰아들에 대한 기대와 걱정에 인사를 받는 태종 또한 눈물을 흘리며 배웅했지요.

조선을 떠난 세자와 사신단은 몇 개월 후 명나라 수도인 남경에 도착했습니다. 남경에 도착한 세자는 명나라 황제를 만나 인사를 올리고 황제의 질문에도 막힘없이 대답하는 등 사행 임무를 원만하게 수행했습니다. 탈 없이 사행을 마치는가 싶었지만 며칠 후 위기가 발생했습니다. 그것도 황제가 주관하는 의식을 치르는 날에 일어났지요.

송조천객귀국시장도 15세기 말~16세기 초 명나라 남경을 방문한 외국 사신을 송별하는 모습을 그린 회화 작품으로, 남경의 모습을 조망할 수 있는 자료다. 조선의 사신이라 보는 설이 유력했으나, 최근 연구에서는 위의 그림이 그려질 당시 조선은 바닷길을 이용하여 남경을 왕래하지 않아 제3국의 사신이라 보고 있다. 조선뿐만 아니라 중국에 조공을 바치는 주변국들은 중국에 사신을 파견해 문화 교류와 함께 공적인 무역을 했다. 국립중앙박물관 제공.

위기는 명나라 황제가 하늘과 땅의 신에게 제사를 지내는 날 발생했습니다. 조선에서 온 세자와 사신단 역시 그 자리에 참석하기로 되어 있었지요. 제사에 참석하는 명나라 관리들과 조선의 세자, 사신들은 1품부터 9품까지의 자리 중 자신의 지위에 맞게 서야 했습니다. 세자와 사신들도 명나라에서 정해준 서열이 있었습니다. 조선의 세자는 명나라 2품 관리와 같은 서열을 받았지요.

그런데 막상 의식에 참석하러 갔더니 세자의 자리가 바뀌어 있었습니다. 예정되었던 2품석이 아니라 9품석으로 말이지요. 명나라 관리가 조선의 세자를 가장 말단석인 9품의 자리에 세운 것입니다. 양녕대군은 당황할 수밖에 없었지요.

세자를 끝자리에 세운 이유인즉슨 세자가 조복, 즉 중요한 의식에 참가할 때 입어야 할 관복을 안 입었다는 것이었습니다. 양녕대군이 조선에서 명나라로 올 때 조복을 미처 준비하지 못했기 때문입니다. 하지만 아무리 그렇다고 해도 한 나라의 세자를 9품이 서는 자리에 세우다니요? 이는 세자의 위상은 물론, 조선의 위상도 흔들리는 무척 난감한 상황이었습니다.

조선의 세자로서 양녕대군은 9품석에 설 수 없다고 판단합니다. 그는 명나라 황제에게 당당히 의견을 전했지요. "제가 설 자리는 이 자리가 아니니 성찰해주시길 바랍니다."

9품석은 내가 설 자리가 아니니 자리를 바꾸어 조선을 격에 맞게 대우해 달라고 당당히 요구한 것입니다. 조선 세자의 이런 청을 들은 명나라 황제는 어떻게 반응했을까요? 자초지종을 확인한 황제는 요구를 받아들입니다. 그뿐만 아니라 세자에게 제대로 된 조복을 만들어주라고 명하기까지 했지요.

난감한 상황에 당황할 법도 했지만 똑 부러지는 외교적 대처로 조선의 위상을 지켜낸 양녕대군은 이후 명나라 황제에게 극진한 대접을 받았습니다. 그리고 조선을 떠난 지 약 7개월 만인 1408년

음력 4월, 명나라 사행을 마치고 무사히 귀국했지요. 돌아온 양녕
대군을 맞이하며 태종은 자신보다 세자가 명나라 사행을 더 잘 해
내었다면서 크게 칭찬했습니다. 실록에 따르면 "내가 명나라에 갔
을 때보다 배나 많은 사람을 이끌고 갔는데 사고 없이 돌아왔다"
라며 몹시 흡족해했다고 합니다.

　비록 공부나 언행에서는 조금 부족한 모습을 보였지만, 100여
명의 사신단을 조화롭게 이끈 면에서 리더의 능력을 보여줬고 명
나라 황제에게 자리를 바꿔 달라고 요청한 것에서 외교 대처 능력
도 보여주었으니 세자에게 왕의 자질이 있음을 두루 확인한 것이

숭례문 현판 서울 사대문 중 하나인 숭례문의 현판을 쓴 사람이 누구인가에 대한 설은 의견이 분분하나
뛰어난 명필가로도 유명했던 양녕대군이라는 의견이 유력하다. 양녕대군이 공부에는 취미가 없었을지언
정, 사대문의 현판을 직접 쓸 정도로 탁월한 글쓰기 재능을 가지고 있었음을 알 수 있다. 한국학중앙연구
원 제공.

지요. 태종은 세자가 무척 자랑스러웠을 것입니다.

공부 대신
활쏘기에 빠진 양녕대군

　명나라 사신 행차를 통해 후계자 자질을 보여준 양녕대군은 이후 외국 사신을 접대하거나 태종 대신 제사를 주관하는 등 국가의 대소사를 주관하면서 후계자로서 입지를 굳히고 있었습니다. 그런데 태종의 세자 교육에 다시금 빨간불이 켜지는 일이 일어났습니다. 양녕대군이 공부는 뒷전이고, 활쏘기에 빠지고 만 것입니다.

　이 소식을 들은 태종은 후회했습니다. 태종이 세자에게 활쏘기를 가르치라고 한 장본인이었거든요. 양녕대군이 16살이 되던 1409년, 태종은 세자에게 활쏘기를 가르치라고 명했습니다. 선생들은 세자가 학문과 활쏘기를 같이 한다면 앞으로 학문을 멀리하게 될까 봐 두렵다며 반대했지만 태종은 고집스럽게 밀어붙였습니다. "무릇 활쏘기와 말타기는 굳세고 용감한 기질을 키우는 것이다"라고 하면서 말이지요. 양녕대군이 문무를 두루 갖춘 왕이 되기를 바라는 마음에서였습니다. 그런데 세자에게 활쏘기를 가르쳐 보니 공부와 병행하기는커녕, 신하들이 걱정했던 대로 새로 배운 활쏘기에만 푹 빠져버린 것입니다.

태종은 공부를 멀리하는 큰아들을 타이르고 주변 선생들을 꾸짖었습니다. 부디 큰아들이 마음을 잡고 제왕 공부에 전념하기를 진심으로 바랐지요.

양녕대군은 태종의 바람대로 공부하지 않고 왜 이렇게 딴짓만 일삼았던 걸까요? 양녕대군은 아버지인 태종이 자기에게 거는 기대를 모르진 않았을 것입니다. 세자의 지위에 있었으니 욕구를 참고 절제할 줄 알아야 했는데, 양녕대군은 그 부분에서 많이 부족했던 것 같습니다.

명나라 사행으로 두 사람의 관계가 좋아진 것도 잠시, 세자를 향한 태종의 고심은 점점 깊어만 갔습니다.

엇나가는 세자, 기생을 궁으로 불러들이다

양녕대군이 17살이 되던 1410년, 태종이 경악할 만한 소식이 들려옵니다.

"세자가 몰래 기생 봉지련을 궁중에 불러들였다."

《태종실록》 20권, 10년(1410) 11월 3일

세자가 자신이 살고 있는 세자궁에 봉지련이라는 기생을 불러들인 것입니다. 명나라 사신을 접대하는 연회에서 본 기생에게 한눈에 반해서 결국 세자궁에까지 들인 것이지요. 궁궐에 기생을 부르다니, 가능한 일이었을까요?

장차 왕위에 오를 세자는 도덕적으로 모든 신하와 백성들에게 모범을 보여야 하는 자리였습니다. 궁 안팎으로 수많은 이들이 지켜보는 상황에서 기생을 궁으로 불러 논다는 것은 있을 수 없는 일이었지요. 세자 본인은 물론, 조선 왕실의 도덕적 권위를 실추시키는 일이었습니다.

기생이 세자궁에 출입한 것을 알게 된 태종은 화가 머리끝까지 났습니다. 봉지련을 감옥에 가두고, 기생을 세자궁으로 데려온 시종 2명을 처벌했지요. 이에 양녕대군은 어떻게 했을까요? 당장 아버지에게 달려가 납작 엎드려서 다시는 그러지 않겠다고 사죄해도 모자란 판국에, 밥을 먹지 않았습니다. 태종의 조치에 반항하는 의미로 단식 투쟁을 한 것이지요.

아무리 아버지여도 그렇지 왕을 상대로 반항하다니, 얼마나 기가 막힌 일입니까. 그런데 더 놀라운 일이 벌어집니다. 큰아들을 끔찍이 아꼈던 태종은 화를 냈던 것도 잊고 아들이 단식 투쟁을 한다는 소식에 크게 걱정합니다. 혹시 양녕대군이 밥을 굶다가 병에 들까 봐 걱정한 나머지 기생 봉지련을 풀어주고 한술 더 떠 봉지련에게 비단까지 하사했지요. 아들의 잘못에 화가 난 것은 사실이지만 아들을 너무나 사랑했기에 용서해주기로 한 것입니다.

그러나 태종의 너그러운 용서에도 불구하고 세자는 깨달은 바가 없어 보였습니다. 오히려 기상천외한 방법까지 동원해서 계속 유흥을 즐겼지요. 1413년 세자가 20살이 되던 해에 태종은 또 한 번 황당한 말을 듣게 됩니다.

"세자궁 북쪽 담 밑에 작은 지름길이 있으니 몰래 숨어서 드나드는 자가 있을 것입니다."

이게 무슨 뜻일까요? 여자들이 세자궁에 드나드는 것을 아버지에게 들키지 않기 위해 양녕대군이 궁궐 담에 개구멍을 뚫었다는 말입니다. 여자들을 데리고 와서 노는 일을 아버지가 싫어하는 것을 알았기에 눈치가 보였던 모양이지요. 그렇다고 해도 개구멍을 뚫다니요. 자꾸 세자의 여자 문제가 불거지는 것도 화가 나는데, 개구멍까지 뚫었다니 태종으로선 기가 막힐 노릇이었습니다.

이번에는 양녕대군을 따끔하게 혼냈을까요? 태종은 아들을 용서해주고 별다른 벌을 내리지 않았습니다. 대신 세자의 선생들을 불러 "세자를 교양함이 경들의 직책인데, 불의한 일이 어째서 이 지경에 이르게 하였는가?"라고 심하게 꾸짖었지요. 그리고 양녕대군이 가까이한 기생을 멀리 보내고, 세자의 비행을 도운 관련자들을 벌주는 선에서 일을 마무리하려 했습니다.

그런데 이번에도 양녕대군이 밥을 먹지 않기 시작했습니다. 자기와 어울리던 측근을 벌준 태종의 조치가 불만이었던 것이지요.

세자가 잘못을 저지르면 태종이 주변 인물들을 벌하고, 또 이에 불만을 품은 세자가 단식하는 일이 반복됐습니다. 부자가 계속해서 마찰을 빚자, 보다 못한 태종의 아내이자 세자의 어머니인 원경왕후가 중재에 나섰습니다.

> "너는 어리지도 않은데 지금 어째서 부왕께 이와 같이 노엽을 끼치느냐? 이제부터는 조심하여 효도를 드리고 또 밥을 들도록 하라."
>
> 《태종실록》 25권, 13년(1413) 3월 27일

양녕대군에게 어리지도 않은데 왜 자꾸 아버지에게 노여움을 사느냐, 밥을 먹으라고 타이른 것이지요. 양녕대군이 비행을 저질러도 태종이 약한 모습을 보이자 원경왕후가 나서서 따끔하게 혼낸 것입니다.

아마 태종은 아버지였던 태조와 관계가 좋지 않아서 서로 칼을 겨누었던 과거가 큰 아픔으로 남았던 듯합니다. 용서받기는 했지만 쉽게 치유되지 않는 상처였지요. 그렇기에 자기는 절대 아들과 그런 사이가 되고 싶지 않다는 마음이 강했을 것입니다. 게다가 태종은 적장자 세습을 꼭 이루어야 한다는 일종의 집착까지 있었으니 양녕대군을 대놓고 처벌할 수 없었을 것입니다. 세자를 처벌하면 자질을 의심받을 수 있으니 말이지요. 그래서 주변인들을 벌하는 것으로 무마하려 했지만, 세자가 반성을 해도 그때뿐이고 비행

을 반복해서 일삼는 것이 문제였습니다. 그런데도 태종은 큰아들과 멀어질까 봐, 또 적장자의 권위에 흠집이 날까 봐 애써 봐주기만 했던 것이지요. 결국 원경왕후의 중재로 양녕대군의 개구멍 사건은 일단락되었습니다.

태종의 극약처방 폐세자를 언급하다

태종은 권력 앞에서는 냉혹한 군주였지만, 아들에게만은 그저 따뜻하고 약한 아버지였던 모양입니다. 그러나 1413년 음력 8월, 태종이 참고 참았던 분노를 터트리는 일이 벌어졌습니다. 양녕대군이 세자궁에서 몰래 매를 키우는 사실을 알게 된 것이지요.

기생을 부른 것도 아니고, 공부를 안 한 것도 아닌데 태종은 평소와 달리 어마어마하게 화를 냈습니다. 태종이 동물 사육을 어명으로 금했는데 아들인 양녕대군이 이를 어겼기 때문입니다.

"내가 매나 개와 같은 애완동물을 금했는데 어찌 명을 따르지 않는가!"

양녕대군은 평소 매를 데리고 사냥을 즐겼습니다. 아들이 하라는 공부는 안 하고 사냥에만 빠져 있으니 태종은 아예 동물을 키우지 말라고 어명을 내렸었습니다. 그런데 그 어명을 세자가 어기고 몰래 매를 키우다가 들킨 것입니다.

아무리 부자 사이라 할지라도, 조선에서 왕과 세자는 엄연한 군신 관계였습니다. 왕의 명령인 어명은 신하로서 목에 칼이 들어와도 지켜야 하는 것이었지요. 그렇기 때문에 태종은 이번에는 단순히 넘어갈 문제가 아니라고 생각했던 듯합니다. 우선 예전처럼 세자 주변 사람들에게 벌을 내렸습니다. 세자 옆에서 매 사육을 도운 환관들을 벌주고 유배를 보냈지요.

그리고 며칠 후 이런 말까지 했습니다.

> "세자의 마음은 반드시 그 자리를 족히 믿고 있는 때문일 것이다.
> 만약 과연 뉘우치지 않는다면 종실에 어찌 적당한 사람이 없겠는가?"
>
> 《태종실록》 26권, 13년(1413) 8월 15일

태종은 양녕대군이 계속 일탈을 하는 것이 세자의 자리가 자기 것이라고 확신하기 때문이라고 생각했습니다. 그래서 계속 이런 식으로 하면 세자 자리에서 쫓아낼 수도 있다고 초강수를 둔 것이지요. 엄포는 말뿐이 아니었습니다. 이번에는 마음이 달라졌음을 행동으로 보여주었습니다. 태종은 양녕대군이 받던 제왕 교육을 멈추라고 명했습니다. 그리고 세자궁 생활을 보필하기 위해 만든 관청의 관리들도 집으로 보내버렸지요. 또한 앞으로 세자를 절대

보지 않겠다는 선언도 했습니다. 결국 참았던 분노가 폭발하고 만 것이지요.

태종이 폐위를 암시하는 언급을 한 것은 이전까지의 발언 수위와 확실히 차이가 났습니다. 신하들이 화를 내는 태종을 말려도 "감히 세자의 일을 말하는 자가 있으면 마땅히 비상한 진노가 있을 것이다"라고 입을 막아버렸지요.

위기의 양녕대군 공부에 매진하다

태종의 초강수에 양녕대군도 바짝 긴장할 수밖에 없었습니다. 아마 이전에는 느껴본 적 없던 엄청난 위기감에 사로잡혔겠지요. 양녕대군의 머릿속엔 태종이 언급한 '적당한 사람'이 누구인지, 세자 자리를 줘도 괜찮은 인물을 이미 발견했다는 것인지 등 불안한 생각들이 떠나지 않았을 것입니다.

이렇게까지 신경이 쓰였던 것은 그때 양녕대군이 보기에도 눈에 띄게 총명한 인물이 있었기 때문입니다. 바로 태종의 셋째 아들 충녕대군 이도였습니다. 충녕대군은 양녕대군보다 3살 아래였지만 똑똑하고 다방면으로 뛰어난 자질을 가져 궐 안에 칭송이 자자했습니다. 학문을 좋아하고 예술적 조예도 깊어 조정 대신들과 세자의 선생들까지 충녕대군을 칭찬했지요.

매일 공부하라는 잔소리를 듣고 아버지에게 혼나는 자신과 달리 셋째 동생은 공부도 잘하고 모든 분야에서 뛰어났습니다. 자기가 세자의 자리에 올라 있긴 하지만, 태종의 말을 들은 이후 양녕대군도 뛰어난 자질을 갖춘 동생이 신경 쓰일 수밖에 없었겠지요.

위기의식을 느낀 양녕대군은 180도 다른 모습을 보여주었습니다. 양녕대군이 보기에도 이번에 아버지의 분노가 심상치 않았던 모양입니다. 그래서 바짝 긴장하고 책을 펼쳤습니다. 세자 자리가 보장된 것이 아니라는 불안감과 위기감이 그를 바꿨던 것이지요. 태종의 극약처방이 드디어 통한 것이었습니다.

이제까지의 게으름은 온데간데없이 세자는 매일 학문에 정진합니다. 그 결과 제왕 공부의 필수 서적인《대학연의》를 끝마쳤지요. 이런 세자의 모습을 지켜본 선생들은 뭐라고 말했을까요? "옛날부터 이렇게 했다면 이 책을 어찌 6년이나 걸려서 끝마쳤을까!"라며 남들이 1년 만에 끝낼 책을 6년에 걸쳐 끝낸 세자를 향해 안타까운 탄식을 내뱉었습니다.

아버지 태종의 마음에 들기 위해 밤낮으로 공부하던 양녕대군의 진심이 통했는지, 세자를 안 보겠다고 선언한 태종도 화를 누그러뜨리고 마음을 풀었습니다. 양녕대군을 다시 한번 믿어보기로 한 것인지 아들과 함께 가족 행사도 치르고, 잘 지내려 했지요.

그때 태종은 정말로 양녕대군을 폐위하려던 생각이었을까요?

대학연의 사서삼경 중 하나인 《대학》의 뜻을 역사적 사실을 인용해 자세히 설명한 책이다. 조선 시대 세자들이 국왕 수업을 받으면서 공부하던 기본 교과서였다. 국립중앙박물관 제공.

양녕대군의 폐위를 고려하는 듯한 말을 했던 바로 그 해에 태종은 여러 대군과 공주가 있는 자리에서 세자에게 충녕대군을 가리켜 이렇게 말했습니다.

"장차 너를 도와서 큰일을 결단할 자이다."

태종은 어쩔 수 없는 장남바라기였던 것입니다. 혹시라도 똑똑한 동생에게 큰아들이 기가 죽을까 봐 늘 신경을 썼지요. 이날도 다 같이 모인 자리에서 충녕대군이 총명함을 드러내자, 충녕대군은 세자를 보필할 사람임을 명확히 드러낸 것입니다. 태종은 충녕대군이 아무리 뛰어나도 당시에는 적장자인 세자를 폐위시킬 마음은 없었던 듯합니다.

태종이 이렇게까지 세자와 대군들 사이에 명확히 선을 그었던 이유는 자기가 겪었던 형제간의 권력 다툼을 자녀들이 겪지 않기를 바라는 마음에서였습니다. 태종은 앞서 두 차례의 왕자의 난을 겪으며 이복동생을 죽이고 동복형제와 다퉜던 경험이 있었기 때문에 자식들에게 그런 일이 벌어지는 것만큼은 막고 싶었던 것이었지요. 그러니 태종이 나서서 아들들 사이에 권력을 다툴 여지를 없애버린 것입니다.

그러나 태종이 내린 극약처방의 효과는 그리 오래 가지 못했습니다. 태종이 몇 차례 봐주었음에도 양녕대군은 얼마 가지 않아 유흥에 빠져 하루하루를 보냈기 때문이지요.

시험대에 오른 세자
국정을 운영하다

좀처럼 완벽한 후계자의 모습을 보이지 못했던 양녕대군은 어느새 23살이 되었습니다. 나이가 들어도 공부는 뒷전이고 놀기 바쁜 세자를 보며 태종은 또 한 번 조치를 취했습니다.

> "군사와 사람을 등용하는 것은 오직 내가 맡아서 하고, 무릇 호령을 내어 정령을 시행하는 것은 세자와 같이 의논하라."
>
> 《태종실록》 31권, 16년(1416) 5월 24일

신하들에게 군사에 관한 일과 사람을 등용하는 것 외에 모든 정치적 결정을 세자 양녕대군과 의논하라고 명령한 것입니다. 국정 운영을 세자에게 맡겨보겠다는 뜻이었지요. 물론 이전에도 세자가 국정에 참여한 적은 있었으나, 중대한 일들은 태종이 결정했고 세자가 처리한 일은 일상적인 정무 정도였습니다.

그러나 이번에는 본격적으로 정사를 돌보라는 말이었습니다. 세자의 옆에서 태종이 지켜보면서 국정 운영을 가르치려 한 것입니다. 왕이 되기 위해서는 국정을 운영할 줄 알아야 할 테니 말입니다. 태종은 세자가 정사를 돌보다 보면 정신 차리고 공부하지 않을까 하는 기대감이 있었던 것 같습니다. 양녕대군으로서는 차기 왕으로서 실무를 감당할 수 있는지, 자질을 검증하는 시험대에 오른 것이지요.

양녕대군은 과연 아버지의 기대에 부응해 국정 운영을 잘 수행했을까요? 제법 잘 해냈습니다. 세자는 태종을 대신해 육조, 즉 조선의 6개 관청 관료들과 직접 대면해 정사를 논하면서 후계자로서의 면모를 보였습니다. 또한 태종과 신하들 사이에 논쟁이 있을 때, 자기의 의견을 분명하게 내기도 했습니다. 아무래도 양녕대군 역시 태종이 자신에게 국정을 맡긴 의도를 알았겠지요. 그 의도를 알았기에 진지하게 임했을 것입니다.

《태종실록》에는 세자의 국정 운영과 관련해서 특별히 주목할 만한 기사가 실려 있지 않습니다. 이것은 세자가 국정 대리 업무를 큰 문제없이 잘 해냈다는 방증이라고 할 수 있지요.

이후 태종은 기회가 있을 때마다 세자를 국정 운영에 참여하게 합니다. 때때로 사생활 문제를 일으키긴 했지만 세자가 왕의 자질을 보이니 괜찮은 후계자가 될 수 있다는 일말의 희망을 품었겠지요. 그래서 어떻게든 왕위를 물려주는 날까지 양녕대군을 끌고 가기 위해 노력에 노력을 더한 것입니다.

조선을 뒤흔든 스캔들
어리 간통 사건

태종은 양녕대군을 위해 혹시 모를 권력 다툼의 여지도 없애주고, 국정 운영에 참여시켜 후계자의 면모를 뽐낼 기회까지 주며 최선을 다했습니다. 그런데 그런 아버지의 마음을 모르는지, 양녕대군은 또 한 번 아버지의 희망을 산산조각 내는 사건을 저지르고 말았습니다.

양녕대군이 24살이 되던 1417년 음력 2월, 조선을 뒤흔든 초유의 세자 스캔들이 터지고 말았지요. 사건의 발단은 그로부터 두 달 전으로 거슬러 올라갑니다. 양녕대군이 한 여인의 미모에 대한 소문을 듣게 된 것입니다.

"어리의 자색秊色과 재예才藝가 모두 뛰어났다고 칭찬하니, 세자가 즉시 이오방으로 하여금 그를 도모하게 하였다."

《태종실록》 33권, 17년(1417) 2월 15일

자색은 용모를, 재예는 재능을 뜻하는 말이니 세간에 여인의 얼굴이 곱고 재능이 뛰어나다고 소문이 자자했던 모양입니다. 472년간의 조선 역사를 기록한 조선왕조실록에 미모가 뛰어나다고 기록된 인물은 단 2명인데, 그중 하나가 여기서 등장하는 '어리'라는 여인이었지요.

양녕대군은 평소 세자궁에 드나들던 악공 이오방에게 어리에 관한 소문을 듣게 되었습니다. 소문을 들은 양녕대군은 강한 호기심이 생겼습니다. 곧장 악공을 통해 어리에게 만나자고 제안했지요. 세자의 말이니 거절하기 쉽지 않았을 텐데 어리는 이 제안을 거절했습니다. 만날 수 없다고 말이지요.

거절을 전해 들은 양녕대군은 어떻게 했을까요? 세자의 체면이 있지, 매달리지 않고 호기심을 접었을까요? 놀랍게도 양녕대군은 포기하지 않았습니다. 어리의 마음을 얻기 위해 선물을 주고 세자궁의 담을 넘어 어리를 만나러 가지요. 체면도 버리고 헌신한 덕에 양녕대군은 어리를 세자궁 안까지 데려와서 몰래 만나는 데 성공합니다. 그리고 둘은 비밀 연애를 계속 이어나갔지요.

하지만 이 만남으로 태종의 분노가 폭발하고 맙니다. 어리는 세자인 양녕대군이 절대 만나선 안 될 사람이었습니다. 어리에게는 이미 남편이 있었거든요. 그것도 종2품, 지금의 차관급에 해당하는 전직 고위 관리의 첩이었습니다. 이는 조선의 세자가 간통죄를 저질렀다는 뜻입니다. 단순히 기생을 만나는 것과 차원이 다른 일이었지요.

조선은 유교 윤리를 통치 이념으로 삼은 나라인데, 남편이 있는 여성과 사통했으니 중죄를 저지른 셈이었습니다. 아마 '삼강오륜'이라는 말을 들어본 적 있을 것입니다. 삼강오륜은 유교에서 기본이 되는 도덕 지침으로 세 가지 강령과 다섯 가지 인륜을 뜻합니다.

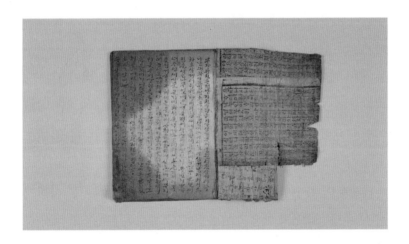

삼강오륜전 유교 사상의 기본이 되는 세 가지 덕목을 '삼강'이라고 부른다. 삼강은 임금과 신하 사이에 지켜야 할 강령인 '군위신강', 아버지와 자식 사이에 지켜야 할 강령인 '부위자강', 부부 사이에 지켜야 할 강령인 '부위부강'을 일컫는다. 이 책은 삼강오륜의 교훈적인 내용을 담은 가사를 한글로 필사한 《삼강오륜전》이다. 국립한글박물관 제공.

양녕대군과 어리와의 만남은 삼강의 덕목 중 하나인 부위부강夫爲
婦綱을 해치는 일이었지요. 나라의 근본을 흔드는 중죄를 세자가 저
지른 것입니다.

심지어 양녕대군은 어리가 전직 관리의 첩이란 것을 알면서도
꾀어냈습니다. 일반 사대부여도 중벌을 내릴 죄인데 다음 왕위를
이어받을 세자가 이런 일을 벌였으니 심각한 문제였습니다. 백성
의 모범이 되어야 할 세자가 또다시 왕실 전체의 권위를 크게 추락
시키고 말았습니다.

세자의 간통 사건을 접한 태종은 얼마나 화가 났는지 이전에 내
렸던 처벌과는 차원이 다른 조치를 취합니다. 양녕대군과 어리의
만남에 가담한 자들을 모조리 잡아 오도록 명령하고, 그들을 잔혹
하게 국문했습니다. 대다수가 몸이 부서지도록 장을 맞았고, 일부
는 목이 베이기도 했습니다. 겨우 살아남은 자들은 노비가 되는 등
나락으로 고꾸라졌습니다. 사건을 일으킨 양녕대군에게는 어떤
처벌을 내렸을까요? 그토록 아끼던 양녕대군을 잠시나마 궁 밖으
로 쫓아내 버렸습니다.

태형부터 참수형까지 처벌을 내리며 진상을 밝혀내는 아버지
를 보며 양녕대군의 마음은 어땠을까요? 태종이 큰아들의 여자 문
제로 사람을 처형한 것은 유례없던 일이었으니, 본 적 없는 태종의
분노에 양녕대군은 두려움에 떨었습니다. 그러나 태종의 분노는
양녕대군을 궐 밖으로 내쫓는 것만으로 누그러지지 않았습니다.

세자가 반성문을 낭독한
전대미문의 사건

태종은 어리 간통 사건의 마지막 처벌로 세자에게 종묘로 가서 반성문을 읽으라는 뜻을 전했습니다. 종묘는 조선의 역대 왕과 왕후의 신주를 모시고 제사를 지내는 사당으로 왕실의 근본이자 정통성을 보여주는 곳이었습니다. 조선에서 정말 신성하게 여겼던 장소였지요. 양녕대군은 아버지의 뜻에 따라 종묘에 엎드려 다시는 잘못을 저지르지 않겠다고 고했습니다.

> "사욕 때문에 법도를 무너뜨리고 방종 때문에 예의를 무너뜨려, 여러 번이나 어버이에게 순종하지 아니하여 그 마음을 크게 상하게 하였고, 위로는 조종祖宗의 덕을 더럽혔으니 신의 죄가 큽니다. (…) 이에 마음을 깨끗이 하고 스스로 자신을 다스려 새로운 사람이 될 조목을 갖추어 조종의 영전에 다짐하는 바입니다."
>
> 《태종실록》 33권, 17년(1417) 2월 22일

세자는 부모님의 마음을 상하게 하고, 조상의 덕을 더럽혔으니 죄가 크다면서 지금까지 잘못한 점을 구구절절 읽어 내려갔습니다. 그런데 이 자리에 세자만 있던 것이 아니었습니다. 조정 대신들도 함께 있었지요. 신하들이 모두 지켜보는 앞에서 잘못을 읊고

반성하는 행동은 세자로서 치욕스러운 일이었습니다. 불과 얼마 전까지 태종을 도와 국정을 운영하던 세자였으니까요. 낯 뜨겁고 부끄러운 처벌이었을 테지만 세자는 종묘에서 온 마음을 다해 반성문을 읽었습니다. 양녕대군의 반성문에는 구체적으로 이런 구절도 있었습니다.

"매사냥과 여자, 술과 음악, 네 가지 허물을 영원히 끊어버리겠습니다."

마지막에는 스스로 약조로 고한 것을 어기면 조상의 벌을 받겠다는 다짐까지 합니다. 그만큼 세자는 간절하고 처절하게 잘못을 뉘우쳤지요. 이것만이 화가 난 태종에게 용서받을 수 있는 방법이자, 어쩌면 다시 오지 않을지도 모르는 마지막 기회였습니다.

아들이 간통죄 때문에 종묘에서 반성문을 읽는 모습을 보며 태종은 무슨 생각을 했을까요? 이쯤 되면 '양녕대군에게 왕위를 물려주는 것이 맞을까?' 하는 의구심이 생기지 않았을까요? 하지만 적장자 왕위 계승에 대한 태종의 마음은 여전히 굳건했습니다. 공개적으로 반성문을 읽게 하는 극단의 조치를 쓰면서까지 큰아들이 행실을 고치고 생각을 바꾸길 바랐던 것이었습니다. 어떻게든 세자를 옳은 길로 가게 하려는 태종의 노력이었지요. 왕실의 명예를 실추할 정도로 큰 잘못을 저지른 양녕대군이지만 태종에게 적장자 세자는 놓을 수 없는 존재였던 것입니다.

아버지가 이렇게까지 하는데 이번에는 정말 뭔가 달라졌을까요? 안타깝게도 세자가 종묘에 나가 반성문을 읽은 지 1년 후 태종의 마음이 무너지는 일이 벌어지고 말았습니다. 세자궁에서 유모를 구한다는 말이 나온 것입니다. 태종이 손주를 보게 되었다면 기쁜 일일 텐데 어째서 마음이 무너졌을까요?

> 평양군 궁주가 말하기를, "세자전에서 유모를 구하여 부득이 이를
> 보내었습니다"고 하므로, 중궁이 놀라서 말하기를, "이게 어떤 유아
> 이냐?"고 하니, 궁주가 말하기를, "어리의 소산입니다"고 하였다.
>
> 《태종실록》35권, 18년(1418) 3월 6일

세자의 아이를 낳은 사람이 바로 어리였기 때문입니다. 종묘에서 반성문까지 낭독한 양녕대군이 아버지 태종을 속이고 남몰래 어리를 계속 만나고 있었던 것이지요. 이 자체도 충격인데 아이가 태어난 시기 또한 기가 막힙니다. 양녕대군이 반성문을 읽은 것이 1417년 음력 2월이었고, 아이가 태어났을 때는 1418년 음력 2월 쯤이었습니다. 추산하면 양녕대군은 반성문을 읽고 얼마 되지 않아서 어리를 다시 만났던 것 같습니다.

아들이 부적절한 관계를 유지하는 것도 모자라 결국에는 아이까지 얻었으니 태종은 신하들이나 조상들을 볼 면목이 없었을 것입니다. 태종이 아무리 믿고 기회를 주어도 양녕대군은 그 마음을 알아주기는커녕 계속해서 엇나가기만 했습니다. 부자 관계는 걷

잡을 수 없이 최악으로 치닫고만 있었습니다.

동생의 장례 중에
활을 쏘며 놀다

태종은 간신히 인내심을 이어갔습니다. 하지만 얼마 가지 않아 또다시 인내심의 한계를 느끼고 분노를 폭발하게 하는 사건이 벌어졌지요.

> "세자가 성녕이 죽었을 때에 궁중에서 활 쏘는 놀이를 하였다니, 한 어머니에게서 난 아우의 죽음을 당하여 부모가 애통하는 때에 하는 짓이 이와 같다면 사람의 마음이라고 할 수 있겠느냐?"
>
> 《태종실록》 35권, 18년(1418) 5월 10일

1418년 음력 2월에 태종의 넷째 아들이자 양녕대군의 동생인 성녕대군이 14살의 어린 나이에 병으로 세상을 떠나고 말았습니다. 총명하고 지혜로웠던 성녕대군은 태종 부부가 무척 사랑하던 아들이었습니다. 아끼던 아들이 어린 나이에 세상을 떠났으니 슬픔이 더욱 컸을 것입니다.

그런데 그로부터 몇 달 후, 태종은 양녕대군이 동생 성녕대군이

죽은 후에 활쏘기 놀이를 했다는 것을 알게 되었습니다. 그것도 동생이 죽은 지 고작 24일이 지났을 무렵에 말이지요.

활쏘기는 하고 싶은데 시기가 시기인지라 양녕대군도 주저하면서 먼저 선생에게 활을 쏘아도 괜찮겠냐고 물었다고 합니다. 그런데 선생은 삼칠일, 즉 21일이 지났으니 괜찮을 것이라고 답하고 만 것이지요. 그 말을 들은 양녕대군은 안심하고 활쏘기를 하며 놀았다고 합니다.

이 일을 보고받은 태종은 크게 화를 냈습니다. 어떤 잘못을 저질러도 끝까지 믿었던 큰아들이 그것도 일국의 세자가 동생의 죽음을 애도할 기간에 활쏘기 놀이를 하다니 결국 태종의 인내심은 폭발하고 말았습니다. "세자는 사람이 아니다"라고 말을 할 정도였지요.

아들들의 우애를 강조했던 태종에게 세자의 행동은 용납하기 어려웠을 것입니다. 게다가 세자가 어리와 계속 만나면서 아이를 낳았다는 충격적인 소식을 들은 지 얼마 안 되어 양녕대군이 또 실망스러운 일을 벌인 것이었지요. 심신이 많이 지친 상태의 태종은 아마도 감정을 주체하기 어려웠을 것입니다.

이 사건으로 세자에 대한 태종의 분노와 실망감은 걷잡을 수 없이 커졌습니다. 결국 태종은 세자를 벌주기 위해 세자의 곁에서 어리를 떼어내고 쫓아내 버렸습니다. 그리고 양녕대군이 세자궁에서 마음대로 외출할 수 없도록 외출 금지 명령까지 내렸지요.

충격적인 상소를 올린 세자
태종의 결단

세자의 발을 묶은 지 보름이 지난 1418년 음력 5월 30일, 태종에게 느닷없이 세자가 올린 상소가 도착했습니다. 세자가 손수 큰 글씨로 쓴 2장의 상소문이었지요. 이제는 정말 새사람이 되겠다는 다짐이라도 적어 보낸 것일까요? 그런데 상소를 펼쳐 읽던 태종의 표정이 점점 일그러졌습니다. 결코 상상하지 못했던 내용이 적혀 있었기 때문입니다.

> "전하의 시녀는 다 궁중에 들이는데, 어찌 다 중하게 생각하여 이를 받아들입니까? (…) 지금에 이르도록 신(臣)의 여러 첩을 내보내어 곡성이 사방에 이르고 원망이 나라 안에 가득 차니, 어찌 스스로에게서 반성하여 구하지 않으십니까?"
>
> 《태종실록》35권, 18년(1418) 5월 30일

양녕대군이 직접 쓴 상소문에는 이런 내용이 적혀 있었습니다. 아버지는 지금까지 여인들을 다 궁중에 들였으면서 왜 나는 못 하게 하시느냐, 나의 첩들을 아버지가 궁에 들이지 못하게 해서 나라에 원망이 가득하다, 그러니 이건 자신이 아니라 아버지가 반성하셔야 하는 일이라고 말이지요. 반성이 아니라 태종을 향한 원망만

이 가득한 내용이었습니다. 심지어 태종의 여자관계까지 들먹이면서 작정하고 비난했지요. 태종은 엄연히 조선의 국왕인데, 불경스럽고 모욕적인 상소를 왕에게 보내는 것은 아무리 세자라도 용납할 수 없는 일이었습니다.

결국 편지를 받은 지 나흘이 지난 1418년 음력 6월 3일, 태종은 결단을 내립니다. 왕세자를 폐하고, 경기도 광주로 추방한 것이지요. 태종은 마침내 조선 왕조 최초의 적장자 세자를 자신의 손으로 폐하고 말았습니다. 양녕대군이 세자로 책봉된 지 무려 14년 만의 일이었습니다. 폐세자가 된 양녕대군은 왕자의 신분이 되어 새로운 칭호를 얻었습니다. 세자가 아닌 양녕대군이라는 이름을 새로 받은 것이지요. 우리가 익히 아는 양녕대군이라는 명칭은 이때 나온 것입니다.

태종은 폐세자 교지를 내린 당일, 바로 차기 세자를 결정했습니다. 셋째 아들 충녕대군이었지요. 충녕대군은 세자가 된 지 두 달만인 1418년 음력 8월 10일 조선 제4대 왕 세종으로 즉위했습니다. 그렇게 세종대왕의 시대가 열렸습니다.

적장자를 후계자로 삼고 싶었던 태종의 바람은 끝내 이뤄지지 못했습니다. 태종과 양녕대군이 궁궐에서 보냈던 14년은 사랑과 미움, 안쓰러움과 증오가 교차했지요. 우여곡절이 가득했던 부자의 관계는 그렇게 막이 내렸습니다.

수많은 사람의 피를 흘리며 왕위에 오른 태종이 가진 가장 큰 콤

양녕대군 이제 묘역 서울시 동작구 상도동에 위치한 양녕대군의 묘와 사당. '지덕사'라 이름 붙은 사당 뒤에 양녕대군의 묘가 있다. 양녕대군은 세자에서 폐위된 뒤, 세종이 왕위에 오르자 전국을 유랑하면서 풍류를 즐겼다. 동생 세종과는 우애가 지극했다고 전해진다. 문화재청 제공.

플렉스는 왕좌의 정통성이었을 것입니다. 콤플렉스를 단번에 해결해줄 큰아들이었기에 기행을 일삼은 양녕대군에게 그토록 많은 기회를 주었던 것이지요. 그러나 양녕대군은 태어나면서부터 주어진 적장자의 지위를 끝내 지키지 못했습니다. 왕위를 계승할 후계자로서 학문에 전념하고 자신의 욕망을 절제하면서 미래를 준비하는 과정이 양녕대군에게는 무척 버거웠던 것 같습니다. 그 과정에서 많은 사람이 희생을 당했지요.

결국 태종은 조선의 미래를 위해 양녕대군을 폐위하고 어진 인물, 충녕대군을 세자로 책봉했습니다. 그 덕분에 조선의 성군 세종대왕이 태어날 수 있었지요. 비록 14년간 적장자의 왕위 계승이라는 대의명분을 움켜쥐었지만 태종은 끝내 한발 물러났습니다. 조선의 미래를 위해 결단을 내린 것이지요. 대의명분을 추구하기보다 현실을 염두에 두어야 하는 통치자의 숙명을 엿볼 수 있는 이야기였습니다.

2부

개혁과 변화를 선도한 사람들

5장

멀거멋은 조선의 설계자

김경수(청운대학교 교양대학 교수)

정도전은 왜
새로운 나라를 꿈꿨는가

    우리나라의 수도 서울로 여행을 떠난다는 가정을 해볼까요? 서울 여행에서 빼놓을 수 없는 곳은 아마 경복궁일 것입니다. 경복궁은 기울어져 가는 고려를 뒤로하고 새로운 나라를 꿈꾼 조선 개국 세력들이 제일 먼저 건설에 착수한 곳이었습니다. 조선 5대 궁궐 중 으뜸의 규모와 건축미를 자랑하며 창건 후 여러 조선 왕들의 즉위식을 거행해 제일 법궁으로서 기능했지요. 창건된 지 약 600년이 지난 지금 보아도 그 기품과 위용을 느낄 수 있습니다.

    경복궁은 새 나라 조선의 수도인 한양 도시 계획의 중심이었습니다. 500년 고려 왕조의 수도 개경을 떠나 새로운 수도로 천도하기로 결정한 조선 개국 세력은 수도 건설에 공력을 들였습니다. 도성의 자리를 결정하는 데에도 신중을 기했지요. 서울은 사방으로 산줄기가 휘둘러 보호하고 있는 명당의 조건을 전부 갖춘 곳으로 서울의 오래된 옛길을 따라 걸으면 이 도시의 진가를 알아본 선조들의 지혜에 감탄이 흘러나옵니다.

조선 역사의 첫 페이지를 열면서 수도 한양의 건설 공사를 책임진 인물은 이성계와 함께 조선을 세운 정도전입니다. 정도전은 누구보다 앞장서서 한반도의 지리를 살피며 수도가 될 만한 장소를 물색했고, 경복궁과 종묘 등 조선의 상징적인 건축물을 설계하기도

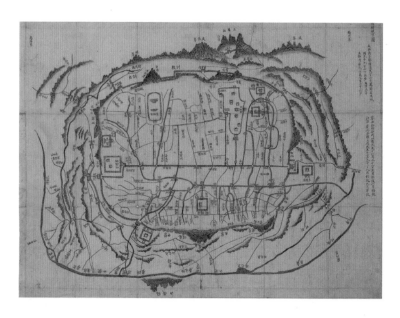

조선성시도 서울은 명당으로서 겹겹이 둘러싸인 산뿐만 아니라, 중심을 가로지르는 청계천과 외곽을 둘러 흐르는 한강으로 물의 조건도 고루 갖추었다. 서울역사박물관 소장.

했지요. 그런데 놀랍게도 조선을 설계한 정도전이 조선 건국 6년 만에 역사에서 완벽하게 사라져 버립니다. 그것도 역적이라고 낙인 찍혀서 말이지요.

무슨 이유로 조선 개국의 일등 공신 정도전은 조선의 역사에서 끝내 사라져야 했을까요? 그에 앞서 고려의 신하였던 그가 자신의 손으로 고려를 무너뜨리고 새 왕조를 섬기게 된 이유는 무엇일까요? 지금부터 시대를 앞서간 정도전을 둘러싼 숨겨진 이야기를 벌거벗겨 보겠습니다.

고려 개혁의 유일한 희망 공민왕의 죽음

1374년 음력 9월 22일. 때는 고려 말이었습니다. 모두가 잠든 캄캄한 밤, 수도 개경의 궁궐은 여느 때와 같이 쥐 죽은 듯 고요했지요. 그때, 한 남자가 정적을 깨고 큰 목소리로 외쳤습니다.

"역적이 들어왔다!"

왕의 침전에 역적이 들어왔다니, 이 얼마나 위기 상황입니까. 그런데 어찌 된 일인지 역적이 들어왔다는 외침에도 왕의 처소를 지키는 호위 무사들이 섣불리 침전 안으로 들어가지 못했습니다. 심지어는 사시나무처럼 덜덜 떨며 서 있는 게 아니겠어요? 도대체 무엇을 보았기에 왕을 보호하기는커녕 떨고만 있었을까요?

신하들이 찾아간 침전 바닥은 이미 피로 흥건하고 방 한가운데엔 처참한 모습으로 시체가 널브러져 있었습니다. 죽음을 맞이한 인물은 고려 제31대 왕인 공민왕이었습니다. 궁궐에서, 그것도 경비가 가장 삼엄한 왕의 침전에서 왕이 살해되는 충격적인 사건이 벌어진 것입니다.

대체 누가 이런 짓을 벌였을까요? 범인의 정체는 놀랍게도 왕의 최측근 관리들이었습니다. 공민왕이 왕권 강화와 인재 육성을 위해 설치한 관서의 관리들이 왕을 죽인 범인이었던 것이지요. 한 나라의 왕이 살해된 이 사건은 고려를 순식간에 혼란 속으로 빠트리기에 충분했습니다.

공민왕의 죽음으로 휘청거리는 고려. 그런데 왕의 죽음으로 득을 본 사람들이 있었으니 그들은 권문세족權門勢族이었습니다. 권문세족은 고려 후기에 지배 계층으로 군림한 귀족들을 일컫는 말로 정치적으로 공민왕과 대립하는 세력이었습니다. 대립하던 왕이 사라졌으니 권문세족은 고려 조정을 장악할 수 있는 기회를 얻은 것이나 다름없었지요.

공민왕과 권문세족이 의견 충돌을 빚은 것은 원나라 때문이었습니다. 원나라는 몽골이 중국 대륙을 점령한 뒤 세운 나라인데, 고려는 몽골과 1231년부터 1257년까지 긴 전쟁을 벌인 역사가 있었지요. 몽골의 수차례 침략 끝에 전쟁에서 패배한 고려는 결국 원

나라의 지독한 간섭을 받게 되었
습니다. 97년간 이어진 원나라의
간섭 속에서 득세한 무리가 바로
친원파였던 권문세족이었지요.
권문세족은 원나라 황실이나 실
력자와 혼인하고 원나라와 관계
된 일을 하며 그들의 후원을 받
았습니다. 중국 대륙을 차지하고
막강한 힘을 휘두르는 원나라의

공민왕 재위 당시 동북아 정세

비호를 받으며 권문세족도 고려 조정에서 권력을 휘둘렀던 것이
지요.

공민왕은 이전 왕들과 달리 고려를 외세에 휘둘리지 않는 자주
적인 나라로 만들고 싶어 했습니다. 그래서 재위 기간 동안 원나라
의 감시와 간섭을 끊어내기 위해 노력했고, 고려에 오랫동안 뿌리
내린 원나라의 풍습을 없애기도 했지요. 더불어 조정의 친원 세력
을 숙청하며 강력한 반원 정책을 펼쳤습니다.

자신들의 영향력을 축소시키려는 공민왕이 권문세족들에게는
눈엣가시였을 것입니다. 그러니 공민왕의 죽음이 마냥 슬픈 일만
은 아니었던 것이지요. 오히려 정황상 공민왕의 죽음에 권문세족
이 관여했다고도 볼 수 있습니다.

득을 본 사람이 있다면 잃은 사람도 있는 법, 이들과 반대로 공

민왕의 죽음에 누구보다 비통해하던 이들도 있었습니다. 권문세족이 원나라의 기세를 등에 업고 고려를 장악하고 있을 때 공민왕의 편에 서서 개혁 정책에 힘을 보탰던 신진사대부들이었지요. 신진사대부에게 공민왕의 죽음은 그야말로 마른하늘에 날벼락 같았을 것입니다. 개혁의 구심점이었던 공민왕이 죽음으로써 권문세족을 견제하기 위한 그간의 노력들이 모두 물거품이 될 상황이었으니까요. 그중에서도 이 사건으로 유독 슬퍼했을 인물이 정도전이었습니다.

신진사대부의 샛별
문신 정도전

정도전은 고려 후기 신진사대부였습니다. 과거시험에 당당히 급제한 문신으로 그 능력을 인정받아 종6품 관리에 올라 있었지요. 공민왕은 정도전의 일 처리가 깔끔하고 정치에 관해서도 해박하다며 특별히 아꼈다고 합니다. 정도전은 공민왕과 함께 고려를 강한 나라로 만들고 싶었습니다. 신진사대부 중에서도 혁신적인 생각을 가진 관리였지요. 그런데 개혁에 힘을 쏟던 공민왕이 무참히 살해당했으니, 정도전으로서는 큰 충격을 받을 수밖에 없었습니다.

권문세족에 비해 정치적 기반이 약
했던 신진사대부는 공민왕의 죽음 이
후 급격히 힘을 잃어갔습니다. 권문
세족은 비어 있던 왕의 자리에 당시
10살이었던 공민왕의 아들 우왕을 올
렸습니다. 어린 우왕 뒤에서 영향력
을 행사하며 고려 조정을 주무르려는
속셈이었지요. 동시에 원나라와 다시
교류하기로 결정합니다. 고려에는 더
이상 권문세족을 막을 사람이 없었기
에 결국 그들의 뜻대로 일이 진행되
었지요.

정도전 봉화정씨문헌공종회 소장

　곧 원나라의 사신이 고려에 도착한
다는 소식이 조정에 전해졌습니다. 이 상황에서 그 당시 고려 조정
의 실세나 다름없던 권문세족의 거두 이인임이 정도전에게 명령
을 내립니다. 원나라 사신을 맞이하라는 것이었지요. 정도전은 원
나라를 배척하던 신진사대부였으니 이는 자신의 신념과 반대되는
임무였습니다. 하지만 공민왕도 죽고 신진사대부의 정치적 기반
도 흔들리고 있었으니 거절하기 쉽지 않은 상황이었지요. 과연 정
도전은 어떻게 했을까요? 정도전은 원나라 사신을 맞이하라는 명
령에 이렇게 대답합니다.

"내가 원나라 사신의 머리를 베어 오겠소!"

자신에게 원나라 사신을 맞이하는 일을 시킨다면 사신의 머리를 베어버리겠다며 불같이 화를 낸 것이었습니다. 이 대답에 분노한 권문세족은 정도전을 유배형에 처해버렸습니다.

아무리 화가 났다고 한들 고려 조정에서 중요한 관리를 홧김에 유배를 보내버렸으니 권문세족도 자신들이 지나쳤다고 생각했나 봅니다. 그들은 얼마 뒤에 유배를 취소해주겠다며 정도전에게 사람을 보냈습니다. 그러나 정도전은 오히려 더욱 화를 내며 제안을 거절해버립니다. 그리고 스스로 말을 타고 유배지로 떠났지요. 정도전이 자기가 옳다고 생각하는 일 앞에서 얼마나 거침없었는지 짐작되는 대목이지요? 권문세족에게 정도전은 불편하고 거슬리는 존재였을 것입니다.

유배지에서 완성된
민본 사상

1375년 홀로 귀양길에 오른 정도전. 그는 가족과도 떨어져 한반도의 남쪽 끝 전라남도 나주로 유배를 떠납니다. 이곳은 양반인 정도전이 살기엔 너무 가혹한 곳이었습니다. 당시 나주는 고려 하층민이 살던 특별 구역인 '부곡'이었거든요. 고려 왕의 신뢰를 받고,

뛰어난 재능으로 촉망받던 그가 하루아침에 하층민과 함께 생활하게 된 것입니다.

낯선 땅에서 외롭고 쓸쓸하게 지내고 있을 정도전에게 어느 날 아내로부터 편지 한 통이 도착했습니다.

> "방 안에는 아무것도 없어 텅텅 비었고, 항아리에는 쌀 한 톨 없어서, 방에 가득한 어린 자식들은 춥다 외치고 배고프다 울었습니다. (…) 당신은 끝내 국법을 어겨 이름이 더럽혀지고 행적이 깎였으며 몸은 남쪽에 귀양 가서 독기를 들이마시게 되었고, 형제들은 나뒹굴고 가문은 망가져서 세상의 웃음거리가 되었습니다."
>
> 정도전, 《삼봉집》

편지에서 알 수 있듯 아내는 정도전이 유배당한 탓에 집안의 형편이 어려워졌을 뿐만 아니라 가문의 명예마저 땅에 떨어졌다고 원망했습니다. 정도전의 마음을 더 힘들게 만들었던 것은 형제처럼 가까이 지내던 친구들의 외면도 있었지요. 누구도 정도전을 찾지도, 편지를 보내 안부를 묻지도 않았습니다. 낯선 지역에서 홀로 생활하던 정도전의 마음은 어땠을까요? 수도 개경과 떨어진 머나먼 거리만큼 외로움과 절망도 깊었을 것입니다.

이런 정도전의 마음을 친구들 역시 모르지 않았겠지만 정도전이 고려 실권자인 권문세족에게 미운털이 박혀 유배까지 당했으니 자칫하다 자기들도 정치적 탄압을 받게 될까 봐 두려웠을 것입니다. 개경에 남은 친구들은 권문세족의 눈치를 볼 수밖에 없었겠지요.

하지만 정도전은 혼자가 아니었습니다. 절망에 빠진 정도전에게 손을 내밀어준 사람들이 있었지요. 유배지 나주에 사는 부곡민들이었습니다. 앞서 무신정권 3인방에서 살펴봤듯이 고려에는 특별 행정 구역이 있었습니다. 주로 차별받는 하층민이 모여 살며 과중한 세금을 내는 지역이었지요. 나주는 부곡에 속했는데, 이곳의 부곡민들은 정도전이 어떤 죄를 짓고 왔는지 신경 쓰지 않고 술과 음식을 내어주고, 집짓기를 도와주며 친절을 베풀었습니다.

형편이 넉넉하지 않은 부곡민들이 자신에게 손을 내밀어주는 것을 보며 정도전은 깊이 감동하고 고마워했습니다. 하지만 마음 한편도 점점 무거워졌지요. 그곳에서 개경에서는 볼 수 없었던 고려 백성들의 충격적인 현실을 마주했기 때문입니다.

"지금 홍수와 가뭄이 잇따라 일어나고, 기근과 전염병이 거듭하여 닥쳐와 나라에는 몇 개월분의 저축이 없고 민은 하루저녁을 지낼 비용도 없어서 노인과 어린아이는 도랑과 골짜기에 뒹굴고 굶어 죽은 시체가 길어 넘어져 있습니다."

《고려사》 107권, 열전 제신 권근

당시 기록에 따르면 굶어 죽는 사람들이 널려 있고, 하루 먹을 양식조차 없었던 것이지요. 그 이유는 고려의 백성들이 농사를 짓고 싶어도, 농사를 지을 땅이 없었기 때문입니다. 권문세족이 가짜 땅문서를 만들어가며 농민의 땅을 빼앗았거든요. 심지어 땅 하나에 주인이 여러 명인 일까지 벌어져 백성들은 여러 주인에게 소작료를 내기까지 했다고 합니다. 세금을 감당하지 못한 백성들은 결국 땅의 주인인 권문세족의 노비가 되었던 것이지요.

백성들이 노비가 되는 바람에 세금을 낼 사람은 줄어드니 고려 조정에는 재정적 위기가 닥치고 권문세족의 배만 부르는 악순환이 반복되고 있었습니다. 또 다른 문제는 나라를 지키는 군인의 수가 줄어 국가의 안보에 비상이 걸렸지요. 지금과 마찬가지로 고려 백성은 나라를 지키는 군역의 의무를 지고 있었는데 노비에게는 군역의 의무가 없었거든요. 군역을 질 백성이 줄어드니 자연스럽게 군인이 줄었고, 이를 틈타 왜구가 끊임없이 침략해와 고려 백성들은 시름을 앓고 있었습니다.

정도전은 유배지에서 고려 사회의 모순을 두 눈으로 목격하며 굳은 결심을 했습니다. '소수의 지배층이 잘 사는 나라가 아니라 백성이 근본이 되는 나라, 백성이 잘 사는 나라를 만들어야겠다'고 말이지요. 정도전에게 유배지가 배움터가 되어준 셈입니다. 이곳에서 이상적인 나라에 대한 구체적인 목표를 세웠지요.

정계에서 배척되어
유랑을 시작하다

유배당한 지 2년이 지나도록 고려 조정은 정도전을 정계로 복귀시킬 기미조차 보이지 않았습니다. 보통 길어도 1~2년이면 유배된 관리들이 조정으로 돌아왔거든요. 그만큼 정도전이 권문세족에게 철저히 배척당했다는 뜻이었습니다.

유배당한 지 3년째 되던 1377년, 드디어 정도전에게 유배지인 나주를 떠나도 좋다는 소식이 들려옵니다. 단, 고려의 수도이자 중앙 정치가 이뤄지는 개경에는 절대 들어올 수 없다는 조건이 붙은 채로 말이지요. 이는 정도전이 전처럼 고려 중앙 정계에서 일할 수 없다는 말이었습니다. 정도전의 정치 인생은 완전히 끝났다는 의미였지요. 하지만 정도전은 자리에 주저앉아 낙담하지 않았습니다. 오히려 정계 복귀의 희망을 품은 채 영주, 단양, 제천, 안동, 원주를 다니며 유랑 생활을 이어갔습니다.

그러던 어느 날, 정도전은 유랑을 멈추고 자리를 잡기로 합니다. 그곳은 삼각산, 지금의 북한산이었지요. 정도전은 삼각산 아래에서 후학을 가르치는 서당을 열었습니다. 당장 고려의 중심 개경으로 돌아갈 수 없는 상황이니 고려를 바꾸기 위해 자기가 할 수 있는 일부터 차근차근 시작해보자는 의지였지요. 서당을 열어 훗날 고려를 바꿀 인재를 양성하겠다는 뜻이었습니다. 정도전은 서당

단양 도담삼봉 정도전이 태어난 충북 단양군에는 남한강이 흐르는 물길 가운데에 커다란 바위 3개가 있다. 이곳은 뛰어난 경치를 자랑하는 단양의 명소로, 정도전이 시호를 따서 이름을 붙였다는 설도 전해진다.

의 이름을 자신의 호인 삼봉을 따서 '삼봉재'라고 지었습니다. 그 당시 정도전의 명성이 얼마나 대단했는지 정도전에게 글을 배우려는 학생들이 삼각산 삼봉재로 구름같이 모여들었다고 합니다.

정도전도 의욕이 넘쳤을 테고 학생들도 많았을 텐데, 서당을 세운 지 채 2년도 되지 않아 삼봉재는 문을 닫습니다. 아니, 와르르 무너져버렸지요. 삼각산 출신의 재상이 쳐들어와서 삼봉재를 헐어버렸거든요. 정도전이 권문세족 눈 밖에 나서 유배를 당한 사람이니, 자신의 출신지에 서당을 짓고 제자를 양성하는 것이 불편했던 모양입니다. 혹시나 권문세족이 정도전과 친한 것이 아닌지 의심할 수도 있으니 정도전을 쫓아내고 싶었던 것이지요.

정도전은 하는 수 없이 부평으로 넘어가 새로운 서당을 짓습니다. 그런데 얼마 지나지 않아 서당은 또 헐리고 맙니다. 부평의 중앙 관리가 굳이 정도전의 서당이 있는 자리에 별장을 지어야 한다고 고집했기 때문이지요.

정도전은 권문세족에게 밉보인 죄로 정치가로서의 길도 막히고 후학을 가르치는 일조차 허락되지 않았습니다. 유능한 인재로 촉망받던 그는 긴 시간을 유랑하며 방황했습니다. 그 시간이 얼마나 되었을까요? 자그마치 8년! 8년 동안 정도전은 개경 밖에서 허송세월을 보내야만 했습니다.

떠오르는 신흥 무사, 이성계를 만나다

권문세족의 방해로 뜻을 펼칠 기회조차 보이지 않았지만 정도전의 의지는 쉽사리 꺾이지 않았습니다. 오히려 그는 더욱 적극적으로 움직이기로 결심하고 힘을 보태줄 인물을 찾아갔습니다. 바로 함길도 함주에 있는 고려의 명장 이성계였지요.

당시 이성계는 강력한 사병 가별초를 이끌고 홍건적과 왜구를 퇴치하며 백전무패의 영웅으로 거듭나고 있었습니다. 많은 백성의 존경은 물론 고려 왕의 두터운 신임도 받고 있었지요. 정도전 역시 그의 존재를 이미 알고 있었습니다. 유랑하던 정도전은 이성 계가 한창 전쟁이 벌어지던 함길도 함주에 머무르고 있다는 소식을 듣고 곧바로 이성계를 찾아갑니다.

그런데 고려 조정을 떠나 유배지를 떠돌던 정도전이 어떻게 이 성계가 있는 곳을 알게 되었을까요? 누군가 그에게 정보를 주었던 것입니다. 그는 신진사대부의 거두 정몽주였습니다. 정몽주가 이 성계와 정도전 사이의 다리 역할을 한 것이지요.

정몽주 역시 정도전처럼 신진사대부였지만, 그는 고려 조정에 있었습니다. 고려 사회를 개혁하려는 신진사대부였기에 권문세족 의 배척을 받기는 했습니다만 워낙 능력이 뛰어나서 정계로 빠르 게 복귀할 수 있었던 것이지요. 당시 고려는 원나라와 외교를 재개 하기는 했지만 중국 대륙의 떠오르는 신흥 세력인 명나라와도 외 교를 할 필요가 있었습니다. 정몽주는 조정에서 명나라와의 외교 에 힘쓰고 있었지요.

정몽주는 이성계의 책사로 함께 전쟁터를 누비며 그의 무장으 로서의 능력, 사람을 다루는 성품을 옆에서 지켜보았습니다. 개혁 에는 정치와 사상, 명분도 중요하지만 이를 뒷받침할 무력도 무척 중요한 조건이었습니다. 그렇기 때문에 정몽주는 이성계가 고려 개혁에 꼭 필요한 인재라고 생각했지요.

정몽주와 정도전은 신진사대부로서 정치적 동반자이기도 했지만 같은 스승 밑에서 공부한 오랜 벗이기도 했습니다. 고려 개혁의 뜻을 품고 있었던 정몽주는 정도전처럼 명석한 사람이 이성계처럼 인망을 갖춘 무장을 만난다면 고려가 달라질 수 있겠다고 생각했습니다. 그래서 정도전에게 이성계를 만나보라고 권했던 것입니다. 정몽주의 도움으로 이성계를 만난 정도전은 단번에 그의 진가를 알아봅니다. 자신이 꿈꾸는 세상을 만들기 위해 반드시 필요한 인재라는 사실을 말이지요.

드디어 개경 복귀!
정도전의 파격 행보

정도전이 수도 개경을 떠나 유배와 유랑 생활을 시작한 지 9년이 흐른 1384년, 그의 삶에 놀라운 변화가 찾아옵니다. 고려의 중앙 관리로 돌아오라는 명을 받은 것이지요. 여기에는 누군가의 도움이 또 한 번 작동했습니다. 복귀를 도운 인물은 바로 이성계와 정도전의 만남을 주도했던 정몽주였습니다.

정몽주는 뛰어난 외교력으로 명나라 황제와 돈독한 인연을 쌓았는데, 그 덕분에 명나라와의 외교를 담당하는 중요한 직책을 맡게 되었지요. 정몽주는 자신과 함께 명나라로 떠날 사신단을 꾸리면서 정도전을 추천했습니다. 이로써 정도전은 9년 만에 드디어 수도로 복귀하게 되었습니다. 개경으로 향하는 그의 마음은 어땠을까요? 백성을 위한 나라를 만들겠다는 오랜 꿈에 비로소 한 발자국 가까이 다가갔다고 생각했을 것입니다.

정도전은 명나라 외교를 성공적으로 마친 후 안정적으로 고려 정계에 복귀했습니다. 그리고 능력을 인정받아 왕의 교서를 작성하는 관리로 임명되어 중앙 관리직을 이어갔지요. 관리 생활을 한 지 4년이 지난, 1388년 음력 1월 정도전은 고려 조정에서 반가운 얼굴을 맞이합니다. 개혁의 핵심 인물로 생각했던 이성계였지요. 이성계가 왕의 명령을 훌륭하게 처리하여 고위직 관료에 오른 것입니다.

그에게 무슨 일이 있었기에 고려 조정에 변화의 바람이 불어온 것일까요? 이성계는 온갖 횡포를 부리며 부정부패를 일삼던 권문세족의 거두, 이인임을 제거하라는 우왕의 명령을 받고 완벽하게 임무를 완수했습니다. 그리고 지금의 부총리급인 '수문하시중守門下侍中' 자리를 얻게 되었지요. 그렇게 고려 개혁을 꿈꾸는 3인방 이성계, 정몽주, 정도전이 고려 조정에서 뭉치게 되었습니다.

이성계가 조정에 들어온 지 4개월이 지났을 무렵, 정도전의 삶은 물론 한국사를 뒤바꿔버린 엄청난 사건이 벌어집니다. 이성계가 왕명을 어기고 말머리를 돌려 요동에서 고려로 돌아온 사건, 위화도 회군을 일으킨 것이지요. 위화도 회군은 요동 정벌의 명을 받고 출격한 이성계가 압록강 가운데에 있는 위화도에서 회군하여 정권을 장악한 사건입니다.

위화도 회군 이후 고려 조정은 어떻게 되었을까요? 혼란에 빠진 틈을 타 정도전은 우왕을 폐위시키고 그다음 즉위한 창왕까지 폐위할 계획을 세웁니다. 정도전의 생각은 이러했습니다. 고려 곳곳에 부정부패가 들끓고 백성이 고통받는 이유는 고려의 왕이 정치를 잘못했기 때문이라는 것이지요. 왕은 귀한 자리지만 무능력한 왕은 폐위할 수 있다고, 당시로서는 굉장히 파격적인 생각을 한 것입니다.

결국 정도전의 계획대로 창왕마저 폐위되고 공양왕이 왕의 자리에 오릅니다. 조정의 실세가 된 정도전이 공양왕을 즉위시킨 까닭은 무엇일까요? 공양왕을 통해 자기가 그리던 이상 정치를 실현할 수 있으리라 생각했던 것은 아니었을까요?

공양왕이 즉위하고 2년이 지난 1390년 음력 9월 정도전은 또 한 번 파격적인 일을 벌입니다. 권문세족과 고려의 지배층이 불법적으로 취득한 토지 문서를 모아놓고 불살라버린 것이지요. 앞서 땅하나에 여러 명의 주인이 있던 권문세족의 횡포를 이야기했지요? 정도전이 토지 문서를 태운 이유도 권문세족을 겨냥하기 위함이었습니다. 토지 문서를 태우면 땅의 주인을 증명할 길이 없어져 권문세족은 땅을 잃게 되기 때문이었습니다.

정도전은 권문세족이 소유했던 땅을 국가가 모두 회수한 뒤 백성들에게 경작권을 나누어 주어야 한다고 생각했습니다. 백성들에겐 정말 좋은 제도였지만, 정도전의 제안이 너무 파격적이라며 반대하고 나선 세력들이 있었습니다. 다름 아닌 일부 신진사대부였지요. 함께 개혁을 꿈꾸던 신진사대부들이 정도전이 주장한 급진적인 토지 개혁 때문에 정도전을 중심으로 한 급진개혁파와 이에 반대하는 온건개혁파로 나뉘게 된 것입니다.

마침내 1391년, 고려에서 새로운 토지 제도가 시행되었습니다. 과연 정도전의 제안대로 파격적인 제도가 시행됐을까요? 이때 탄생한 토지 제도가 '과전법科田法'입니다. 정도전의 뜻대로 몰수한 땅을 백성들에게 직접 나누어주진 못했지만 그와 급진 개혁파의 강한 의지 덕에 백성들에게 수확한 농산물의 10분의 1만 거두기로 했지요. 과전법은 기득권인 권문세족의 경제적 기반을 무너뜨리는 데 큰 역할을 했을 뿐만 아니라 이후 새 나라를 세우려는 세력들이 자금을 확보하는 계기가 되어주었습니다.

역성혁명
새 왕조를 꿈꾸다

정도전은 개혁을 꿈꿨던 인물답게 조정에서 파격적인 행보를 이어갔습니다. 그런데 누군가 정도전의 행보에 급제동을 걸었지요. 고려 조정에서 강력한 실권을 휘두르는 자의 모함으로 정도전은 탄핵당한 뒤 심지어 또다시 유배형을 받을 위기에 처했습니다. 정도전을 유배 보내려는 사람은 누구였을까요? 놀랍게도 정도전을 이끌어주던 정치적 동반자, 정몽주였습니다. 정도전이 다른 뜻을 품고 있다는 사실을 정몽주가 알게 되었기 때문입니다.

정도전의 생각은 다름 아닌 고려 왕조를 뒤집고 새로운 왕조를 세우는 '역성혁명易姓革命'이었습니다. 정몽주는 이에 동의하지 않았습니다. 정몽주는 고려 왕조를 유지하면서 내부적으로 개혁을 해야 한다고 생각했습니다. 서로의 뜻이 달랐던 것이지요.

정도전에 대한 압박은 유배형으로 끝나지 않았습니다. 이미 유배지에 보낸 것으로도 모자라 정도전을 처형해야 한다는 상소문까지 올라왔습니다. 1391년 음력 10월 정도전은 바라던 목표를 눈앞에 두고 또다시 유배를 떠나는 시련을 겪게 되었습니다.

그런데 유배를 떠났던 정도전이 이듬해 6월에 기적적으로 개경으로 돌아왔습니다. 어떻게 된 일이었을까요? 정도전을 압박하던 정몽주가 살해되었거든요. 정몽주를 죽인 사람은 이성계의 아들 이방원이었습니다. 정몽주가 정도전을 유배 보낸 뒤 이성계의 목숨마저 위협하자 이방원이 칼을 휘두른 것이지요.

다시 개경으로 돌아온 정도전은 역성혁명을 주도하며 새로운 왕을 세웁니다. 고려의 왕이었던 공양왕은 왕위를 포기하겠다는 의미로 왕의 명령과 의중을 담은 교지敎旨와 왕의 인장인 국새國璽를 내주었지요. 정몽주의 죽음으로 고려 조정은 정도전과 이성계가

정몽주선생묘 경기도 용인시에 위치한 포은 정몽주의 묘소. 고려 말 문과에 장원급제한 후 여러 벼슬을 거친 정몽주는 새 왕조를 세우려는 정도전과 이성계를 제거하려다 1392년 이방원에 의해 선죽교에서 죽음을 맞이했다. 길재, 이색과 함께 고려 후기에 절의를 지킨 '고려 삼은三隱'으로 불린다. 묘비에는 고려 시대에 지냈던 '수문하시중' 벼슬만 새겨져 있을 뿐 조선에서 내린 시호는 기록되지 않았다. 두 왕조를 섬기지 않았던 정몽주의 충절을 드러내기 위함이다. 문화재청 제공.

틀어쥐고 있었으니 공양왕으로서는 새로운 왕에게 왕좌를 넘겨주겠다고 할 수밖에 없었습니다. 정도전이 그토록 바라던 새 나라를 코앞에 둔 순간이었습니다.

정도전이 일으킨 혁명에 화룡점정을 찍을 새 임금은 누구였을까요? 사실 정도전은 이미 새로운 왕조의 주인으로 이성계를 점찍어 두었습니다. 교지와 국새를 가지고 이성계의 집으로 향한 정도전은 한사코 왕이 될 수 없다는 이성계를 설득해 1392년 음력 7월 17일 그를 새 나라의 임금으로 앉힙니다. 475년간 한반도를 지배했던 고려의 시대가 저물고 세워진 새로운 나라, 조선이 드디어 역사의 장을 연 것입니다.

개국 일등 공신
조선의 기틀을 마련하다

새 나라 조선을 만들고 이성계를 조선의 첫 번째 왕으로 세우는
데 성공한 조선 개국의 일등 공신 정도전에게 내려진 직책은 무엇
이었을까요? 정도전은 자연스럽게 조선의 핵심 실세로 부상하며
지금의 국무총리 격인 숭록대부 자리에 오릅니다. 명실상부 조선
의 최고 실권자가 된 것이지요.

그런데 조선은 이제 막 세워진 나라로, 나라를 운영하기 위해서
는 하나부터 열까지 정해야 할 것이 넘쳐나는 상태였습니다. 그래
서 정도전은 개국 11일 만에 새로운 왕조가 해결해야 하는 국정 과
제가 담긴 교서, 《편민사목》을 편찬합니다. 조선의 정부 구조, 교
육, 토지 제도 등 조선 운영을 위한 다양한 방법이 적혀 있었지요.
일종의 조선 운영 가이드를 무려 11일 만에 만들어 발표한 것입니
다. 이 교서 이름은 '백성을 편안하게 하는 목록'을 뜻합니다. 정도
전은 백성을 편안하게 만들어주는 것을 국정 과제라고 여겼던 것
입니다. 여기서 그치지 않고 정도전은 정책 결정, 인사 책임, 국가
재정, 군사 지휘, 왕의 교육, 교서 작성, 역사 편찬 등 국가 경영에

필요한 핵심적인 업무와 과제를 전부 도맡았습니다.

조선 건국 2년째 되던 1394년 정도전은 조선 최초의 헌법 《조선경국전》을 발표합니다. 《조선경국전》은 조선 제9대 왕 성종 때 편찬된 《경국대전》의 밑바탕이 되는 책이기도 하지요. 조선의 건국 이념과 정치, 경제, 사회, 문화 등 기본 방침이 담겨 있었습니다. 그중에서도 정도전이 담은 핵심 메시지는 무엇이었을까요?

> "대개 임금은 나라에 의존하고 나라는 백성에게 의존하는 것이니,
> 백성이란 나라의 근본이며 임금의 하늘인 것이다."
>
> 정도전, 《조선경국전》

대한민국 헌법 제1조 2항 "대한민국의 주권은 국민에게 있고, 모든 권력은 국민으로부터 나온다"가 떠오르는 대목이 아닌가요? 1394년 조선은 백성을 통치하는 왕이 있는 국가였습니다. 보통 왕조가 있는 국가에서 하늘이라 칭할 수 있는 존재는 당연히 근본인 왕일 것입니다. 그런데 정도전은 국가의 근본은 백성이고 왕조차 하늘처럼 여겨야 할 대상이 백성이라며 당시로서는 굉장히 파격적인 주장을 했습니다. 정도전은 올바른 정치란 백성을 위하고, 백성을 사랑하고, 백성을 존중하고, 백성을 기르며, 백성을 편안하게 만드는 것이라고 생각한 것이지요.

여기서 한발 더 나아가 훌륭한 재상이 왕의 일을 대신할 수도 있

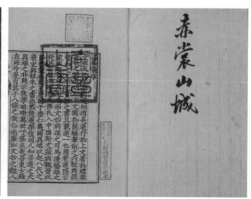

삼봉집 정도전의 시문집에다가 그의 조선 건국이념이 담겨 있는 저서를 엮어 1791년 규장각에서 편찬한 책이다. 한국학중앙연구원 제공.

다는 생각을 이 책에 담기도 합니다. 조선 시대에 쓴 것이라고는 생각하기 어려울 정도로 파격적인 내용이었지요.

정도전의 《조선경국전》을 본 이성계의 반응은 어떠했을까요? 이성계는 정도전의 생각을 전적으로 지지합니다. 《조선경국전》을 자손 대대로 거울로 삼아 본받으라고 명하기도 하지요. 기록에 따르면 이러한 이성계의 명에 반대하는 사람들은 없었다고 합니다. 그러나 왕자들의 경우, 고려 왕조를 뒤엎고 어렵게 손에 넣은 왕좌인데 그 권력을 재상에게 줄 수도 있다니 내심 불만을 갖지 않았을까 추측할 수는 있지요. 그러나 정도전은 태조 이성계의 강력한 신뢰를 받고 있었고, 더군다나 조선의 최고 실권자에 자리매김했으니 섣불리 반기를 드는 것은 쉽지 않았을 것입니다.

조선의 수도
한양 설계자

조선 건국에 손을 맞잡은 태조 이성계와 정도전은 단단한 신뢰 관계를 유지했습니다. 그런데 이성계와 정도전 간에 의견이 충돌하는 사건이 벌어지고 말았습니다. 이성계가 폭탄선언을 했기 때문이지요. 바로 개경을 벗어나 다른 곳으로 수도를 옮기겠다고 선언한 것입니다.

정도전은 이에 동의할 수 없었습니다. 백성들이 하루아침에 고려에서 조선으로 나라가 바뀐 것도 혼란스러워하는데, 수도까지 이전하면 더욱 불안해할 것이라고 반대했지요. 나라가 안정되면 수도를 이전하는 것이 좋겠다고 덧붙이기도 했습니다. 정도전의 말이라면 무조건 따랐던 이성계, 이번에도 그의 의견에 수긍했을까요? 그런데 무슨 이유에선지 이성계는 정도전의 뜻과는 반대로 계속해서 수도를 옮기겠다고 밀어붙입니다.

그 이유는 고려의 수도였던 개경 주변에 있는 '두문동'이라는 지역 때문이었습니다. 고려의 충신들이 두문동에 은둔하면서 조선 건국을 반대하고 있었거든요. 또한 개경은 고려의 역대 왕들의 능이 곳곳에 있었기 때문에 이성계 입장에서는 고려의 수도였던 개경을 하루 빨리 벗어나고 싶었던 것입니다.

쉽게 타협하지 않는 성격의 정도전이었지만 이번만큼은 이성계의 뜻을 따르기로 합니다. 곧바로 대신들과 수도가 될 만한 좋은 땅을 찾기 위해 노력했지요. 논의 끝에 조선의 새로운 수도 후보로 두 곳을 지목합니다. 첫 번째 지역은 지금의 광화문 일대인 한양이었지요. 두 번째 지역은 지금의 신촌과 연희동 일대인 무악이었습니다. 이성계는 풍수지리가 좋다는 이유로 무악을 더 선호했습니다. 그러나 결국 조선의 수도로 지정된 곳은 어디였을까요? 모두 아시다시피 한양으로 결정됩니다.

한양은 풍수설에 의하면 더 좋은 땅은 아니었는데 어떻게 그곳이 수도가 되었을까요? 정도전의 적극적인 추천 덕분이었습니다. 조선의 수도가 한양이어야 한다는 이유로 무악보다 드넓은 땅과 사방으로 둘러싸인 산을 꼽았지요. 정도전은 풍수지리보다 궁궐을 조성하기에 적합한 드넓은 땅을 갖춘 한양의 지형적인 요건을 더 우선시했던 것입니다. 덧붙여 이성계에게 "좋은 나라를 만드는 건 풍수보다 사람의 능력입니다"라고 말하며 쐐기를 박았지요. 결국 이성계는 정도전의 의견에 따라 조선의 수도를 한양으로 결정합니다.

1394년 음력 8월 이성계는 정도전에게 수도 한양의 설계를 맡깁니다. 한 나라의 수도를 한 사람이 설계하도록 맡긴다니, 정도전을 향한 이성계의 신뢰가 얼마나 두터웠는지 알겠지요?

정도전은 한양을 설계할 때 자연과 조화로운 수도로 만들기 위해 힘썼다고 합니다. 최대한 자연 경관을 해치지 않고 생활 터전을 마련하려 했지요. 그의 총지휘에 따라 공사를 한 지 10개월 뒤, 1395년 음력 10월 한양의 궁궐과 종묘가 완성됩니다. 경복궁을 중심으로 좌측은 종묘, 우측은 사직단이 나란히 배치되었습니다. 그리고 경복궁 정문에는 조정의 주요 관청들이 배치되었지요. 지금 서울의 중심 도로인 남대문 거리, 태평로, 종로 모두 600년 전 정도전이 설계한 흔적이 고스란히 남아 있습니다.

그렇게 한양이 수도로 탈바꿈하면서 조선의 첫 궁궐이 완공되자 이성계는 또 다른 막중한 임무를 정도전에게 맡깁니다.

> "지금 도읍을 정하여 종묘에 제향을 올리고 새 궁궐의 낙성을 고하게 되매, 가상하게 여겨 군신에게 여기에서 잔치를 베푸노니, 그대는 마땅히 궁전의 이름을 빨리 지어서 나라와 더불어 한없이 아름답게 하라."
>
> 《태조실록》 8권, 4년(1395) 10월 7일

한양의 궁궐과 건물의 이름을 지으라 명령한 것이지요. 정도전은 먼저 궁궐의 이름을 '경복궁'이라 지어 바쳤습니다. 이름 그대로 '큰 복을 빈다'는 의미였지요. 이어서 경복궁에 들어서면 정면으로 보이는 전각을 '근정전勤政殿'이라 명명했습니다. 신하와 왕이 업무를 보는 곳으로, 부지런할 '근'과 정사 '정'을 합쳐, 백성을 위해 부지런히 일하라는 뜻이었지요.

정도전이 이름 붙인 건물 중 가장 돋보이는 건물은 '강녕전康寧殿'이었습니다. 이곳은 왕의 침전으로 편안할 '강'과 편안할 '녕'을 합쳐 '몸과 마음이 모두 편안하다'는 뜻을 가졌지요. 재미있는 사실은 왕이 강녕전에서 편하게 쉬라고 지어준 이름이 아니라는 겁니다. '왕이 쉴 때도 늘 백성을 생각해야 몸과 마음이 편할 수 있다'는 의미에서 그리 지어준 것이었어요.

궁궐의 이름이 공포되며 백성을 생각하는 정도전의 마음도 함께 전해지지 않았을까요? 정도전은 조선의 얼굴이 될 수도 한양을 완벽하게 만들어냈습니다.

종묘 서울시 종로구에 위치한 종묘는 조선 왕조 역대 임금의 신위를 모신 곳으로, 사직단과 함께 국가에서 가장 중요하게 여긴 제례 공간이다. 건축 양식도 최고의 격식을 갖추었다. 문화재청 제공.

명나라 공격 준비!
요동 정벌을 계획하다

조선 개국 5년 만에 정도전은 이번에도 조선 조정을 깜짝 놀라게 만든 결정을 내립니다. 명나라의 요동 지역을 정벌해 조선 땅으로 차지하려는 군사 계획이었지요. 즉 명나라와 전쟁을 벌이자는 것이었습니다. 조선을 세운 지 얼마 되지 않은 시점에 전쟁을 불사한 것은 명나라가 말도 안 되는 이유를 들어가며 조선을 괴롭히고, 횡포를 부리고 있었기 때문입니다.

1396년 새해를 맞아 조선은 명나라에 새해 인사말을 적어 보냈습니다. 그런데 약 5개월 뒤 명나라 황제가 정도전을 당장 명나라로 보내라며 버럭 화를 내는 것이 아니겠어요. 조선에서 보낸 새해 인사 편지에 심기를 건드리는 표현이 있었다는 게 이유였습니다. 이후 명나라 황제는 조선의 사신을 죽이고 공물을 거부하는 등 온갖 트집을 잡았지요.

명나라 황제가 트집을 잡는 데는 진짜 이유가 있었습니다. 정도전의 주도로 조선의 국경에서 시행한 군사 훈련을 문제 삼은 것이었지요. 군사 훈련지가 당시 명나라의 영토로 편입되었던 요동 지역과 가까웠는데, 명나라 황제는 조선이 요동 정벌에 나설까 봐 불안했던 것입니다. 새해 인사 편지는 핑계에 불과했을 뿐, 명나라는 정도전을 걸고넘어지며 조선 길들이기를 하고 있었던 것이지요.

이와 같은 명나라의 횡포에 참다못해 정도전은 정말로 요동을 정벌하기로 한 것입니다. 그런데 전쟁을 하려면 꼭 필요한 것이 무엇일까요? 군사지요. 그래서 정도전은 조선 중앙에 부족한 군사 수를 채우기 위해 왕자와 지배층이 개인적으로 거느리고 있던 사병을 혁파하자고 제안합니다. 사병을 조선의 중앙군으로 귀속시키자는 것이지요.

이러한 정도전의 파격적인 군사 개혁에 강력하게 반대하는 사람이 등장했습니다. 이성계의 다섯 번째 아들 이방원이었습니다. 정도전이 사병 혁파를 주장할 즈음 이방원은 조선 정계에서 외면받고 있었습니다. 이방원 역시 개국 공신이었음에도 제대로 대우받지 못한 것은 물론 후계자 자리에서도 밀려났지요. 아버지 이성계의 허락도 없이 정몽주를 죽여서 아버지의 눈 밖에 났기 때문입니다. 이방원은 조정 신하들의 경계 대상으로 낙인 찍혀 점점 고립되어가던 중이었습니다. 누구 하나 기댈 곳이 없던 이방원에게는 정도전이 마지막 보루였던 사병까지 빼앗아 가는 것처럼 보였을 것입니다. 이마저 빼앗기면 조선 왕실에서 이방원의 목숨은 위태로울 수밖에 없었습니다. 그래서 사병 혁파를 적극적으로 반대하고 나섰지요. 하지만 이성계는 정도전에게 권한을 위임해주며 사병 혁파를 실행토록 하였습니다. 정도전을 향한 이방원의 불신과 불만은 극에 달했지요.

역사에서 금기어가 된
정도전의 이름

정도전은 원하던 대로 사병 혁파를 밀어붙이며 요동 정벌 준비에 한창이었습니다. 그러던 1398년 음력 8월 25일 밤, 정도전이 오랜 친구의 집에서 술잔을 기울이며 이야기를 나누고 있을 때였습니다. 갑자기 하늘에서 화살이 날아와 기와에 내리꽂혔습니다. 동시에 집 근처에 큰불이 번지고 사람들의 비명 소리가 들리기 시작했지요. 심상치 않은 분위기를 감지한 정도전은 재빨리 몸을 피해 이웃집으로 숨어들었습니다.

한밤중에 일어난 소란한 사태, 누군가 정도전을 노리고 벌인 일이었습니다. 늦은 밤 불시에 정도전을 습격한 자는 이방원이었지요. 결국 발각된 정도전은 이방원에 의해 그 자리에서 목이 베이고 말았습니다.

이방원은 사실 정도전이 사병 혁파를 주장하기 이전부터 앙심을 품고 있었습니다. 그 시기는 조선의 첫 번째 세자 책봉 때로 거슬러 올라갑니다. 앞서 양녕대군 편에서 살펴보았듯 이방원은 장자가 아닌 막내 이방석이 세자로 책봉되는 것을 이해하기 어려웠습니다. 그런데 세자 책봉을 두고 논의하는 자리에서 정도전이 이를 반대하지 않았다는 사실을 알게 되자 격분했지요. 이때부터 이방원은 정도전과 갈라지기 시작한 것입니다.

이후 정도전이 이방석의 왕세자 교육을 도맡는 것을 보면서 이방원은 '삼봉 선생이 우리를 버렸구나' 하고 생각했을지 모릅니다. 조선 건국을 위해 뜻을 함께 했던 두 사람은 점점 다른 길을 걷게 되었지요. 고려의 폐단을 뒤집기 위해 혁명을 일으키고 새로운 나라, 조선을 세운 정도전. 그러나 결국 제1차 왕자의 난을 일으킨 이방원에 의해 세자 이방석을 앞세워 권력을 탐한 역적으로 몰려 죽임을 당하고 말았습니다.

정도전의 죽음 이후 조선은 커다란 변화를 겪었습니다. 정도전의 정치적 동반자이자 새 나라를 세웠던 이성계가 왕위에서 물러나기로 결심한 것이지요. 그리고 2년 뒤 정도전을 죽인 이방원이

동궐도 1405년 태종 이방원의 명으로 지어진 창덕궁의 모습은 《동궐도》에 상세히 묘사되어 있다. 태종이 굳이 창덕궁을 세운 이유는 정도전이 직접 설계한 것은 물론, 여러 전각의 이름까지 지었던 경복궁이 그에 대한 기억을 떠올리게 했기 때문이다. 심지어 태종은 창덕궁이 완공되기 전까지 신하의 집에서 머무를 정도로 경복궁을 기피했다고 한다. 고려대학교 박물관 제공.

조선의 제3대 왕 태종으로 즉위합니다.

　왕으로 즉위한 이방원은 조선 곳곳에 남은 정도전의 흔적을 없애기 시작했습니다. 정도전의 집을 없앴고, 그 터에 말을 기르는 관청을 만들었지요. 또한 정도전이 만든 궁인 경복궁에서 머물지 않고 경복궁 옆에 새로운 궁궐 창덕궁을 지어 그곳에서 머물렀습니다. 그렇게 정도전은 태종의 집권과 동시에 조선에서 입에도 올릴 수 없는 금기어가 되어버렸습니다. 이성계와 함께 자기가 세운 나라 조선에서 외면당하고 역사 속에서 잊혀간 것입니다.

467년 만에
복권된 이름

　정도전이 죽은 지 무려 467년이 흐른 1865년, 갑자기 그의 이름이 조선 역사 가운데 등장합니다. 때는 조선 제26대 왕인 고종이 재위하던 시기로 당시 정국을 주도한 흥선대원군은 임진왜란 때 불에 탄 이후로 방치되었던 경복궁을 재건하라 명령했습니다. 신하들이 옛 기록을 뒤져 경복궁의 전각들을 차례차례 복구하던 중, 익숙하지 않은 이름 정도전을 발견한 것이지요. 정도전의 이름 석 자가 세상에 부활한 순간이었습니다.

　이 덕분에 사람들은 경복궁 창건만이 아니라, 한양 도성 자체를 설계한 인물이 정도전이라는 사실도 알게 되었습니다. 이성계와 함께 조선 건국에 힘을 보탠 인물도 역시 정도전이라는 사실이 알려지며 고종은 정도전에게 '문헌공'이라는 시호를 내리고 그를 공신으로 복권했지요. 사람들은 정도전의 제사를 지내기 위해 그의 무덤을 찾았지만 끝내 찾지 못했습니다. 그가 역적으로 몰려 죽임 당했기 때문에 시체조차 수습할 수 없었던 것입니다. 결국 정도전의 후손들은 가묘家廟를 만들어서 제사를 지내야 했습니다.

시대가 바뀌면 평가 또한 달라지는 법입니다. 조선 개국 공신이

경복궁 사정전 경복궁의 수많은 전각은 임진왜란으로 인해 소실되었다가 고종 4년(1867)에 재건되었다. 사정전은 왕이 평소에 거처하며 정무를 수행하는 편전으로 경복궁의 중심 건물인 근정전과 함께 치조의 중요한 건물이다. '사정'은 '좋은 정치를 생각하다'라는 뜻으로 정도전이 작명했으며 천하의 이치는 생각하면 얻을 수 있고 생각하지 않으면 잃게 되니 왕으로 하여금 깊이 생각해 정치할 것을 촉구하는 이름이다. 문화재청 제공.

었던 정도전은 역적으로 몰렸다가 다시 개혁 정치가로 재조명되고 있습니다. 정도전이 쓴 조선 최초의 헌법《조선경국전》에는 권력자가 백성에게 갖춰야 하는 태도가 무엇인지 적혀 있습니다.

"하민下民은 지극히 약하지만 힘으로 그들을 위협할 수 없고, 지극히 어리석지만 지혜로 그들을 속일 수 없다. 그들의 마음을 얻으면 복종하게 되고, 그들의 마음을 얻지 못하면 배반하게 되는데, 그들이 배반하고 따르는 그 사이는 털끝만큼의 차이도 되지 않는다."

정도전,《조선경국전》

"백성의 마음을 얻지 못하면 그들은 권력자를 배반하게 되는데, 그들이 배반하거나 따르는 것은 한 끗 차이다"라며 다스리는 자가 먼저 백성의 마음을 헤아리는 정치를 꿈꾼 재상 정도전. 시대를 앞서간 탓에 일찍 생을 마감해야 했지만 오랜 세월이 지나고 난 뒤에 그의 꿈을 다시 보니 영영 이루어지지 못한 것은 아니라는 생각이 듭니다.

6장

멀거멋은 이단아 어사

김경수(청운대학교 교양대학 교수)

박문수는 왜
왕과 설전을 벌였나

"암행어사 출두야!"라는 말을 들었을 때 머릿속에 가장 먼저 떠오르는 인물은 누구인가요? 조선 역사상 가장 유명했던 어사, 박문수가 떠오르지 않나요? 300편이 넘는 영웅 설화가 전해질 정도로 오늘날 박문수는 백성을 돕고 탐관오리를 벌주는 암행어사의 대명사로 기억되고 있습니다.

소설이나 설화 속에서 묘사된 그는 암행어사 일을 수행하면서 앞일을 내다보기도 하고, 신출귀몰하며 곤경에 처한 백성을 구원하는 영웅으로 등장하고는 합니다. 일반 관료가 신비한 요술을 부리는 영웅으로 그려졌을 뿐만 아니라 지금까지 이름이 전해지는 것을 보면 당시 백성들에게 얼마나 사랑받았는지 짐작할 수 있겠

마패 관리가 공적인 일로 지방에 출장을 가는 경우 말을 이용할 수 있도록 발급해주는 패를 말한다. 관원의 등급에 따라 빌릴 수 있는 말의 수가 새겨져 있으며 조선 후기 암행어사를 증명하는 상징물로 여겨졌다. 국립중앙박물관 제공.

지요.

그런데 박문수에게는 놀라운 반전이 하나 숨겨져 있습니다. 바로 박문수가 암행어사였던 적이 없다는 사실이지요. 박문수가 지방을 감찰하는 직책인 어사를 맡은 적은 있지만 숨어 다니는 암행을 한 적은 없었던 것입니다. 그렇다면 암행어사도 아니었으면서 암행어사의 대명사가 된 이유는 무엇일까요?

박문수는 어사를 하면서 백성의 편에 서서 민심을 두루 살피고 그들의 고충을 조정 대신들과 왕에게 알리는 데 앞장섰습니다. 백성들의 눈에는 그런 그의 모습이 마치 정의의 사도처럼 보이지 않았을까요? 불의에 타협하지 않고 탐관오리를 벌주는 암행어사의 이미지가 박문수에게 덧입혀지면서 자연스럽게 암행어사의 대명사가 된 것입니다.

백성에게 사랑받으며 두고두고 이름을 알린 박문수. 그렇다면 조선 조정에서는 그를 어떻게 생각했을까요? 영웅은커녕 제대로 이단아 취급을 받았다고 합니다. 심지어 한 신하는 그를 '미치광이'라고 말하기까지 했지요. 박문수는 어쩌다 백성에게는 인정을 받고 조정에선 미움을 받았던 것일까요? 박문수는 왜 조정의 이단아로 낙인찍혔을까요? 지금부터 우리가 몰랐던 어사 박문수의 진짜 모습을 벗겨보겠습니다.

거침없는 언행
조정에 등장한 이단아

1728년 음력 3월, 왕과 신하들이 모여 국정을 논하는 자리였습니다. 그중에는 영남 지역을 감찰하고 돌아온 박문수도 있었습니다. 박문수가 수도 한양을 떠나 머나먼 영남 지역까지 다녀온 이유는 왕의 어명 때문이었습니다. 당시 영남 지역에 극심한 흉년이 들었기에 왕이 박문수에게 "백성들의 형편을 살피고 도와주고 오라"

라고 명한 것이었지요.

박문수는 왕 앞에 나가 직접 보고 들은 영남 지역 수령들의 실태를 보고했습니다. 백성의 형편과 수령의 잘못을 낱낱이 고했지요. 그러더니 갑자기 신하들이 경악을 금치 못할 돌발 행동을 저질렀습니다. 보고를 하다말고 소매에 손을 넣어 숨겨온 무언가를 꺼내 왕과 신하들 앞에 불쑥 들이밀었던 것입니다. 감히 왕이 국정을 논하는 편전에서 이게 무슨 무엄한 행동인가요? 박문수가 소매에 감추었던 물건은 뜻밖에도 살아 있는 전복이었습니다.

박문수가 난데없이 왕과 조정 대신들 앞에서 전복을 꺼낸 이유는 영남 지역 관리의 잘못을 제대로 폭로하기 위해서였습니다. 우선 박문수가 고발하려는 대상은 양산 군수였습니다. 양산 군수는 당시 임금의 칭찬까지 받았던 인물이었지요. 조정에서 인정받을 만큼 실력 있는 관료에게 무슨 잘못이 있다고 이런 행동까지 한 것일까요?

박문수가 두루 감찰을 하고 보니 군수를 향한 양산 백성들의 불만이 하늘을 찌르고 있었습니다. 군수가 백성들이 힘겹게 잡은 전복의 값을 후려친 뒤에 비싼 값에 되팔고 있었던 것이지요. 양산 군수는 비싸게 팔고 남은 이익을 자기 주머니에 차곡차곡 쌓으며 배를 불리고 있었습니다. 힘겹게 전복을 따온 백성들은 제대로 대가를 받지 못했으니 얼마나 힘들었을까요? 백성들은 박문수를 붙잡고 군수의 횡포를 털어놓았습니다.

양산 군수의 행태를 듣고 화가 난 박문수는 그의 만행을 알릴 증거물로 전복을 궁으로 가져옵니다. 그리고 왕 앞에서 보란 듯이 전복을 꺼내며 이렇게 말했지요.

"이게 양산 군수가 백성을 괴롭힌 증거입니다."

박문수는 왕과 조정 대신들에게 충격을 주기 위해 일종의 퍼포먼스를 취한 것입니다. 그런데 왕 앞에 서는 관료가 물건을 감추어 편전에 들어온 것도 모자라 예고도 없이 물건을 꺼내는 행동은 보통 일이 아니었습니다. 조선 시대에는 상상도 하지 못할 불경스러운 일이었지요.

박문수가 전복을 꺼내자 주위 대신들의 반응은 어땠을까요? 하늘 같은 왕 앞에서 위험한 행동을 벌였다며 노발대발했습니다. 한 신하는 그 자리에서 박문수에게 벌을 내려달라고 고할 정도였지요. 당시로서는 바로 끌려가서 벌을 받을 만큼 무례한 행동이었습니다. 과연 박문수는 이럴 줄도 모르고 일을 벌였을까요? 여차하면 자신이 벌을 받을 수도 있다는 사실을 그도 알고 있었습니다. 하지만 잘못된 일을 그냥 두고 넘어가고 싶지 않았던 것이지요.

자신이 옳다고 생각하는 일은 뚝심 있게 밀어붙이던 박문수는 풍채마저 건장했다고 합니다. 성격도 호락호락하지 않은데다 덩치도 컸으니 조선 조정에서 굉장히 튀었겠지요. 유교 사상을 기반으로 세워진 나라답게 대부분의 신하들이 체면이나 체통을 지키고 있을 때 박문수는 아랑곳하지 않고 일단 해야 할 말은 직설적으로 해야 속이 시원했던 것 같습니다.

과격한 언행의 신하를
유난히 아낀 왕

　유독 유별나고 거침없었던 관료 박문수는 걸핏하면 조선 조정
을 들었다 놨다 했습니다. 박문수의 성격이 얼마나 거침없었냐면
'산짐승'에 비유될 정도였습니다. 자기 상사에게까지 불도저 같은
성격을 숨기지 않았다고 합니다. 관료인 박문수에게 최고 상사는
누구였을까요? 바로 조선의 왕이었습
니다. 박문수는 왕에게도 에둘러 말하
지 않고 직언하는 것은 기본이고 과격
한 말도 불사했던 신하였습니다.

　어느 날은 왕과 박문수가 한 자리에
서 이야기를 나누었습니다. 왕이 박문
수에게 나라의 상황은 어떠한지 물어보
았지요. 갑작스러운 질문에 당황했는지
박문수는 제대로 답을 내놓지 못했다고
합니다. 그러자 왕이 박문수에게 이렇
게 말했지요.

박문수 문화재청 제공

"경은 성품이 매우 좋은데 모자란 것은 학문일 뿐이다. 나 역시 그러니 우리 서로 힘쓰세."

이 말은 무슨 뜻일까요? 제대로 답하지 못한 박문수에게 학문이 부족하니 좀 더 공부하라며 에둘러 질책한 것이었지요. 왕이 이렇게 이야기했다면 아마 보통 사람들은 '학문에 정진하겠습니다' 하며 고개를 숙였을 것입니다. 그런데 박문수가 어떤 신하인가요? 보통 인물이 아니었던 그는 왕 앞에서 기상천외한 답변을 내놓았습니다.

"지금의 학문은 겉만 번지르르해서 하지 않은 것만 못합니다. 신은 학문이 없어도 옛사람들에게 부끄러울 게 없습니다."

즉, 요즘 학문은 제대로 된 것이 없다, 나의 지식은 조상 앞에서 부끄러울 것이 없다고 왕에게 쏘아붙인 것입니다. 박문수는 이후로도 왕과 한참 설전을 벌였다고 합니다. 기죽지 않고 받아치는 신하를 보며 왕의 마음은 어땠을까요? 마음이 부글부글 끓어 당장 박문수를 벌주라고 명령하고 싶지 않았을까요? 그런데 오히려 왕은 박문수를 보며 호탕하게 웃습니다. 그리고 이렇게 말했지요.

"경이 아니면 누구도 이런 말을 못 한다."

왕은 누구 앞에서든 할 말을 하는 박문수를 이해했고, 심지어는 직언하는 박문수를 좋아했던 것입니다.

박문수가 왕의 얼굴을 똑바로 쳐다보며 말하는 것을 보고 다른 신하가 지적한 일도 있었습니다. 감히 용안을 함부로 보았다는 것이었지요. 여기에 대꾸한 박문수의 말이 기가 막힙니다.

"아들인 신하가 아버지인 왕을 쳐다보는 게 무슨 문제가 된다는 말입니까? 코 처박고 아부나 떨지 말고 얼굴 보고 이야기합시다."

한술 더 떠 왕도 맞대면하고 회의하자고 하는 것이 아니겠어요?

조선 관료 중에서 박문수처럼 거센 말을 쏟아내고도 혼나지 않은 사람은 드뭅니다. 그만큼 왕과 박문수의 관계가 신뢰로 두터웠기 때문에 가능했다고 볼 수 있지요.

그렇다면 박문수의 거침없는 언행도 호탕하게 웃으며 받아준 왕은 과연 누구였을까요? 바로 조선 제21대 왕 영조였습니다. 조선의 역대 왕들 중에서도 유난히 예민하다고 알려진 영조는 매사에 꼼꼼하고 완벽함을 추구하던 깐깐한 성격이었습니다. 아들 사도세자를 뒤주에 가둘 만큼 냉정하기로 소문난 영조가 아닌가요. 그런 영조가 박문수 앞에서만큼은 너그러운 군주였다는 것입니다. 영조는 박문수의 과격한 언사를 오해하지 않고 오히려 나라를 위한 충심으로 이해했습니다. 그만큼 박문수를 절대적으로 신뢰했던 것이지요.

연잉군 초상 영조 임금의 연잉군 시절인 1714년 21세 때의 초상으로 알려진 작품이다. 왼쪽 상단에 "처음에는 연잉군에 책봉되었고, 호는 양성헌이다"라고 적혀 있어 영조가 왕위에 오르기 전에 그려졌음을 알 수 있다. 1954년 화재로 일부 소실된 상태다. 국립고궁박물관 소장.

스승과 제자로
처음 만난 박문수와 영조

영조가 박문수의 선 넘는 언행도 너그럽게 받아주는 데에는 특별한 이유가 있었습니다. 두 사람이 이전부터 각별한 사이였기 때문입니다. 과거 박문수와 영조는 무슨 사이였던 것일까요?

두 사람의 첫 만남은 박문수가 과거에 급제한 뒤 1년이 흐른 1724년으로 거슬러 올라갑니다. 당시 34살의 박문수와 31살의 영조가 처음 만난 장소는 세제 시강원이라는 곳이었지요.

보통 왕의 후계자인 세자를 교육하는 곳이라 하여 세자 시강원이라 부르는데 세제라니요? 세제는 후계자로 책봉된 왕의 동생을 뜻합니다. 영조는 특이하게도 세자 시강원이 아니라 세제 시강원에서 교육받았던 것이지요.

영조 이전의 임금은 영조의 형이었던 경종이었습니다. 조선 제20대 왕 경종은 즉위한 뒤에도 자식을 보지 못하고 있었지요. 더는 후계자 책봉을 미룰

시강원 명패 왕이 시강원의 관리를 임명하며 내린 신표. 보통의 신표는 나뭇조각이나 두꺼운 종이에 글자를 써서 만들었으나 이 시강원 명패는 상아로 만들어졌으며 왕의 사인이라 할 수 있는 수결이 새겨져 있다. 뒷면에는 명패를 받는 자의 이름과 직책을 새겼다. 국립고궁박물관 소장.

수 없다는 신하들의 말에 경종은 동생 영조를 후계자로 확정했습니다. 왕위를 이을 가능성이 거의 없었던 영조는 28살이라는 늦은 나이에 갑작스럽게 세제가 되었지요. 늦은 만큼 하나라도 더 빨리, 더 많은 지식을 쌓아야 했기에 영조는 뒤늦게 시작한 제왕 공부에 몰두했습니다.

영조가 세제로서 제왕 준비에 한창이던 1724년, 세제 시강원에 새로운 얼굴이 등장했습니다. 바로 박문수였지요. 박문수는 영조에게 왕의 덕목과 고서를 가르치는 스승으로 임명되어 시강원에 오게 되었습니다. 지독한 공붓벌레였던 영조는 스승의 가르침을 하나라도 더 배우기 위해 밤낮으로 공부했습니다. 그러니 스승 박문수와 자연스럽게 끈끈한 관계로 발전했지요. 실록에 따르면 영조는 이미 세제 시강원을 뜻하는 춘방에서부터 박문수를 신뢰하고 있었다고 합니다.

"박문수는 춘방에 있을 때부터 이미 임금이 알아줌을 받았으며
(…)"

《영조실록》 87권, 32년(1756) 4월 24일

더군다나 두 사람은 나이 차이도 3살밖에 나지 않았으니 스승과 제자 사이였어도 격의 없이 이런저런 이야기를 나누며 사이가 돈독해졌을 것입니다. 영조는 박문수에게 이렇게 말하기도 했지요.

"각자 힘써 서로 저버리는 일이 없도록 하세."

각자의 자리에서 부단히 노력해 서로를 등지는 일이 없도록 하자는 영조의 진심이 담긴 말이었습니다. 이 말을 들은 박문수는 어떤 심정이었을까요? 백성을 사랑하는 마음에 왕의 신뢰가 더해지니 힘써 나랏일을 돕겠노라 마음먹었을지도 모릅니다. 영조는 세제 시절부터 박문수를 오랫동안 곁에 두고 싶은 특별한 사람으로 점찍었던 것이지요.

영조에게 닥친 위기 이인좌의 난

영조와 박문수는 사제에서 군신으로, 관계의 이름을 뛰어넘는 두터운 신뢰를 쌓아가는 한편 각자의 자리에서 나라를 위해 힘썼습니다. 그런데 예상치 못한 위기가 찾아왔습니다. 영조가 즉위한 지 4년 만에 조선이 발칵 뒤집히는 사건이 발생한 것입니다. 지방에서 영조의 목숨을 위협하는 반란이 벌어진 것입니다.

반란의 선봉에 선 자의 이름을 따서 '이인좌의 난'이라 부르는 이 난의 목적은 영조를 죽이는 것이었습니다. 왕의 목숨을 노리다니, 이렇게 간이 큰 세력의 정체는 무엇이었을까요? 바로 영조의 즉위를 부정하는 소론 세력이었습니다.

영조가 재위할 시기에 조선 조정은 당파 싸움이 극렬했습니다. 당파란 오늘날 정당과 비슷한 개념으로 뜻을 같이하는 정치 집단을 의미합니다. 노론과 소론은 당시 가장 큰 당파의 이름이었습니다. 영조가 집권한 뒤에 권력을 장악한 중심 세력은 노론이었습니다. 노론이 핵심 세력으로 자리매김하자 상대적으로 소론의 입지는 줄어들었고 이에 소론들의 불만이 쌓였습니다. 그중에서도 불만이 극에 달했던 이인좌가 지방의 소론 세력들과 손을 잡고 '이렇게는 못 산다, 갈아치우자' 하며 들고 일어난 것이었습니다.

그런데 아무리 불만이 있다 해도 이유도 없이 반란을 일으킬 수는 없는 노릇이지요. 이인좌와 반란 세력이 역모를 일으켰던 명분은 이른바 경종 독살설이었습니다. 영조가 선왕인 경종을 독살했다는 의혹을 제시하며 영조에게는 왕의 자격이 없다고 주장한 것이지요.

1724년, 영조의 형이자 당시 왕이었던 경종은 급작스럽게 쓰러진 후 갑자기 죽음에 이르렀습니다. 사람들은 독살의 의혹을 제기하며 수군대기 시작했지요. 세제였던 영조가 즉위하자 '이복형을 독살한 왕'이라는 소문이 일파만파 퍼졌습니다. 진위 여부를 떠나 경종의 독살설은 영조의 꼬리표가 되어 뒤를 따라다녔지요.

영조의 정통성과 왕좌를 무너트리려는 이인좌의 반란, 그 규모는 어떠했을까요? 이인좌는 이 난을 일으키기 위해 몇 년을 준비했다고 합니다. 경기도에서 발발한 이인좌의 난에 호남, 영남, 평

안도 세력까지 합세했지요. "나라 절반이 역적이 되어버렸다"라는 기록이 있을 정도로 모인 인원이 어마어마했다고 합니다. 왕권을 위협받은 영조는 충격이 상당했겠지요.

반란군은 수도인 한양 도성과 멀지 않은 충청도 청주성을 순식간에 점령했습니다. 그리고 영조의 숨통을 압박하기 위해 도성 진격을 준비했지요.

이때 영조를 위기에서 구할 인물이 나타났습니다. 반란 세력을 토벌할 진압군의 선봉에 선 사람, 박문수였습니다. 이인좌의 난이 일어났을 때 박문수는 영남 지역에서 별견어사 임무를 마치고 수도인 한양으로 돌아온 참이었습니다. 재난에 고통받는 백성을 살피고 막 한양에 도착한 박문수는 반란이 일어났다는 소식에 숨 돌릴 틈도 없이 진압군에 합류했지요.

그런데 문신 박문수가 군사 작전에 합류했다니, 의아하지요? 문신이었음에도 영조의 부름에 한달음에 달려간 것이었습니다. 그것도 핵심 지휘부로 말이지요. 박문수는 진압군의 총책임자를 옆에서 보좌하며 난을 진압하는 일에 누구보다 앞장섰습니다.

진압군과 반란 세력은 난이 발발한 지 10일 만에 경기도 안성 일대에서 맞닥뜨렸습니다. 수도 한양으로 향하는 반란 세력과 이를 진압하려는 진압군 사이에 한차례 큰 격돌이 일어나고 말았지요. 과연 누가 승기를 잡았을까요? 반군의 기세가 엄청났지만 진압군은 그들을 막아내는 데 온 힘을 다했습니다. 결국 박문수가 활약한 진압군의 대승리로 난은 마무리되었지요. 이인좌의 난이 진압군의 승리로 막을 내리자, 목숨을 위협당하던 영조는 겨우 한숨을 돌릴 수 있었습니다.

그런데 이인좌의 난 뒤에는 놀라운 반전이 하나 있습니다. 진압군으로 활약하던 박문수가 속한 당파가 영조의 집권을 반대하며 난을 일으킨 당파와 같은 소론이었던 것이지요. 박문수는 소론 소속임에도 불구하고 진압군으로 가담했습니다. 당파를 개의치 않고 영조를 지키기 위해 앞장섰던 것입니다.

자신의 신념을 지키기 위해, 그리고 영조에 대한 신뢰를 저버리지 않기 위해 같은 당파였던 소론을 공격하는 일에 주저하지 않았던 박문수는 이 일을 계기로 많은 사람의 경계 대상이 되었습니다. 반대 당파인 노론은 본래도 박문수를 싫어했겠지만, 같은 당파인 소론 내부에서도 미움을 받게 된 것이지요. 더군다나 박문수는 눈치를 보며 말을 가리는 성격도 아니었으니 더 많은 조선 관료들의 경계를 받았습니다. 영조의 신

태평연도 조선 후기 의금부도사 김도언의 유품으로, 이인좌의 난을 평정한 후 창덕궁 인정전에서 열린 잔치의 모습을 묘사했다. 한국학중앙연구원 제공.

임은 얻었을지언정 박문수를 향한 대신들의 견제는 날로 심해졌지요.

특명!
영남 민심을 수습하라

조선을 발칵 뒤집은 이인좌의 난이 평정된 이후에도 어쩐 일인지 백성들은 안정을 찾지 못했습니다. 그중에서도 특히 영남 지역에 사는 주민들의 불안감이 극심했지요. 왜냐하면 이 지역에서만 수만 명의 사람들이 이인좌의 난에 가담했기 때문입니다. 이인좌의 난을 진압한 이후에도 영남 지역에서 또 한차례 난리가 일어날 정도로 민심은 가라앉지 않았지요. 더군다나 조선 중앙에서 내려보낸 진압군이 반란 세력을 소탕하자 난에 가담했던 영남 지역의 백성들은 벌을 받게 될까 두려워서 모조리 도망을 가버리고 말았습니다. 그렇게 이인좌의 난 이후에도 불안한 상황이 계속되었습니다.

주민들이 도망간 바람에 고을이 텅 비어버리자 조정에서는 민심을 잠재우기 위해 대책을 세워야만 했습니다. 그냥 내버려 두었다가는 백성들이 언제 또다시 폭발할지 모를 일이었으니까요. 또 백성들이 농사를 지어 세금을 내야 나라가 돌아가는데 이들이 도망가면 나라의 수입도 줄어드니 위험해질 수밖에 없었습니다. 영조의 입장에선 백성들을 하루빨리 안심시켜야 했지요.

영조는 영남 지역 주민들을 달랠 담당관을 뽑기로 했습니다. 그리고 적임자를 찾아냈지요. 앞서 양산 군수의 행태를 고발하여 영남 지역 민심을 살핀 경험이 있는 박문수였습니다. 반란을 소탕한 후 영조는 박문수에게 영남 지역 민심을 수습하는 중책을 안겨주었습니다.

또다시 영남 지역을 살피러 가게 된 박문수는 서둘러 내려갈 채비를 합니다. 그런데 한 부하가 박문수를 말렸지요. 박문수가 군사 한 명 대동하지 않고 혈혈단신으로 떠나려 했기 때문입니다. 겁먹은 백성들이 자칫 해코지하지는 않을까 걱정한 박문수의 부하는 위험하니 군사를 데리고 가라고 권했지요.

하지만 박문수는 자신이 군사와 함께 나타나면 백성들이 의심하고 경계할 수 있다고 판단합니다. 가뜩이나 불안한 마음이 가득한 백성들이 군사 때문에 더 두려워하고 제자리로 돌아오지 않을 수도 있다며 권유를 물리쳤습니다. 뜻밖의 사고를 당할 위험을 감수하면서 혼자 다니겠다고 말이지요.

"이는 위태로움과 의심을 진정시켜 편안히 하는 길이 아니다. 비록 뜻밖의 근심이 있을지라도 어찌 나라를 위하여 한 번 죽는 것을 겁내겠는가?"

　그렇게 박문수는 혼자서 말을 타고 다니면서 영남 지역 주민들을 설득하고 나섰습니다. 협박받아 가담했다면 벌을 주지 않겠다는 왕의 뜻도 함께 전해주었지요. 그리고 주민들이 생계를 이어나갈 수 있도록 곡식을 내어주기도 했습니다. 이러한 박문수의 행동에 백성들은 차츰 불안감을 해소하고 하나둘 마을로 돌아오기 시작합니다. 박문수의 노력 덕분에 영남 지역의 민심은 진정될 수 있었지요.

　영남 지역의 민심을 잘 다스린 박문수를 보고 영조는 굉장히 흡족해했습니다. 공로를 세운 신하에게 왕이 줄 수 있는 최고의 포상은 무엇일까요? 영조는 박문수의 공로를 높이 사며 초특급 승진을 시켜주었습니다. 지금의 서기관급이었던 종5품에서 지금의 차관급인 종2품 감사 직분으로 무려 3계단이나 올라간 고속 승진이었지요. 거기에 이인좌의 난을 진압한 공로까지 인정받아 박문수는 공신으로도 책봉되었습니다.

　종2품은 박문수가 왕을 최측근에서 보필할 수 있는 최고위 정치 담당자로 올라섰음을 의미합니다. 이인좌의 난이 일어나고 지방의 수령마저 도망간 혼란스러운 상황 속에서 국정을 안정적으로 운영할 수 있도록 앞장서서 민심을 달랜 박문수에게 내려진 파격적인 인사였지요. 그만큼 영조가 박문수의 능력과 공로를 인정했음을 의미하는 동시에 박문수를 향한 신임이 이렇게나 두텁다는 것을 확인할 수 있는 일이었습니다.

첫 번째 파격 행보
절차 무시

영조의 깊은 신뢰를 받으며 감사로 승진한 박문수는 지금의 도지사 격인 경상감사로 부임하게 됩니다. 어사로서 몇 차례 민심을 살피러 갔던 영남 지역을 이제 박문수가 책임지고 직접 다스릴 수 있게 된 것이지요. 경상감사가 된 박문수는 영남 지역의 백성들을 적극적으로 살피고 그들의 고충을 덜어주려 애씁니다.

영남 지역 백성을 두루 살피며 지내던 어느 날, 박문수의 대범함이 완벽하게 발휘되는 사건이 벌어집니다. 한 사람이 박문수에게 헐레벌떡 달려와 이렇게 말했지요.

"지금 포항 앞바다에 무언가 둥둥 떠내려오고 있습니다!"

이 말을 들은 박문수는 직접 확인하기 위해 바다로 향합니다. 실제로 도착해서 보니 잡다한 집기며 관 등이 바다를 빼곡히 덮을 정도로 떠내려온 것이 아니겠어요. 그 광경을 보며 박문수는 이렇게 말했습니다.

"북쪽 지방에 큰 홍수가 발생했구나."

박문수가 바다를 따라 떠내려오는 물건들을 살펴보고는 북쪽 지방에 커다란 홍수가 났으리라 추측한 것입니다. 박문수는 지체 없이 북쪽으로 사람을 보내 무슨 일인지 알아보라고 명합니다. 과연 박문수의 예상이 맞았을까요? 알아본 결과, 정말 박문수의 말대로 함경도에 큰 수해가 벌어졌습니다.

박문수는 함경도가 물난리를 겪고 있다는 소식을 듣고 단번에 이런 명령을 내립니다.

"창고의 곡식 3천 석을 즉시 함경도로 보내라."

박문수의 명령을 들은 부하들은 함경도에 곡식을 보낼 수 없다며 반대합니다. 관청의 곡식은 나라의 재산인데 왕의 승인 없이 함부로 보낼 수 없다는 이유에서였지요. 왕의 허락을 받지 않고 곡식을 보내는 것은 문책을 받을 수 있는 결정이었습니다. 그런데 박문수는 절차를 깨버리고 곤경에 처한 백성을 위해 곡식부터 함경도로 보내라 했습니다. 이 사실이 알려지면 화를 입을 것이 뻔했기에 부하들이 계속 말리자 박문수는 한마디 덧붙입니다.

"내가 문책을 당하는 것은 작은 일이지만 백성이 고초를 겪는 것은 큰일이다."

당장 함경도 백성을 구하는 것이 자기 하나 벌 받는 것보다 중요하다는 의미였지요.

국정의 중요한 현안은 군주의 명령을 받아 실행하던 조선 시대에 이런 일은 흔치 않았습니다. 곡식 3천 석이라는 어마어마한 양을 다른 고을로 보내는 것을 혼자 결정하다니, 여간한 담력 아니고서야 불가능했을 일이지요. 바다에 떠내려온 물건만 보고 북쪽에 물난리가 난 것을 짐작한 판단력뿐 아니라, 백성의 안위를 위해서라면 무슨 일이든 불사하는 박문수의 대담함도 전해지는 대목입니다. 과감하고 파격적인 박문수의 결단 덕분에 함경도 지역 백성들은 겨우 목숨을 구할 수 있었지요.

박문수가 이렇듯 백성들을 위해 물불 가리지 않고 일하니 백성들은 그를 좋아할 수밖에 없었을 것입니다. 하지만 많은 관료의 눈에는 박문수가 제멋대로 행동하는 아니꼬운 인물로 비추어졌을 것입니다. 박문수를 시기하는 이들도 점점 늘어났지만 박문수는 아랑곳하지 않았습니다. 움츠러들기는커녕 백성들을 위한 일이라면 더욱 거침없이 밀어붙였지요.

두 번째 파격 행보
소금 굽는 괴짜 양반

박문수가 물난리 난 함경도 지방 주민들의 형편까지 살핀 때로부터 2년이 흐른 1731년, 이번에는 조선 남쪽 지역에 재난이 닥칩니다. 큰 가뭄으로 흉년이 든 것이지요. 주민 대부분이 농사를 짓던 조선 시대에 가뭄과 흉년은 백성들의 삶을 위협하는 커다란 재난이었습니다. 당장 먹을 것이 없어 굶주리는 백성들이 기하급수로 늘어났지요.

조정에서는 걱정이 이만저만이 아니었습니다. 구휼미를 풀어 굶주리는 백성들을 도와야 하는데 창고에는 쌀이 한 톨도 없었습니다. 그간 자연재해가 연이어 발생하는 바람에 세금으로 거둔 곡식의 양도 적었는데, 설상가상으로 백성을 구제할 곡식은 계속해서 필요하니 국가 재정이 바닥난 것이었지요.

영조는 재난으로 굶주리는 백성을 구하기 위해 조정 대신들을 불러 모아 머리를 맞대었습니다. 하지만 많은 백성을 구할 수 있는 번뜩이는 아이디어는 나오질 않고, 대책을 마련하지 못한 채 며칠간 회의만 계속해서 이어졌습니다. 그런 상황에서 박문수가 또 한 번 파격적인 제안을 하고 나섭니다.

> "소금은 《주례》에 관장하는 제도가 있고 구황의 좋은 물건이니, 이때에 재빨리 소금을 구워서 소금이 귀한 곳에 나누어 보내고 넉넉한 곳에서 부족한 곳으로 힘써 옮겨 주어야 합니다."
>
> 《승정원일기》, 영조 7년(1731) 11월 15일

박문수는 나라에서 소금을 구워서 재난에 허덕이는 지역에 보내주고, 물자가 비교적 넉넉한 곳에서 부족한 곳을 도와주어야 한다고 주장했습니다. 당장 먹을거리가 부족한 백성을 구하기 위해

서는 돈과 곡식이 필요하니, 조선의 자연을 이용하여 충당하자는 것이었지요.

한반도는 3면이 바다로 둘러싸여 있어 마르지 않는 자원, 바닷물을 가지고 있으니 바닷물을 이용해 소금을 굽고, 구운 소금으로 곡식을 사자는 말이었습니다. 그리고 그 곡식을 풀어 백성을 살려야 한다는 게 박문수의 제안이었지요. 지금 생각해도 기발한 아이디어가 아닌가요? 풍부한 자원을 이용해 백성을 구제하겠다는데 반대할 이유가 없었을 것입니다.

그런데 박문수의 제안에 조정 분위기가 싸늘하게 얼어붙고 맙니다. 그 이유는 소금 생산을 관장하던 사람들이 누구였는지를 살펴보면 알 수 있습니다. 당시 소금을 구워 파는 것은 왕실 종친과 일부 관청이 독점하던 특권이었거든요. 박문수가 지배층이 누리던 권리를 가지고 백성을 돕겠다고 나서니 그들의 입장에서는 달갑지 않았던 것입니다. 관청과 왕실 종친의 수입원을 침해해서는 안 된다고 반대 의견이 잇달아 터져 나왔습니다.

하지만 박문수가 어떤 사람인가요? 조정 대신들이 반대하면 굴복하고 포기할 성격인가요? 위기에 직면한 백성들을 위해 박문수는 영조 앞에 나가 다시 한번 말합니다. "이러다가 나라가 망합니다! 좋든 싫든 바로 소금을 구워야 합니다." 여기에 그치지 않고 이틀 뒤, 박문수는 한발 더 나아가 영조에게 강한 의지를 표명합니다.

"소금을 굽는 것도 때를 어겨서는 안 되니 만약 때를 놓치면 큰일을 버립니다. 양남 및 해서는 소금을 구워야 하니 신을 차출하여 보내면 신이 힘을 다하여 나라에 보답하겠습니다" 하자, 상이 이르기를, "경이 어찌 가고자 하는가?" 하니, 박문수가 아뢰기를, "어느 곳인들 가지 못하겠습니까."

《승정원일기》, 영조 7년(1731) 11월 17일

박문수는 남쪽 지방으로 내려가 직접 소금을 굽겠다고 나섰습니다. 백성을 구하는 나랏일을 하는데 어디든 가지 못하겠냐는 것이었지요. 백성이 굶어 죽을 위기에 처했는데 지금 조정 대신들과 탁상공론만 펼칠 게 아니라 당장 몸 쓰는 일을 하겠다고 자처한 것입니다.

양반 신분인 박문수가 몸 쓰는 노동을 하겠다니, 이를 바라보는 같은 신분의 관료들 마음은 어땠을까요? 양반답지 않게 체통과 체면에 어긋나는 행동을 일삼는 박문수가 내심 불편했을 것입니다. 그러나 백성들의 안위를 위한 일이라면 박문수에게 못할 일이 없었나 봅니다.

이때 누군가 나타나 박문수의 의견에 힘을 실어주었습니다. 박문수를 무한 신뢰하는 단 한 사람, 영조였습니다.

"차후에도 반대하는 이가 있겠지만 사소한 일로 머뭇거리지 말고 일을 마치고 오라."

신하들의 반대를 무릅쓰고 영조는 박문수가 소금 굽는 일을 하는 것을 허락해 주었습니다. 왕실 종친들의 눈치를 무시하기 어려웠을 텐데도 결국 박문수의 의견이 옳다고 믿었던 것이지요. 조선의 임금으로서 소금 굽기가 백성을 구하는 방법이라는데 허락하지 않을 이유가 없었습니다.

명지도 부산광역시 강서구에 있는 작은 섬으로 낙동강 하구에 있다. 〈대동여지도〉에 그려진 명지도에 자염이 최고로 번성한다는 뜻으로 '자염최성煮鹽最盛'이라 적혀 있는 것을 확인할 수 있다. 자염은 1907년 일본에 의해 천일염이 도입되기 전까지 만들어진 우리나라 전통 소금이다. 국립중앙박물관 제공.

무엇보다 백성을 생각하는 마음이 통했던 두 사람. 영조는 또한 번 박문수의 손을 들어주었습니다. 허락을 받은 박문수는 곧장 영남 지역의 명지도로 내려가 일꾼들과 동고동락하면서 몇 개월간 소금을 구워냈습니다.

마침내 소금을 구운 지 수개월이 흐른 이듬해 봄, 박문수의 고집스러운 노력이 드디어 결실을 맺습니다. 박문수와 인부들이 무려 1만 8천 석이라는 어마어마한 양의 소금을 생산해낸 것이지요. 당시 99칸의 기와집을 18채 살 수 있을 정도의 생산량이었다고 하니 그간 박문수가 얼마나 노력했을지 상상이 되지요? 영조의 강력한 믿음에 보답하여 엄청난 양의 소금을 생산해냈고 그의 의견대로 소금을 팔아 많은 백성의 목숨을 구제할 수 있었지요. 이에 영조는 "박문수이므로 할 수 있었을 것이다!"라며 아주 기뻐했습니다.

세 번째 파격 행보
관료들의 녹봉 삭감

영조와 박문수의 각별한 사랑 덕분에 백성들의 삶은 나아졌을까요? 명지도까지 내려간 노력이 무색하게 1년이 지나도록 조선 백성들의 상황은 나아질 기미가 보이지 않았습니다. 덩달아 박문수의 걱정도 나날이 깊어갔지요. 급기야 1732년 영조 앞에 충격적인 보고가 하나 올라옵니다.

> "전라도 강진현에서 굶주린 백성이 사람의 시체를 구워서 먹은 변고가 있었다."
>
> 《영조실록》 32권, 8년(1732) 12월 10일

전라도 강진에서 유랑민이 굶주림을 견디다 못해 10살짜리 아이의 시신을 구워 먹는 참변이 발생한 것입니다. 사람이 사람을 잡

아먹다니, 이 얼마나 끔찍한 일인가요? 그러나 재난은 전라도에만 닥친 것이 아니었습니다. 경기도, 충청도, 경상도까지 굶주림에 허덕일 정도로 대흉년의 연속이었지요. 먹을 것이 없으니 굶어 죽고, 서로를 죽이는 일이 벌어지고 말았습니다. 인륜을 저버리는 사건까지 발생하자 영조는 또다시 대신들을 불러 모았습니다. 그리고 백성들을 구제할 대책을 마련하라고 명했지요.

박문수는 여느 때와 마찬가지로 백성을 돕기 위한 방안을 찾기 위해 적극적으로 의견을 냈습니다. 그런 과정에서 그를 향한 신하들의 원성이 폭발하는 일이 벌어집니다. 급기야 박문수를 '미치광이'라고 말하며 벌을 내려야 한다는 상소까지 올라오게 되지요. 조정 대신들을 더 이상 참지 못하고 격분하게 만든 박문수의 파격적인 제안은 무엇이었을까요?

박문수는 관료들의 녹봉을 깎자고 주장했습니다. 급기야 이런 재난 상황에서도 관료들은 녹봉을 똑같이 받으니 태평하다고 비판까지 했지요. 이를 듣는 조정 대신들은 기가 막힐 노릇이었습니다. 박문수의 제안이 반가울 리 없었지요. 그래서일까요? 박문수가 녹봉을 삭감하자는 주장을 하자마자 대신들은 다른 문제로 화제를 돌려버립니다. 말을 꺼낸 박문수가 민망하게 녹봉 삭감 이야기는 쏙 들어가 버리고 만 것이지요.

그렇게 관료들의 녹봉 삭감은 흐지부지되는 듯했습니다. 그러나 회의가 끝나갈 즈음, 별안간 누군가 "지위 고하를 막론하고 녹봉을 감하라"라고 말했지요. 박문수의 제안을 찬성하고 나선 이 목소리의 주인공은 바로 영조였습니다. 영조는 신하들이 싫어할 것을 알고 망설였지만 결국에는 박문수의 의견에 힘을 실어주며 관료들의 녹봉을 줄이기로 결정했습니다. 백성에게 닥친 위기와 문제 앞에서 두 사람은 같은 마음이었던 것이지요.

관료들의 녹봉을 삭감하는 조치가 취해진 이후에도 조정에서는 백성을 구제하기 위한 대책 회의가 며칠 동안 이어졌습니다. 녹봉 삭감만으로는 수습하기 어려웠던 재난 상황이었지요. 그런데도 대신들은 자기 이익에 피해가 가지는 않을까 눈치 보느라 뾰족한 대책을 내놓지 못했습니다. 조정 관료들의 소극적인 태도를 지켜보는 박문수의 속은 부글부글 끓기 시작했습니다. 문제 상황을 직시하고 직언하는 대신 하나 없는 상황에 박문수는 급기야 버럭 소리를 지르고 맙니다.

> 박문수가 아뢰기를, "기강이 근일보다 더 해이한 적이 없었습니다. (…) 마치 노예처럼 굴며 입을 다물고만 있으니, 이렇게 하고도 나라가 어찌 나라다운 나라가 되겠습니까."
>
> 《승정원일기》, 영조 8년(1732) 12월 15일

바른 말을 해야 할 관리들이 서로 눈치나 보느라 노예 같이 굴면서 입을 다물고 있으니, 이러다 나라가 망한다는 말이었습니다.

왕이 있는 앞에서 대신들 면전에 대고 거침없이 비난의 말을 쏘아 댄 것이지요. 박문수가 대신들을 노예라고 운운한 것이 얼마나 충격적인 발언이었냐면, 이번엔 영조가 "영성군(박문수)의 말은 너무 지나쳤다"라고 제재할 정도였습니다. 웬만해서는 박문수의 편을 들어주던 영조도 편을 들 수 없을 정도로 과격한 말을 내뱉었던 것이지요.

영조의 제재에 박문수의 과격한 언행이 일단락되는 줄 알았을 즈음, 3일 뒤 영조에게 상소가 올라옵니다.

> "박문수가 연석에서 공척한 데서 말미암았는데, 이른바 '노예'라고 운운한 것은 놀랍고 패려스럽기 짝이 없는 말이었습니다. (…) 광란한 잠꼬대에다가 속되고 패려스러운 말이 뒤섞여 있었습니다. 존엄한 자리에서는 저절로 근신하고 두려워하는 것이 사람의 본성인데 어찌하여 박문수는 유독 이런 본성이 없단 말입니까?"
>
> 《영조실록》 32권, 8년(1732) 12월 18일

박문수가 일전에 신하들을 노예라고 말한 것은 미친 잠꼬대인 데다가 속되고 도리에 어긋나는 사나운 말이라는 내용의 상소였습니다. 한마디로 박문수가 미치광이처럼 떠들었다며 그에게 벌을 주라는 것이었지요. 이러한 상소가 하나가 아니었습니다. 또 다른 상소 역시 "박문수가 신하를 능멸하고 미친 소리를 하니 벌을

내리소서"라는 내용이었지요. 그렇지 않아도 미운털이 잔뜩 박혔던 박문수는 노예 발언 때문에 관료들 사이에서 미치광이로 전락해버리고 만 것입니다.

상소를 받은 영조는 어떤 결정을 내렸을까요? 영조는 박문수를 벌줄 마음이 없었습니다. 올라온 상소에 "박문수가 말은 거칠었지만 세태를 개탄한 것이니 잘못됐다고 하는 건 지나치다"라고 답하지요. 결국 영조도 박문수와 똑같은 생각을 하고 있었던 것입니다. 비록 박문수의 언행이 거칠고 예의에 어긋날지언정, 영조는 백성을 생각하는 박문수의 진심을 누구보다 잘 알고 있었기에 감싸줄 수밖에 없었지요. 영조는 박문수를 향한 마음을 직접 드러내기도 했습니다.

> "박문수를 사람들이 광인이라고 말하지만 나는 홀로 광인이라고 말하지 않는다. 오늘날 연석에서 박문수가 없었다면 어찌 이런 말을 들을 수가 있겠는가? (…) 영성은 직간을 하니, 칭찬할 만한 일이다."
>
> 《영조실록》 38권, 10년(1734) 7월 2일

영조는 조정 대신들이 박문수를 미치광이라고 부르지만 자기는 그렇게 생각하지 않는다며, 오히려 박문수의 직언을 칭찬할 만한 일이라고 말하기까지 하지요. 기록에 따르면 영조는 박문수를 "백성들이 국가가 있음을 알게 하는 사람"이라고 평가하기도 했습니다. 관리로서 얼마나 믿고 인정했는지 알 수 있는 대목이지요. 대신들이 아무리 미워해도 편을 들 만큼 둘 사이에는 끈끈한 유대 관계가 있었습니다.

위기일발
누명을 뒤집어쓰다

그러던 1743년, 이토록 아낌없는 신뢰를 주는 영조 앞으로 두 눈을 의심할 만한 상소가 올라옵니다.

> "박문수가 일찍이 북번을 안찰했을 때의 탐욕스럽고 불법했던 정상은 낱낱이 열거하기 어려울 정도입니다."
>
> 《영조실록》 57권, 19년(1743) 2월 2일

박문수가 탐욕스럽게 불법 행위를 저질렀다는 고발이었습니다. 박문수는 1739년 북번, 즉 북쪽 지역인 함경도 지역 관찰사로 부임한 적이 있었습니다. 그가 관찰사 부임 시절에 불법 행위를 저질렀으니 탄핵해야 마땅하다는 상소였습니다. 상소에서 고발하는 박문수의 부정부패 목록은 다음과 같았습니다.

첫째, 대흉년 상황을 부풀려 곡식을 타갔다.

둘째, 4만 냥을 횡령했다.

셋째, 뇌물을 받고 관직을 팔았다.

넷째, 기생에 빠져 관청의 수백 냥을 낭비했다.

박문수가 부정부패를 저질렀다고 낱낱이 고한 인물은 누구였을까요? 이름은 홍계희, 병조 판서 및 함경도 감진어사를 역임했던 인물이었습니다. 하루아침에 엄청난 혐의에 휩싸여 죄인의 신분이 된 박문수. 만약 뇌물에 횡령까지 이 모든 죄목이 사실이라면 관료로서의 인생이 끝날 터였습니다.

그런데 앞선 박문수의 행적을 떠올려 보면 전부 믿기 어려운 내용이 아닌가요? 하지만 홍계희는 계속해서 강력하게 박문수를 벌줘야 한다고 청합니다. 결국 홍계희의 상소로 박문수는 옥에 갇혀 조사를 받게 되지요. 박문수가 감옥에 갇히고 3일이 지났을 무렵, 한 대신이 영조에게 의미심장한 말을 남깁니다.

"그 소문은 박문수를 헐뜯는 자의 말일 것입니다."

홍계희의 상소가 모함이라고 주장한 것이지요. 상소를 올린 어사 홍계희는 노론 세력이었습니다. 박문수에게 혐의가 없는데 반대 당파인 노론에서 박문수를 정계에서 제거하려고 거짓 정보를 흘렸을 것이라는 이야기였습니다. 박문수는 반대파인 소론 세력인데다, 조정 대신의 봉급도 깎으라고 하질 않나, 한술 더 떠 관료들에게 노예라고 막말까지 해대니 노론 대신들에게 눈엣가시였을 테지요.

　박문수를 누구보다 신뢰하던 영조였지만 혐의가 혐의인 만큼 조사가 필요한 사안이었습니다. 그렇게 박문수는 모함을 받아 약 한 달 반 동안 옥에 갇힙니다. 그동안 진위 여부를 가리기 위해 관찰사로 부임했던 시절의 행적에 대해 대대적인 조사를 벌였지요. 그리고 조사 끝에 모두가 깜짝 놀랄 만한 결과가 나옵니다. 아무리 박문수의 뒤를 캐 보아도 먼지 한 톨 안 나온 것이었죠. 박문수에게는 그 어떤 혐의도 없었습니다. 뇌물 청탁, 재산 투기 전부 그를 향한 모함이었던 것으로, 박문수는 공금을 단 한 푼도 사적으로 쓴 적이 없었던 사실이 드러났습니다. 조사를 하면 할수록 박문수의 청렴함이 드러날 뿐이었지요.

　영조는 곧장 박문수를 감옥에서 풀어주라고 명령하고 거짓 상소를 올린 어사 홍계희를 파직시켰습니다. 조선 조정에서 박문수를 쫓아내려던 노론의 음모는 실패로 끝나고 말았지요.

박문수가 쏘아 올린 작은 공, 군역 개혁

　노론의 모함을 받고 옥에 갇혔다가 풀려난 박문수는 영조의 계속된 신임 아래 여러 관직을 거치게 됩니다. 1748년에는 지금의 기획재정부 장관 격인 호조 판서에 올랐지요. 나라의 재정을 책임지는 중요한 직책을 맡은 것입니다.

호조 판서가 된 박문수는 적어도 백성이 굶지 않아도 되는 나라, 국고가 안정적이어서 재난 같은 위급한 상황에서도 끄떡없는 나라를 만들고 싶었던 것 같습니다. 그래서 호조 판서로 임명된 뒤 오랫동안 조선을 갉아먹던 폐단을 바꾸려 했지요. 다름 아닌 조선의 세금 제도를 개혁하려 한 것입니다. 그중에서도 특히 군역 제도를 뜯어 고치려 했지요. 조선 시대 군역에 어떤 문제가 있었기에 개혁을 단행하려 했던 걸까요?

오늘날에도 남성들이 군 복무로 국방의 의무를 다하고 있듯이 조선 시대 성인 남자들도 군역이라는 의무가 있었습니다. 원칙적으로 16세 이상 60세 이하의 양인 남자라면 16개월마다 2개월씩 군사 활동을 하거나 노동력을 바쳐야 했던 제도를 의미합니다. 조선 시대 양인 남성들은 무려 40년 넘게 주기적으로 군역의 의무를 져야만 했지요. 대부분 농사를 지으며 먹고살던 백성들은 농사지으랴, 군역을 감당하랴 힘든 생활을 이어가고 있었습니다.

그러다 보니 군역을 피해 도망치는 백성들도 생겨났습니다. 나라에서는 고심 끝에 군 복무를 대신해 현물을 낼 수 있도록 제도를 수정해주었지요. 군 복무 대신 냈던 포가 '군포'입니다.

군포제로 바뀌고 난 뒤 백성들의 삶은 어떠했을까요? 나라에서 예상한 대로 나아졌을까요? 백성들의 고충은 오히려 더 심해졌습

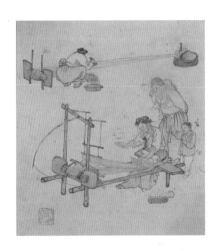

길쌈 김홍도의 《단원 풍속도첩》에 수록된 풍속도 중 하나로, 길쌈하는 장면이다. 길쌈은 가정에서 베, 모시, 명주, 무명 따위의 직물을 짜는 행위를 일컫는다. 군포의 포는 베를 말하는 것으로 당시 포가 돈으로 기능했음을 알 수 있다. 국립중앙박물관 제공.

니다. 남자 1명당 1년에 내야 하는 군포가 2필이었는데, 이를 준비하는 데 꼬박 100일이 걸렸다고 합니다. 그러니 집안에 남자가 3명이 있으면 누군가는 1년 내내 농사도 못 짓고 군포만 짜야 하는 지경이었지요. 백성들의 삶이 편해지라고 군포제를 시행한 것인데 생활이 더 피폐해진 것입니다.

백성을 더 분노하게 만드는 건 양반들이었습니다. 영조 재위 시절에 이르러 양반들은 원칙을 저버리고 군역의 의무에서 쏙 빠져버렸거든요. 눈덩이처럼 불어난 군역의 무게는 오롯이 일반 백성의 몫이 되어 감당하기 어려울 정도였습니다.

조정에서 양반들에게 군포를 1필씩이라도 징수하자는 논의가 벌어질 때면 매번 양반들이 거세게 반발하고 일어섰습니다. 나라가 유지되는 것은 사대부의 힘 덕분인데 갑자기 평민들과 똑같이 군포를 내라고 하면 원망스럽지 않겠냐며 말도 안 되는 이유를 들었지요. 군역과 군포의 의무에서 벗어난 것을 양반의 특혜라고 생각한 그릇된 자존심의 발로였습니다.

이렇듯 조선은 백성들만 고통스럽게 만드는 군역 문제를 해결하기 위한 대책이 시급했습니다. 1750년 박문수는 비장의 카드를 꺼내들었지요. 영조에게 호전법戶錢法을 시행하자고 주장한 것입니다. 집을 뜻하는 '호'와 돈을 뜻하는 '전'을 합쳐 부른 호전법은 말 그대로 집을 기준으로 해서 돈으로 세금을 걷는 제도였습니다. 양반이든 평민이든 상관없이 집집마다 세금을 걷어서 백성들의 부담을 덜어주자는 취지였지요. 갖은 노동력이 동원되는 포가 아니라 돈으로 징수하자는 것도 호전법의 요지였습니다. 집의 크기에 따라 세금을 매겨서 받으면 부자인 사람은 많이, 가난한 사람은 적게 내니 공평한 데다가 양반도 똑같이 군역의 의무를 지면 백성들도 숨통이 트이게 되겠지요.

그러나 박문수의 세금 개혁 제안은 조정 관료는 물론이고 조선 양반들의 반발을 사는 폭탄 발언이었습니다. 신분제도가 폐지된 지금이야 이상할 것 없는 말이지만, 박문수가 살던 당시엔 무척 도발적인 주장이었지요. 군역 세금을 면제받는 것을 당연하게 여겼던 양반들에게는 청천벽력이었습니다. 어떤 대신은 영조 앞에 이런 상소까지 올리며 반발하기도 하지요.

"백성은 비록 극히 애처롭기는 해도 힘써 농사를 짓고 땔감을 져 나르고 해서 그래도 마련할 길이라도 있지만, 만일 이들 양반들에게 돈이나 베를 내라고 하면 한 푼, 한 실오라기인들 어디서 구하겠습니까?"

《영조실록》 71권, 26년(1750) 6월 22일

황당하게도 그의 말에 따르면 조선에서 제일 가난한 사람은 양
반이라는 것이었습니다. 백성들이 군역과 군포로 힘든 상황은 알
고 있지만, 그들은 노동을 통해 어떻게든 마련할 수 있는 반면 양
반들은 돈이든 베든 마련할 길이 없다는 뜻이었지요. 이 나라에서
제일 가난한 자는 양반이라면서 박문수의 호전론을 결사반대하고
나선 것입니다. 심지어 양반에게 평민과 똑같이 돈을 징수하면 원
망과 저주가 있을 것이라는 협박성 발언까지 서슴지 않았습니다.
박문수는 조정 대신들을 넘어서 조선 양반들의 공공의 적으로 떠
오르게 되었지요.

백성을 위한 제도 개선
균역법 시행

양반이든 평민이든 평등하게 군역의 의무를 지자는 박문수의
주장은 조선 양반들의 거센 비난을 받았습니다. 호전법을 실행에
옮기기도 전에 박문수 앞에 수많은 적이 생기게 된 것이지요. 박문
수의 급진적인 개혁안은 과연 받아들여졌을까요? 영조는 호전법

을 받아들이지 않습니다. 당시로서는 너무 급진적인 정책이었기 때문이지요.

그러나 영조는 박문수의 주장을 허투루 넘기지 않았습니다. 영조 역시 박문수만큼 민심을 중요하게 여긴 왕이었으니 반드시 군역과 군포 문제는 해결해야 한다고 생각했지요. 이에 영조는 새로운 세금 제도 '균역법均役法'을 선포합니다.

균역법은 고르다는 뜻의 '균', 부리다는 뜻의 '역'을 합쳐 만들어진 말로, 1년에 2필을 징수하던 군포를 절반인 1필로 줄이는 법이었습니다. 그야말로 반값 군포 정책이었지요. 일반 백성들의 군포 부담을 줄여주기 위한 취지였습니다.

균역청사목 조선 영조 때 시행된 균역법의 주요 내용과 균역청에서 관장하던 사무를 수록한 책으로 1752년 간행되었다. 서울대학교 규장각한국학연구원 제공.

비록 박문수의 호전법을 그대로 반영한 것은 아니지만 영조의 균역법은 백성의 고통을 헤아려 잘못된 제도를 바로 잡자는 그의 진심이 고스란히 반영된 정책이었습니다.

그런데 균역법이 실제로 시행될 경우 문제가 하나 있었습니다. 본래 2필씩 내던 포가 절반으로 줄어드니 국가의 재원이 부족해진다는 점이었지요. 부족한 세수를 메울 방법이 필요했던 것입니다. 여기서 박문수가 또 하나 새로운 아이디어를 제시합니다.

"전하, 어염세를 국가 재정에 보태어 쓰시지요!"

어염세는 고기를 잡는 어장과 소금을 만드는 염전에서 걷는 세금이었습니다. 어장과 염전에서 거둔 세금으로 균역법 시행에 따라 발생하는 부족한 재정을 메우자는 주장이었지요. 그런데 앞서 염전을 관리하던 지배층이 누구라고 했었지요? 바로 왕실이었습니다. 왕실의 소유인 염전 수입을 국가 운영에 보태어 쓰자는 것인데 이를 들은 영조의 반응은 어땠을까요?

영조는 박문수의 제안이 의미가 있다며 흡족해했고 단번에 그 주장을 받아들입니다. 관료뿐만 아니라 왕실의 가족 수입원까지 동원해 백성들을 돕는 데 쓰자는 제안을 흔쾌히 받아들인 것이지요. 아무래도 왕실 종친들의 재정을 쓰는 것이 관료나 양반들의 주머니를 건드리는 것보다 부담이 덜했을 것입니다. 그리고 영조는 왕실이 나서서 백성들을 도우면 양반들이나 백성들에게 좋은 본보기가 되리라 믿었지요. 그렇게 약 100년 동안 백성들을 괴롭혔던 세금 제도가 박문수와 영조 덕분에 크게 바뀔 수 있었습니다.

역모에 휘말리다!
나주괘서사건

민생을 위해 물불 가리지 않으며 노력한 박문수도 어느덧 64세의 원로대신이 되었습니다. 그런데 인생 말년에 박문수는 뜻밖의 사건에 휘말리게 됩니다.

1755년 음력 5월 영조는 충격적인 어명을 내리게 되지요.

"박문수를 잡아들여라!"

30년 넘게 두터운 믿음을 보여주었던 영조가 갑자기 박문수를 체포하라고 명령한 것입니다. 박문수는 중죄인이 되어 영조 앞에 잡혀 오게 되지요. 도대체 박문수가 무슨 죄를 지었던 걸까요?

먼저 박문수가 체포되기 3개월 전으로 거슬러 올라가봐야 합니다. 1755년 음력 2월, 전라도 나주 객사에 사람들이 모여 웅성거리고 있었습니다. 그들은 객사 앞에 붙은 괘서掛書를 보고 수군거렸던 것이지요.

괘서는 민심을 선동하거나 누군가를 비방하는 내용의 글을 많은 사람이 드나드는 장소에 몰래 붙이는 벽서를 말합니다. 그렇다면 이 괘서에는 뭐라 적혀 있었을까요? 나주 객사에 붙은 괘서에는 "간신이 조정에 가득하여 백성들이 도탄에 빠졌다"라고 적혀 있었습니다. 영조와 조선 조정을 비난하는 글이었지요.

곧바로 포졸들이 달려와서 괘서를 떼어냈지만 이미 전라도 나주에는 괘서 내용이 일파만파 퍼진 뒤였습니다. 나주에서 발견된 정체불명의 괘서 한 장으로 조선 조정은 발칵 뒤집힙니다. 이것이 바로 1755년 발생한 '나주괘서사건'이지요.

나주괘서사건에 대하여 보고받은 영조는 불같이 화를 냅니다.

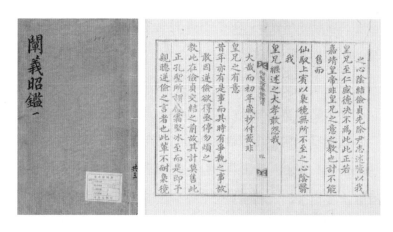

천의소감 1721년부터 1755년까지의 영조의 집권 시기에 상소, 교문, 계청, 추국안, 공사, 처결 등의 기록을 모아 수록한 책이다. 1755년 발생했던 나주괘서사건에 대해 자세하게 기록되어 있다. 서울대학교 규장각한국학연구원 제공.

"틀림없이 이인좌의 난 때 망한 역적 자손들의 짓이다!" 영조는 왜 이런 말을 했던 것일까요? 이인좌의 난 때 영조는 민심을 달래려 반란에 직접적으로 가담했던 사람들 외엔 처벌하지 않고 살려주었거든요. 당시 살아남은 세력들이 반란을 모의하여 나주괘서사건을 일으켰다고 생각했던 것입니다.

반란을 모의했던 이들은 즉각 체포되었습니다. 흉흉한 괘서를 붙인 범인은 누구였을까요? 놀랍게도 영조의 예감은 적중했습니다. 영조의 추측대로 반란 세력은 이인좌의 난에 연루된 적 있었던 소론이었습니다. 권력을 장악한 노론과 영조를 전부 해치우기 위해 몰래 역모 계획을 짜고 있었던 것이지요.

나주괘서사건은 소론이 영조의 왕위 정통성을 다시 문제 삼아 정면으로 도전하는 반란이었던 것입니다. 이인좌의 난을 평정한 지 30여 년이 지났지만 또다시 영조의 권위가 흔들리는 사건이 벌어진 것이지요.

두 번째 역모 사건으로 굉장한 충격을 받았던 영조는 이대로 두었다간 두고두고 불안한 왕위를 이어가야 할지도 모른다고 판단했습니다. 그리고 자신을 싫어하는 소론 세력과 함께 정국을 이끌어나갈 수 없다고 결론을 내립니다. 소론을 품고 가려던 생각을 바꾸어 그들을 몰살하기로 한 것이지요.

영조는 이번 역모 모의 사건을 취조하면서 이인좌의 난 때처럼 자비를 베풀지 않았습니다. 매일 피가 흐르고 살점이 뜯겨나가는 참혹한 국문이 이어졌지요.

어느 날, 영조는 심문 과정에서 믿을 수 없는 가담자의 이름을 듣게 됩니다. 역적 주동자의 입에서 '박문수'의 이름이 나온 것이지요. 누구보다 서로의 마음을 잘 알고 지내는 박문수가 역모에 가담했다니, 역적의 말을 믿을 수 있었을까요? 영조는 말도 안 된다고 여기며 믿지 않았습니다. 박문수를 알고 지낸 세월이 30년이 넘는 영조인데, 역모자의 말을 단번에 믿을 순 없었겠지요.

"한 사람의 말 때문에 갑자기 역적으로 의심하면 그 누가 기꺼이 믿고 나를 섬기겠는가?"

언제나 그랬듯 영조는 박문수가 절대 그럴 리 없다는 확신을 품고 있었지요. 영조는 그 자리에서 박문수의 이름을 들었던 자들을 돌아보며 단단히 입단속도 시켰습니다.

그런데 역적의 입에서 박문수의 이름이 나온 지 일주일 뒤, 또 다른 가담자가 고문을 받던 중 박문수의 이름을 말하는 것이 아니 겠어요? 이미 영조가 한 번 덮고 넘어갔는데 또 거론된 것입니다. 그렇지 않아도 박문수를 탐탁지 않게 생각했던 조정의 신하들, 이 번에도 박문수의 이름이 나오자 어땠을까요?

"이미 역적의 진술이 나왔는데 어찌 그 사람이 아깝다 하여 체 포하지 않겠습니까?"

기회로 여긴 신하들이 당장 박문수를 체포하라며 영조를 몰아 붙이기 시작했습니다. 결국 영조는 박문수를 잡아오라는 명령을 내릴 수밖에 없었지요. 이것이 영조가 갑자기 "박문수를 잡아들여 라!"라고 어명을 내린 이유였습니다.

그렇게 다시 한번 박문수는 중죄인이 되어 영조 앞에 끌려옵니 다. 그런데 박문수가 정말로 역모와 관계가 있었을까요? 영조는 박문수의 이름을 말한 역적과 박문수를 대질시킵니다. 그러나 충 격적이게도 박문수를 거론한 자도, 박문수도 서로의 얼굴을 전혀 알지 못했습니다. 역모 가담자들은 그저 자기도 들은 것을 그대로 얘기했을 뿐이라고만 말하지요. 박문수가 역모에 가담했다는 증 언은 실체가 없는 말뿐이었던 것입니다. 결국 역모에 관한 어떤 혐 의도 없는 박문수는 억울한 누명을 쓰고 심문을 받았던 것이지요.

이단아로 죽고
영웅으로 남다

누명을 쓰고 영조에게 취조를 받았던 박문수의 마음은 어떠했을까요? 오랫동안 믿음을 쌓아온 관계가 한순간 무너질 만큼 힘들었을 것입니다. 더군다나 두 사람은 백성을 위한 조선을 꿈꾼 유일한 정치적 동반자였는데 이 사건으로 인해 무척 상심이 컸겠지요. 박문수를 잡아들이라 명령한 영조의 마음도 편치 않았을 것입니다. 영조는 박문수에게 이렇게 말하지요. "체포하고 심문한 것을 후회한다. 여전히 경을 신뢰한다."

하지만 풀려난 박문수는 그 길로 집으로 돌아가 방문을 걸어 잠급니다. 그리고 세수도, 빗질도 하지 않고 음식마저 거부하며 폐인처럼 살아가지요. 영조는 그런 박문수에게 새로운 관직까지 내리며 달래려고 하지만 박문수는 식음을 전폐한 채 꿈쩍도 하지 않았습니다.

반년 동안 세상과 단절한 채 지내던 박문수는 결국 1756년 음력 4월, 병으로 앓아눕게 됩니다. 박문수가 병을 얻었다는 소식을 들은 영조는 왕의 전담 의사인 어의까지 보내 그를 돌봐주라고 했지만 박문수는 끝내 일어서지 못했습니다. 64세의 나이로 박문수는 세상을 떠나고 말지요. 그가 죽었다는 소식을 듣고 영조는 슬픔을 감추지 못했습니다.

"나의 마음을 아는 사람은 박문수이며, 그의 마음을 아는 사람은 나였다. 그리고 그가 언제나 나라를 위하는 충성이 깊었음을 나는 알고 있다. (…) 아! 박문수가 이미 갔으니, 그 누가 나의 마음을 알 것인가?"

《영조실록》 87권, 32년(1756) 4월 24일

　박문수를 향한 영조의 말을 들어보니 어떤가요? 영조는 왕으로서 아끼는 신하를 지켜주지 못했다는 슬픔과 서로의 마음을 누구보다 잘 알던 정치적 동반자를 잃은 안타까움에 사로잡혔을 것입니다. 영조는 살아생전에 미처 내리지 못했던 정1품 영의정 관직을 박문수에게 내려주었지요.

　미움을 받을지언정 백성을 위한 일이라면 타협하지 않았던 박문수는 100년간 이어졌던 조선의 폐단을 개혁한 인물이었습니다. 그 과정에서 미치광이 소리를 듣거나 모함을 받아 억울한 누명을 쓰기도 했지만 목숨을 위협하는 불의에 조금도 타협하지 않았지요. 이제 암행어사도 아니었으면서 암행어사로 불렸던 이유가 조금 납득이 가지 않나요? 양반의 신분도 개의치 않고 소금까지 굽던 박문수의 마음을 잊지 않기 위해 백성들이 두고두고 입에서 입으로 전해왔기 때문일 것입니다.

　자신의 이익만을 움켜쥐고 지키는 데 급급해 아무것도 변화시키려 하지 않는 사람들의 이름은 누구도 기억하고 싶지 않을 것입니다. 비주류, 이단아 취급을 받았지만 우리는 박문수의 개혁이 결국 옳았다는 것을 알 수 있습니다. 우리가 기억하는 이름은 그 누구의 이름도 아닌 박문수, 그의 이름이니까요.

7장

벌거벗은 개화기 엘리트

홍문기(총신대학교 역사교육과 교수)

김옥균은
왜 개혁을 꿈꿨나

　1884년 음력 10월 17일, 조선의 수도 한성에 위치한 한 건물에 수많은 사람이 모였습니다. 우리나라 최초로 우편 업무를 담당할 근대 기관, 우정총국의 완공을 축하하는 낙성식이 열렸기 때문입니다. 이 행사에는 우정총국의 총책임자였던 홍영식을 비롯해 김옥균, 민영익 등 당시 조선 조정의 고위 관료들이 다수 참석했고 미국, 영국, 청나라 등 조선에 주재하던 외교관들도 특별히 초대되었습니다. 각 나라의 유력 인사들이 한데 모여 조선에 근대적 기관이 생긴 것을 축하하는 자리였지요.

　행사가 끝난 뒤에는 개국을 기념하는 축하연이 벌어졌습니다. 그런데 연회가 진행되던 중, 갑자기 웅성거리는 소리와 함께 밖이

민영익 스미소니언 박물관 소장

소란해졌습니다. 이윽고 우정총국 근처 초가집에 불이 붙었다는 외침이 들렸지요. 연회장 안에 있던 사람들은 우왕좌왕하며 동요하기 시작했습니다.

그때 상황을 파악하고자 밖에 나갔던 한 남자가 비틀거리며 우정총국 안으로 들어왔습니다. 그는 온몸이 칼에 찔려 피투성이가 된 채였지요. 남자의 정체는 군권을 장악하고 있던 우영사 민영익이었습니다. 조정의 관료가 괴한에게 습격을 받은 것이었습니다.

우정총국은 순식간에 아수라장이 되었습니다. 갑작스러운 소동에 모두가 정신을 차리지 못했지요. 그런데 이 틈을 타 더 큰 사건이 발생했습니다. 창덕궁에 머물던 고종과 명성황후가 사라진 것입니다. 조선의 왕과 왕비가 사라지다니, 대체 무슨 일이 벌어졌던 것일까요? 조선을 뒤엎고 새로운 정권을 만들기 위해 쿠데타 갑신정변이 일어난 것입니다.

1884년에 발생한 갑신정변의 목표는 조선의 개화였습니다. 정변을 일으킨 인물들은 급진개화파로 그 중심에는 김옥균이 있었습니다. 김옥균은 조선 후기의 고위 관료이자, 개화기 엘리트였지요. 그러나 그의 말로는 비참했습니다. 우리나라도 아닌 머나먼 중국 상하이에서 죽음을 맞이했을 뿐만 아니라 모국으로 돌아온 시신은 능지처참을 당하고 말았지요.

갑신정변의 주역 김옥균은 어쩌다 능지처참을 당했을까요? 젊은 엘리트였던 그는 어떤 세상을 꿈꿨기에 정변을 일으켰던 걸까요? 지금부터 교과서에는 나오지 않는 갑신정변과 그 주역, 김옥균의 죽음에 얽힌 뒷이야기를 벗겨보려고 합니다.

열강의 폭풍우 속 개화를 꿈꾸는 열혈 청년들

갑신정변을 계획한 주요 인물은 총 5명이었습니다. 김옥균, 홍영식, 서광범, 박영효, 서재필이 그 주인공들이었지요. 홍영식은 앞서 이야기한 대로 우정총국의 총책임자, 즉 총판으로 일했기 때문에 이들은 우정총국 개관 축하 연회가 열리는 날을 거사일로 정할 수 있었습니다. 그럼 홍영식 외에 다른 인물들은 조선 조정에서 어떤 관직을 갖고 있었을까요?

정변 당시 김옥균은 외교통상 관청의 차관을, 서광범은 조선의 개혁을 위해 설치된 통리군국사무아문에서 지금의 차관급 관직을 맡고 있었지요. 박영효는 과거 한성판윤을 지낸 인물로 지금으로 따지면 서울 시장을 역임했고, 서재필은 신식 군대의 장교를 양성

갑신정변의 주역들

하는 조련국의 사관장으로 현재의 육군사관학교 교장이나 다름없었습니다. 모두 조선에서 나름 한 자리씩 맡았거나, 고위직을 맡고 있던 조정의 대신들이었지요.

갑신정변의 주역들은 모두 젊은 청년이었습니다. 김옥균과 홍영식만 30대였고, 다른 사람은 모두 20대였지요. 약 140년 전 출세 가도를 달리던 신세대들이 쿠데타를 일으킨 것입니다. 이들은 도대체 왜 조선을 뒤엎을 정변을 주도했을까요?

당시 고종은 근대화를 통해서 조선을 강한 자주국으로 만들고자 했습니다. 갑신정변 5인방도 개화사상을 주장하며 고종의 정책에 힘을 보탰지요. 개화사상이란 서양의 근대적인 제도를 받아들여 조선의 제도를 변화시키려는 사상을 말합니다.

고종은 한마음 한뜻으로 개화를 추진하는 이들을 총애했으나 곧 개화의 속도와 방식에서 서로의 의견 차이를 확인하고 말았지요. 고종과 정변 5인방 간의 대립은 그렇게 시작되었습니다.

개화를 두고 다양한 접근 방법이 있었던 것은 그만큼 우리나라를 둘

서광범과 김옥균 1876년 체결된 강화도조약 이후 조선에 서양 문물이 유입되었다. 복식에서도 이러한 영향을 확인할 수 있는데, 개화기에는 한복과 혼용되었다. 왼쪽에 서양 복식 차림을 한 서광범과 오른쪽에 전통 차림새의 김옥균이다. 국사편찬위원회 소장.

러싼 열강들의 위협이 거셌다는 것을 의미합니다. 말 그대로 소용돌이치는 격랑의 시대로, 구한말 조선은 서양으로부터 두 차례 큰 공격을 받은 적이 있었지요.

첫 번째는 1866년에 벌어진 프랑스의 공격이었습니다. 프랑스는 조선에서 천주교 신자들을 박해한 병인박해 때, 프랑스 신부가 처형된 것을 빌미 삼아 함선을 몰고 와서 강화도를 공격했습니다.

이를 병인년에 서양 오랑캐들이 일으킨 소요라는 뜻으로 병인양
요라 부릅니다.

병인양요가 일어나고 얼마 지나지 않아 1871년, 이번에는 미국
이 조선군이 평양 대동강에서 미국 선박 제너럴셔먼호를 공격했
다는 것을 빌미로 해군을 이끌고 쳐들어왔습니다. 이 사건은 신미
년에 일어났다 하여 신미양요라고 부르지요.

이것이 끝이 아니었습니다. 1875년에는 일본의 운요호가 강화
도를 침략해왔지요. 게다가 일본은 이 사건을 구실로 조선에 개항
을 요구했습니다. 그래서 1876년 조선과 일본 사이에 통상 조약,

조약 체결을 강요하는 일본군 강화도조약이 체결된 강화도 연무당에 무장한 군인을 대동하여 위협하
는 일본군의 모습이다. 국립중앙박물관 제공.

즉 강화도조약이 체결되고 말았지요. 이 조약이 체결됨에 따라 조선은 일본의 요구대로 인천, 원산, 부산의 항구를 열어야만 했습니다. 당시 조선은 사대 관계인 청나라와만 활발하게 교류하고 있었는데 일본과도 교류를 시작하게 된 것입니다.

조선의 항구가 개항했다는 사실이 알려지자 미국, 영국, 러시아 등 세계열강도 통상을 하자며 달려들었고 조선은 차례차례 문을 열어줄 수밖에 없었습니다. 나라마다 구체적인 이유는 달랐지만 개항을 요구하는 목적은 같았습니다. 조선을 침략하여 자신들에게 유리한 방식으로 이용하기 위해서였지요.

자주자강
조선 근대화 프로젝트

두 차례 서양의 공격을 받고 결국 개항까지 하게 된 고종은 조선이 스스로 힘을 길러야 한다고 생각했습니다. 신식 무기를 앞세운 서양의 침탈을 겪으며 조선도 하루빨리 선진 문물을 받아들이고 군사적 능력을 갖추길 바란 것이지요. 그러나 조정에는 고종의 생각에 반대하는 대신들도 많았습니다. 개화에 뜻을 굳힌 고종은 자신과 같은 개화사상을 가진 젊은 신진 관료들을 필요로 했습니다. 그중 대표적인 인물이 김옥균이었지요.

김옥균은 어린 시절부터 언변이 좋아서 주변에 늘 사람이 많았다고 합니다. 머리도 비상해서 22살에 장원급제까지 했지요. 장원급제를 한 김옥균은 그때 처음으로 고종을 만났습니다. 이후 조선 조정에서 일하게 된 그는 근대화가 목표였던 고종과 뜻이 같아, 고종의 총애를 한몸에 받는 신하가 되었지요.

뜻이 맞는 개화파 관료들을 만난 고종은 본격적으로 개화를 추진했습니다. 그 결과 1880년 음력 12월 21일, 조선의 근대화 정책을 총괄할 기관인 '통리기무아문統理機務衙門'을 설치했지요. 통리기무아문 산하에는 12개의 부서가 있었는데 이 부서들은 외교, 통상, 무역, 군사 등 근대화에 관련된 업무를 담당했습니다. 고종은 특히 통리기무아문을 통한 군대 양성에 관심을 보였습니다. 통리기무아문은 기존의 조선 군인들과 차별화된 신식 부대 '별기군'을 창설해 일본인 교관을 초빙해서 근대식 군사 훈련을 받게 했지요. 무기역시 그동안 조선에서 볼 수 없었던 소총 같은 신식 무기를 제공했습니다.

또한 통리기무아문에서는 외국 사절단도 꾸렸습니다. 일본, 청나라, 미국에 직접 나가서 신문물을 보고 배워오기를 기대한 것이었지요. 이렇듯 고종과 개화파는 군사력을 키우고 서양 문물을 배워 조선이 자립할 힘을 기르게 하는 것이 일생일대의 목표였습니다.

똑똑했던 김옥균 역시 고종의 명으로 일본으로 건너가 선진 문물을 시찰하고 오라는 중대한 임무를 받았지요. 그래서 1881년 음

별기군 스미소니언 박물관 소장

력 12월, 일본의 수도 도쿄와 당시 일본의 외교 중심지였던 나가사키로 향했습니다. 일본에 도착한 김옥균은 조선과 차원이 다른 일본의 근대화된 모습을 보고 깜짝 놀라고 말았습니다. 조선소, 제련소, 탄광, 금광 등을 두루 시찰하고 보니 조선에서는 사람이 수작업으로 하던 일을 일본에서는 기계로 처리하고 있던 것이었습니다. 게다가 조폐국에서는 동전뿐만 아니라 지폐로 된 돈도 만들어 내고 있었지요. 당시 조선에는 동전만 존재하던 시기라 김옥균에게는 낯설고 신기한 일이 계속 펼쳐졌습니다. 일본의 기계화된 공장 시설을 보며 아마 김옥균은 이 발전된 기술을 조선에 적용하면 좋겠다고 생각했을지도 모릅니다.

김옥균은 달라진 일본을 보면서 일본에 대한 인식도 변한 것으로 보입니다. 일본에 머무는 약 6개월 동안 일본의 정치가, 사상가들과 친하게 지내며 친분을 쌓았고 조선을 위한 개혁안을 구상해 나갔지요. 일본 근대화의 실상을 두 눈으로 목격한 뒤 조선의 근대화를 이루기 위해서 일본과 교류하며 도움을 얻어야 한다고 생각했던 듯합니다.

근대화를 위협하는 대위기
임오군란

김옥균이 일본 시찰을 마치고 돌아올 무렵인 1882년 음력 6월, 조선에서는 군인들이 난을 일으켜 왕이 있는 궁궐까지 점령한 조선 역사상 전무후무한 사건이 벌어졌습니다. 임오년에 군사들이 일으킨 난, 임오군란이 발발한 것입니다.

군인들이 난을 일으키다니, 대체 무슨 일이었을까요? 고종이 만든 신식 군대, 즉 별기군과의 차별 대우로 인한 불만이 원인이었습니다. 별기군이 만들어지면서 기존에 있던 조선 군인들은 구식 군인이 되었습니다. 같은 군인인데 나라에서는 별기군과 구식 군인들을 다르게 대우했습니다. 가장 문제가 되었던 것은 월급 체납이었지요. 구식 군인들은 무려 13개월 동안 월급을 받지 못한 반면,

별기군은 제때 월급을 받았을 뿐만 아니라 제대로 된 훈련과 무기를 제공받았습니다.

이러한 차별에 불만이 쌓여갈 때쯤, 다행히도 구식 구인들에게 밀린 월급을 지급하겠다는 소식이 들려왔습니다. 월급을 돈이 아닌 쌀로 지급할 것이고 그것도 한 달 치만 주겠다는 내용이었지만 당장 먹고살 일이 급했던 구식 군인들에게는 반가운 소식이었지요. 군인들은 쌀을 받으러 달려갔습니다.

오랜 시간을 기다려 월급의 일부를 받았으니 얼마나 소중했을까요? 그런데 쌀을 받은 군인들의 분노가 폭발하고 말았습니다. 월급으로 받은 쌀에 겨와 모래가 반이나 넘게 섞여 있었던 것입니다. 일부 부패한 관리들이 군인들에게 나갈 쌀을 빼돌리는 바람에 쌀 외의 것들이 섞여 들어간 것이었지요.

더 이상 참을 수 없었던 구식 군인들은 결국 반란을 일으켰습니다. 그들은 평소 자신들을 차별하던 관리들의 집에 쳐들어가서 집을 불태워버렸습니다. 게다가 별기군을 훈련시키던 일본인 교관을 찾아가서 죽이고, 일본 공사관도 불살랐지요. 구식 군인들의 분노가 일본과의 근대화 정책에까지 뻗어 있었던 탓이었습니다. 화가 난 군인들의 거침없는 행보로 조선 전체는 발칵 뒤집히고 말았습니다.

그런데 난을 일으킨 구식 군인들 곁에서 함께 들고 일어난 사람들이 있었습니다. 바로 조선의 백성들이었지요. 생활이 어려웠던

임오군란 당시 군인들이 일본 공사관을 습격하는 모습의 그림 서울역사박물관 제공

것은 구식 군인만의 일이 아니었던 것입니다. 강화도조약 체결 이후 조선의 많은 쌀들이 일본으로 수출되었습니다. 그러자 조선에는 쌀이 부족하게 되었고, 쌀값이 오르자 덩달아 물가까지 올라버렸습니다. 강화도조약에는 수출되는 농산물을 보호할 세금 조항도 없고 수출을 금지할 권한도 없었기 때문에 쌀이 헐값에 일본으로 팔려 나갔던 것입니다. 개항한 1876년에 비해 쌀값이 2~3배까지 상승했다고 하니, 그 쌀을 사서 먹어야 했던 도시 백성들의 삶이 얼마나 힘들었을지 알 수 있지요. 게다가 쌀의 유통은 지방관들과 거상들이 독점하고 있었기 때문에 쌀이 아무리 많이 팔려도 농

사를 짓는 백성들의 삶은 갈수록 힘들어졌습니다.

백성들은 고종의 근대화 정책이 자신들의 삶을 망쳐놨다고 생각했습니다. 이런 상황에서 구식 군인들이 들고 일어나자 분노에 차 있던 백성들이 그들과 뜻을 같이 하며 난에 참여했던 것입니다.

구식 군인들과 백성들은 거침이 없었습니다. 그들의 다음 행선지는 국왕이 사는 궁궐, 창덕궁이었지요. 그런데 이번 목표는 고종이 아니라 그의 부인 명성황후였습니다. 고종의 최측근에서 정치에 관여할 뿐만 아니라, 구식 군인들을 괴롭혔던 주요 인물들이 명성황후의 가문인 여흥 민씨 세력이었기 때문입니다. 세력의 구심점인 명성황후를 제거하고자 한 것이었지요.

성난 백성들은 흥선대원군이 정치에서 물러난 이후 나라가 이렇게 된 데에는 고종 옆에 있는 명성황후의 책임이 크다고 생각했습니다. 그들은 먼저 명성황후를 제거한 뒤 고종을 폐위시켜 새 정권을 만들고자 했지요.

그런데 쳐들어간 창덕궁 안에 명성황후는 흔적도 없이 사라져 있었습니다. 난을 일으킨 사람들이 궁궐로 몰려온다는 소리를 듣고 이미 탈출한 것이었지요. 혹시나 사람들에게 들킬까 봐 궁녀 복장으로 위장까지 한 채로 말입니다. 조선의 왕비가 궁궐을 버리고 도망가는 초유의 사태가 벌어졌으니 그야말로 조선 왕실은 위기였습니다.

구식 군인들과 백성들은 고종에게 물러나 있던 흥선대원군을 정계로 복귀시킬 것을 강력하게 요구했습니다. 자신들의 삶을 힘들게 만드는 고종의 개화 정책을 버리고, 오늘날 쇄국 정책이라고 부르는 흥선대원군의 통상 수교 거부 정책으로 돌아가기를 원했던 것이었습니다.

고종과 개화파에게는 그야말로 청천벽력 같은 소식이었습니다. 하지만 이들의 요구를 들어줄 수밖에 없었습니다. 조선 조정은 임오군란이 발생하고 무려 한 달이나 이들을 진압하지 못했기 때문이었지요. 고종 입장에서는 사태를 수습하기 위한 어쩔 수 없는 선택이었습니다.

정치 일선에 물러나 있던 고종의 아버지, 흥선대원군은 임오군란을 계기로 다시 조선 조정의 실세로 등장했습니다. 돌아온 흥선대원군은 역시나 고종과 정반대의 정책을 펼쳤지요. 우선 별기군을 폐지시켰습니다. 게다가 근대화를 담당하던 통리기무아문도 없애버렸습니다. 고종의 근대화 정책을 흥선대원군이 완전히 갈아엎어버린 것입니다.

고종의 파병 요청, 청의 내정 간섭을 부르다

고종과 김옥균을 비롯한 개화파는 이대로 가다가 그들이 추진

했던 근대화 정책이 모두 수포로 돌아
갈지도 모른다고 생각했습니다. 그래서
흥선대원군의 행동을 가만히 지켜보고
만 있을 수 없었지요. 결국 고종은 조선
이 사대하고 있던 청나라에 군대를 요
청했습니다. 청나라 군대의 힘으로 봉
기를 일으킨 구식 군인들과 백성들을
진압하려는 계획이었지요. 고종의 요청
을 받은 청나라는 즉시 3천 명의 군사
를 조선 땅으로 파병시켰습니다.

고종 조선 제26대 왕이자, 대한제국 제
1대 황제 고종의 사진. 국립고궁박물관
제공.

고종의 뜻대로 정국이 흘러가나 싶었
는데, 예상치 못한 일이 발생했습니다.
며칠 뒤 청나라가 흥선대원군을 청나라
로 잡아간 것이었습니다. 처음에는 흥선대원군 정권과 중재를 시
도하는 척하더니 갑자기 태도를 바꿔 흥선대원군을 청나라 톈진
으로 끌고 가버렸지요.

이 얼마나 황당한 일인가요? 아무리 사대 관계라지만 왕의 아버
지를 잡아가다니요? 청나라는 임오군란의 배후에 흥선대원군이
있다고 보고 조선 정치에 관여하지 말라고 압박하려던 차원에서
그를 데려갔다고 했습니다. 그러나 이는 어디까지나 표면적인 이
유였을 뿐, 청나라는 조선 왕실의 최고 어른인 흥선대원군을 볼모

로 잡고 조선의 정치에 자신들이 개입하려는 검은 속내를 가지고 있었습니다.

이런 공포 분위기 속에서 청나라군은 창덕궁을 수비하던 조선의 구식 군인들을 몰아냈습니다. 그리고 반란군의 싹을 완벽하게 제거하겠다며 조선의 군병 170여 명을 체포하고 11명을 참수시켰지요. 청나라 군대에 의해 임오군란이 마무리되자 도망갔던 명성황후도 두 달 만에 겨우 다시 궁궐로 돌아오게 되었습니다.

그런데 임오군란이 수습되었는데도 청나라군 3천 명은 돌아갈 생각이 없었습니다. 현재의 용산, 미군 기지가 있던 그 터에 자리를 잡고 조선 병권을 장악한 채 내정 간섭을 해나갔습니다.

청나라군으로 임오군란을 수습한 뒤에 고종은 다시금 근대화 정책을 펼치려 했지요. 하지만 뜻대로 되지 않았습니다. 자주적인 국가를 만들기 위해 청나라에 지원을 요청했던 것인데, 오히려 발목 잡힌 상황이 되어버렸으니까요.

조선에 돌아와 임오군란부터 청나라 파병까지 이 모든 사태를 지켜본 김옥균은 어떤 생각을 했을까요? 착잡했을 것입니다. 병자호란 때부터 사대하던 청나라가 결국 조선 땅에 군대까지 주둔시키는 것을 보며 청나라에 대한 거부감이 더욱 심해졌겠지요. 결국 근대화를 통해 조선을 자주 국가로 만들겠다는 목표가 더 확고해졌을 것입니다.

청과 일본의 틈바구니에 낀 조선

난관은 여기서 끝나지 않았습니다. 청나라에 이어 이번에는 일본이 조선에 군대를 주둔시키겠다고 나섰습니다. 임오군란 때 조선의 군인들이 일본 공사관을 불태우고 일본인 교관을 죽였으니, 자국민을 보호하러 들어오겠다는 것이 명분이었지요.

사실 임오군란 직후였던 1882년 음력 7월 일본은 이미 피해보상을 요구했습니다. 그 결과 조선은 일본이 입은 물질적 피해를 금전적으로 보상하고 일본인을 죽인 조선 사람을 처벌하겠다는 내용 등을 담은 '제물포조약'을 체결했지요. 이 제물포조약에 일본군을 파병하는 내용이 들어 있었던 것입니다. 조선을 노리고 있던 일본은 조선에서 청나라의 영향력이 커지는 것을 무척 경계했습니다. 그래서 공사관 수비대라는 명목으로 군대를 주둔시킨 것이지요.

조선보다 앞서 개항을 했던 일본은 미국, 영국 같은 서양 국가들과 불평등조약을 맺었었고, 이를 통해 침략의 기술을 배웠습니다. 그때 배운 방법을 조선에 써먹었던 것입니다. 당장은 청나라가 강력하게 조선에 밀고 들어오니 정면 승부할 수는 없지만 청나라를 견제하기 위한 최소한의 조치는 취하려는 속셈이었지요. 이로써 임오군란 이후 조선 땅에 청나라와 일본 군대가 모두 주둔하게 되

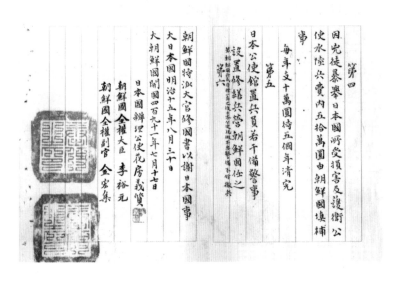

제물포조약 임오군란의 사후 처리를 위해 조선과 일본이 체결한 불평등조약으로 조선이 일본에 배상금을 지불하고 일본 공사관에 일본군 주둔을 허용한다는 내용이 담겨 있다. 국사편찬위원회 제공.

었습니다.

한편 김옥균도 다시 한번 일본으로 건너가게 되었습니다. 일본이 자신들이 입은 피해에 대한 사과를 받아야겠다며 제물포조약에 사죄 사절단을 파견하라는 조항을 넣었기 때문이었지요. 김옥균도 일본행 사죄 사절단에 포함되었습니다.

일본을 시찰한 경험도 있고 일본 인사들과 친분도 있었던 김옥균은 일본이 자기에게 우호적일 것이라고 생각했습니다. 그래서 고종에게 일본으로부터 차관을 얻어오겠다고 말했지요. 신식 문물을 들여오는 근대화에는 돈이 필요했으니 일본에 가서 도움을 얻으려 한 것입니다. 김옥균의 계획을 들은 고종도 흔쾌히 받아들였지요. 왕의 승인도 받았겠다, 김옥균은 호기롭게 일본으로 출발했습니다.

당시 김옥균은 일본이 크게 위협적인 상대가 아니라고 생각했습니다. 약 10년 뒤 벌어진 청일전쟁 이전까지만 하더라도 일본의 군사력은 그다지 강하지 않았거든요. 조선이 미리 힘을 기른다면 지금은 일본의 힘을 빌리더라도 나중에 충분히 막을 수 있다고 본 것이지요. 김옥균의 입장에서는 거대한 군사력으로 조선 땅에 밀고 들어온 청나라군부터 몰아내는 것이 급선무였습니다.

일본으로 떠난 김옥균은 차관을 빌리는 데에 성공했을까요? 결론부터 말하자면 실패하고 말았습니다. 일본이 김옥균의 요구를 거절한 것이지요. 일본에서 힘을 얻으려던 김옥균은 이내 좌절에 빠지고 말았습니다.

조선을 두고 주변국들의 이해관계가 치열하던 이 시점에, 조선의 조정도 완전히 둘로 나뉘게 되었습니다. 청나라를 가까이 하자는 친청 세력 '온건개화파'와 일본을 가까이 하자는 친일 세력 '급진개화파'로 말이지요. 당시 조선 조정에서 청나라를 따르는 친청 세력이 득세했기 때문에 급진개화파인 김옥균의 입지는 더욱 좁아질 수밖에 없었습니다.

김옥균을 분노하게 만든
청나라와의 불평등조약

1882년 음력 8월, 조선과 청나라는 두 나라 상거래에 관한 규정 '조청상민수륙무역장정'을 체결했습니다. 이는 조선과 청나라의 상인들이 어떻게 무역을 하면 좋을지 세세하게 규칙을 세운 조약이었습니다. 양국 상인들의 무역 행위를 바다와 육지 양면에 걸쳐 규정한 것이었지요.

그런데 조선 땅에는 이미 3천 명의 청나라군이 들어와 있었습니다. 이런 상황에서 체결한 조약인데 과연 두 나라 모두에게 평등한 조건이었을까요? 역시나 조약에는 청나라 상인에게 유리한 내용이 잔뜩 쓰여 있었습니다. 조선에게는 그야말로 불평등조약이었지요.

예를 들면 청나라 상인이 조선에서 재판할 일이 생기면 청나라 관리에게 넘겨 판결한다는 내용이 있었습니다. 이는 곧 조선에서 청나라의 치외법권을 인정한다는 뜻이었지요. 또한 조항 내용을 바꿀 경우, 청나라 관리와 조선 왕이 협의해 처리한다는 내용도 있었지요. 청나라 관리와 고종을 대등한 지위로 취급한 것입니다.

그중에서도 김옥균을 특히 분노하게 만든 내용이 있었습니다.

"이번에 제정한 수륙무역장정은 중국이 속방屬邦을 우대하는 뜻이며, 각국과 똑같이 같은 이득을 보도록 하는 데 있지 않다."

〈조청상민수륙무역장정〉

이번에 제정한 조선과 청나라 간의 무역 장정은 중국이 속방을 우대한다는 문장이었습니다. '속방'이라니요? 속방은 정치, 경제, 군사적으로 다른 나라에 지배되고 있는 나라를 가리키는 말이었습니다. 청나라는 조선을 자신들의 통치를 받아야 하는 속국으로 정의한 것입니다. 그리고 뒤이어 이 조약은 청나라의 이익을 위해 맺은 것이라고 공식적으로 명시해 버렸지요.

이러니 김옥균은 청나라를 어떻게 생각했겠습니까? 흥선대원군을 잡아가 국가적 굴욕을 주고 군사 3천 명을 조선 땅에 주둔시키는 것도 화가 나는데, 말도 안 되는 조약까지 맺게 했으니 청나라를 조선에서 반드시 몰아내야 하는 존재라 여겼겠지요. 이러다가 청나라가 조선을 통째로 삼켜버리는 것은 아닌가 걱정스러운 한편 더 이상 청나라의 만행을 참고 보기 어려웠을 것입니다.

조선과 사대 관계였던 청나라는 왜 이런 규정을 맺었을까요? 본래 중국은 전통적으로 한반도를 포함한 주변국들과 조공 관계를 유지해왔습니다. 중국을 황제국으로 인정하고 조공을 바치면 그 이상의 경제적 이익을 보답하고 내정에는 관여하지 않겠다는 것이 핵심이었지요.

그런데 19세기 후반이 되면서 중국 역시 서구 국가들의 침략 때문에 영토와 이권을 빼앗기게 되었습니다. 더 이상 전통적인 조공 질서를 유지하기 힘들게 된 것이지요. 그래서 서구 국가들이 중국에게 그랬던 것처럼 중국도 주변 나라들을 침략하기 시작했습니다. 그 첫 번째 시도가 바로 '조청상민수륙무역장정'이었습니다. 제국주의의 중국 버전이라고도 할 수 있지요.

청나라 만행에 분노한 김옥균은 조선이 반드시 청나라 영향에서 벗어나 완전한 자주 독립국이 되어야 한다고 생각했습니다. 강한 의지를 담은 글을 남기기도 했지요.

> "이전부터 청국이 속국으로 여겨온 것은 참으로 부끄럽다. (⋯) 이에 첫째로 해야 할 일은 청의 굴레를 철퇴하고 독립하여 완전 자주국을 수립하는 일이다."
>
> 김옥균, 〈조선개혁의견서〉

이런 상황에서 고종과 김옥균을 비롯한 급진개화파는 청나라를 몰아내기 위해 근대화 정책을 추진해나갑니다. 조선을 부강한 나라로 만들기 위해서 흥선대원군이 폐지했던 별기군보다 더욱 발전된 신식 군대를 양성하려 했고, 도로 정비 등 근대적인 도시를 만들기 위한 사업을 추진했습니다.

하지만 곧 반대에 부딪쳤지요. 그들과 대립하던 온건개화파들이 방해한 것입니다. 조선 조정에서 입지가 약했던 김옥균의 계획은 모두 중단되고 말았습니다. 김옥균이 주춤하는 이 순간에도 반대편 세력들은 청나라와 손을 잡고 조선의 조정을 청나라 뜻에 맞게 움직였지요.

청불전쟁의 발발
김옥균, 정변을 계획하다

절망적인 상황만 계속되던 이때, 김옥균에게 희소식이 하나 들려왔습니다. 조선에 머무르던 청나라 군사 중 절반인 1,500명이 조선을 떠난다는 것이었습니다. 갑자기 어떻게 된 일일까요?

1884년, 청나라가 프랑스와 전쟁을 시작했기 때문입니다. 베트남의 지배권을 둘러싸고 청불전쟁이 일어난 것이지요. 전쟁이 발생했으니 청나라는 많은 군사가 필요했겠지요? 그래서 조선에 주둔했던 군사 중 절반을 데려가게 된 것입니다.

김옥균은 청나라군이 줄어든 지금이야말로 청나라의 영향력을 벗어날 기회라고 생각했습니다. 청불전쟁으로 정신이 없을 테니 조선에서 무슨 일이 생긴다 한들 청나라가 개입하지 못할 것이라고 믿었습니다. 비로소 조선을 완벽하게 바꿀 기회가 찾아온 것입니다. 김옥균은 동료들과 함께 엄청난 계획을 준비했습니다. 쿠데타를 일으키기로 한 것이지요.

정변을 일으키려면 반대편을 제압할 수 있는 병력이 필요했습니다. 하지만 김옥균과 그의 동료들에게는 그만한 병력이 없었지요. 그래서 이들은 일본에 도움을 청하기로 했습니다. 차관 도입에는 실패했지만 김옥균은 여전히 일본 정계 인사들과 친분이 있었기 때문이지요.

1884년 음력 9월 20일, 김옥균은 본격적인 거사 계획에 돌입했습니다. 먼저 일본 공사관에 찾아가 자신의 계획을 전했지요. 김옥균의 계획을 들은 일본 공사는 이번에는 김옥균과 뜻을 같이 했습니다. 신식 군인 100여 명을 동원해서 정변을 지원하기로 했지요. 게다가 정변이 성공할 경우 조선이 개혁할 때 필요한 자금도 일본 본국에 차관을 요청해보겠다고 했지요. 그러면서 정변 이후, 김옥균과 급진개화파가 진행하는 내정 개혁에는 일절 관여하지 않겠다고도 약속했습니다.

일본이 김옥균의 계획에 도움을 제공했던 것은 일본도 조선이 청나라로부터 독립하기를 바랐기 때문입니다. 그래서 쿠데타를 돕는 조건으로 구체적인 이권을 요구하지 않았지요. 하지만 그것은 조선을 위한 것이 아니라 일본이 조선에 침략하기 위해서 청나라의 영향력을 지우려는 목적이었지요. 청나라가 물러나면 조선에서 일본의 영향력이 더 커질 테니 김옥균의 뜻을 들어줬던 것입니다.

일본으로부터 원하던 지원을 약속받았지만 정변 세력은 안도

할 수 없었습니다. 100여 명의 군사로는 정변을 일으키기에 턱없이 부족했기 때문입니다. 그래서 김옥균과 동료들은 정변에 동원할 군사들을 자체적으로 모으기 시작했습니다. 이렇게 모은 병력이 모두 200여 명이었지요. 일본 신식 군사 100여 명까지 합해서 총 300여 명의 병력이 정변을 위해 모였습니다.

1,500여 명의 청나라 군사들을 상대하기엔 말도 안 되는 숫자였지만 김옥균에게는 계획이 있었습니다. 쿠데타를 실행한 뒤 고종의 명령서를 받아낸다면 2천 명 정도의 조선 군대를 충분히 동원할 수 있을 거라 본 것이지요.

그렇게 김옥균은 앞서 이야기했던 4명의 동료와 함께 정변을 준비해나갔습니다. 그리고 우정총국의 설립 축하일을 정변을 일으킬 날로 정했지요.

운명의 거사일!
갑신정변 1일차

1884년 음력 10월 17일, 드디어 거사의 날이 밝았습니다. 우정총국 설립 축하연에 참석한 갑신정변 5인방은 쿠데타를 일으켰습니다.

"연회가 끝나갈 무렵에 담장 밖에서 불길이 일어나는 것이 보였다. 이때 민영익도 우영사로서 연회에 참가하였다가 불을 끄려고 먼저 일어나 문밖으로 나갔는데, 밖에 어떤 여러 명의 흉도들이 칼을 휘두르자 나아가 맞받아치다가 민영익이 칼을 맞고 대청 위에 돌아와서 쓰러졌다. 자리에 있던 사람들이 모두 놀라서 흩어지자(…)"

《고종실록》 21권, 21년(1884) 10월 17일

연회장이 순식간에 아수라장이 된 틈을 타 김옥균은 동료들과 함께 일본 공사관으로 다급히 달려갔습니다. 일본 공사가 일전에 말했던 대로 100여 명의 군사를 지원해 줄 것인지 다시 한번 확인

우정총국 우편 업무를 담당하는 근대식 기관으로 갑신정변이 발발한 장소다. 문화재청 제공.

하기 위해서였습니다. 일본의 도
움 의지를 확인한 김옥균과 동료
들은 곧바로 고종과 명성황후가
있는 창덕궁으로 향했습니다.

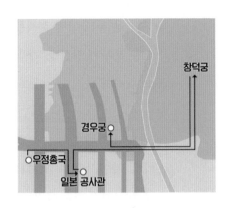

갑신정변 세력들의 이동 경로

　창덕궁에 도착한 김옥균은 곧
장 고종 부부가 있는 침전으로 달
려갔습니다. 이번 거사에서 무엇
보다 중요한 것이 고종의 신병을
확보하는 일이었기 때문입니다.

　겉으로는 난이 발생했으니 왕을 보호한다는 명분을 내세웠지만
실상은 고종의 신병을 확보해 왕명으로 군사들을 움직이려는 생
각이었습니다. 만약 김옥균이 고종을 포섭하지 못하고 고종이 김
옥균을 반역자라 낙인찍어 버리면 정변은 그 자리에서 끝나버릴
수도 있었지요.

　한밤중에 왕의 침전으로 들이닥친 김옥균은 고종 부부에게 변
란이 일어났으니 급히 몸을 피해야 한다고 일렀습니다. 변란 소식
에 깜짝 놀란 고종은 김옥균에게 "무슨 사고가 일어난 것이냐?"라
고 물었습니다. 고종과 명성황후 모두 밖에서 무슨 일이 벌어졌는
지 전혀 몰랐던 듯합니다. 아마도 고종은 자신이 아끼던 김옥균이
정변을 일으킬 것이라고는 꿈에도 생각하지 못했겠지요. 한마디로
김옥균과 동료들은 고종과 상의도 없이 정변을 일으켰던 것입니

다. 정변을 통해 어떤 정책을 추진하려는지도 논의하지 않았지요.

고종 부부가 상황을 파악하려 하고 있을 때, 창덕궁을 뒤흔드는 폭발 소리가 들렸습니다. 화약이 터지는 소리였지요. 김옥균은 부하들에게 미리 묻어두라고 지시한 화약을 터뜨려 상황을 긴박하게 만들었고 이로써 고종 부부의 판단력을 흐리게 만들 작정이었습니다. 작전은 적중했습니다. 폭발 소리에 화들짝 놀란 고종과 명성황후는 김옥균을 따라 황급히 피신했습니다. 김옥균은 고종 부부를 모시고 창덕궁을 빠져나와 경우궁으로 갔지요.

경우궁은 작고 좁은 면적의 궁궐이었습니다. 그에 비해 창덕궁은 면적이 넓었습니다. 공간적으로 범위가 넓으니 이후 변란 소식을 들은 청나라군이 창덕궁에 쳐들어올 경우 방어하기가 쉽지 않겠지요. 그래서 김옥균과 동료들은 면적이 좁아 방어하기에 유리한 경우궁을 택했던 것입니다.

고종 부부와 김옥균이 경우궁에 도착할 즈음, 100여 명의 일본 군사들도 경우궁에 도착했습니다. 이들은 곧 경우궁의 대문 안팎을 둘러싸기 시작했습니다. 서재필과 수십 명의 급진개화파 쪽 사람들 역시 경우궁 뜰 앞을 철통같이 지키며 사람들의 출입을 통제했습니다. 모두 청나라군이 쳐들어와 고종과 명성황후를 데려가는 것을 막기 위해서였습니다. 갑신정변 첫째 날, 갑신정변 5인방은 계획대로 고종 부부의 신병을 확보하는 데 성공했습니다.

갑신정변 2일차
계획에 차질이 생기다

1884년 음력 10월 18일, 새벽부터 고종의 외침이 경우궁을 가득 메웠습니다. 고종이 애원하는데도 불구하고 김옥균이 측근을 시켜 누군가를 무참히 살해한 것입니다.

"상께서 연거푸 죽이지 말라! 죽이지 말라!고 하교하시는 말씀이 있기까지 하였으나, 명을 듣지 않았다."

《고종실록》 21권, 21년(1884) 10월 18일

왕명도 무시한 채 김옥균이 죽인 인물은 대체 누구였을까요? 당시 조선 조정의 핵심 세력이자 청나라에 우호적이었던 온건개화파 관리들이었습니다. 그뿐 아니라 고종과 명성황후가 믿고 신임하던 측근, 환관까지 총 7명을 살해했지요. 김옥균과 동료들은 임오군란 이후 청나라의 내정 간섭이 심해지자 친청파를 모두 매국노라고 생각했습니다. 자기 뜻을 거스르는 사람이라면 고종의 반대도 무시하고 제거한 것이지요. 결국 정변이 일어난 지 이틀 만에 권력의 핵심에 있던 7명은 한꺼번에 제거당하고 말았습니다.

궁궐에 한 차례 피바람이 몰아친 후, 김옥균과 동료들은 조선 조정에 파란을 불러일으킬 인사를 발표했습니다. 제멋대로 군사권,

외교권, 재정권 등 국가 주요 관직의 인사를 단행한 것이었지요.

김옥균은 호조참판에 임명됐습니다. 지금의 기획재정부 차관으로 국가의 재무를 담당하는 역할이었지요. 자신들의 개혁에 필요한 자금을 마련하기 위해 재정권을 장악한 것이었습니다. 홍영식은 국정을 총괄하는 자리, 좌의정에 임명됐습니다. 서광범과 박영효는 각각 좌우영사, 전후영사에 임명되어 조선군의 지휘관 역할을 했지요. 지금의 작전사령관으로 대장급 지위라 볼 수 있습니다. 심지어 서광범은 대리외무독판, 즉 외교를 담당하는 외교관도 겸했습니다. 마지막으로 서재필은 국방을 담당하는 기관인 병조에서 참판을 맡게 되었습니다. 지금의 국방부 차관에 해당하는 직위인 병조참판에 임명된 것이지요.

김옥균과 동료들이 주요 요직을 전부 꿰찬 새로운 인사 개편안을 발표함으로써 급진개화파가 만들고 싶었던 정권이 점점 완성되어 가는 듯했습니다. 하지만 이들의 거침없는 행보에 고종과 명성황후는 큰 위협을 느꼈습니다. 이에 고종 부부는 갑신정변 5인방의 계획에 차질이 생길 만한 말을 건넵니다. 창덕궁으로 돌아가겠다는 것이었지요. 김옥균은 반대했습니다. 보안을 위해 가까스로 경우궁으로 거처를 옮겼는데 다시 창덕궁으로 돌아갈 수는 없었으니까요.

그런데 김옥균이 잠깐 자리를 비운 사이에 문제가 발생했습니다. 고종이 김옥균 몰래 일본 공사를 불러서 창덕궁으로 돌아가겠

다고 요구한 것입니다. 이 요구를 들은 일본 공사가 김옥균과 상의
도 없이 환궁을 결정해버렸지요. 일본 공사는 요구를 들어줌으로
써 고종 부부의 환심을 사고자 했던 것이었습니다. 그리고 일본으
로서는 이번 정변에 청나라가 개입하지 않을 것이라 생각했기 때
문에 고종 부부가 창덕궁으로 돌아가도 위험하지 않다고 판단한
것이지요.

결국 갑신정변 둘째 날 오후, 고종과 명성황후는 창덕궁으로 환
궁했습니다. 김옥균과 급진개화파 동료들은 창덕궁 수비를 강화
했지요. 일본군과 조선군까지 동원해 창덕궁을 겹겹이 둘러싸게
했습니다. 안심이 되지 않았던 김옥균은 청나라군의 움직임도 주
시하며 철저한 경계 태세에 들어갔습니다.

갑신정변 3일차
개혁 정강을 반포하다

1884년 음력 10월 19일, 김옥균과 동료들은 지체 없이 다음 단
계를 밟았습니다. 구체적인 개혁 구상을 담은 〈갑신혁신정강〉을
발표한 것이었지요. 김옥균과 급진개화파는 이 정강에 조선을 어
떻게 바꾸고 개혁할 것인가에 관한 정책 방향을 정리했습니다. 당
시 발표된 개혁 정강에는 80여 개의 조항이 있었는데 현재는 김옥

균의 《갑신일록》에서 14개 조항만이 전해지고 있습니다. 그중 정강 1조와 13조의 내용을 살펴보겠습니다.

> 1. 흥선대원군을 가까운 시일 내에 돌아오게 하고, 청에 대한 조공의 허례를 폐지할 것.
> 13. 대신들은 매일 궁궐 안 회의소에서 회의하고 왕에게 보고한 뒤 법령을 발표하여 시행할 것.
>
> 〈갑신혁신정강〉

첫 번째 조항은 청나라와 조선의 관계에 대한 것이었습니다. 흥선대원군이 인질로 잡혀 있는 한 청나라의 요구를 들어줄 수밖에 없으니 데려오자는 것이었지요. 더불어 조선이 청나라의 속국으로서 바치던 조공도 폐지하자는 내용도 덧붙였습니다. 쉽게 말해 정강 1조는 청나라의 간섭에서 벗어나 조선을 자주적인 나라로 만들기 위한 조항이었습니다. 조선의 자주를 위해 필요한 일이었음은 분명하지만, 당시 청나라에 잡혀가 있던 흥선대원군과 고종의 사이가 매우 안 좋았던 것이 문제였습니다. 흥선대원군이 자신의 아들인 고종을 왕의 자리에서 쫓아내기 위해 여러 차례 반란을 시도했을 정도였거든요. 고종의 입장에서 흥선대원군을 조선에 다시 불러오는 것은 위험한 일이었습니다.

열세 번째 조항에서는 대신들이 매일 궁궐 안 회의소에서 회의하고 왕에게 보고한 뒤 법령을 시행할 것을 요구했지요. 이것이 무슨 뜻이냐 하면 중요한 회의를 고종 없이 신하들끼리 진행하자는 말입니다. 그야말로 조선의 근간을 뒤흔드는 내용이었지요.

이 개혁 정강에 가장 큰 충격을 받은 인물은 누구였을까요? 다름 아닌 고종이었습니다. 특히나 정강 13항은 고종을 철저하게 배제한 내용이었습니다. 이 모든 개혁안이 고종과는 아무런 상의 없이 진행된 것은 당연한 일이었고요. 아꼈던 신하들에게 이런 대우를 받으니 인간적인 배신감마저 들었을 것입니다. 이제 김옥균을 비롯한 정변 세력은 나라를 위해 함께 개혁을 꿈꾸는 신하가 아니라 조정에서 몰아내야 하는 역적들로 생각했겠지요.

고종의 마음과 상관없이 김옥균과 동료들은 드디어 조선에서 청나라를 몰아내고 어떤 나라의 간섭도 없는 강한 조선으로 나아갈 수 있을 것이라 생각했습니다. 인사 개편도 끝냈고, 개혁 정강도 발표했으니 새로운 나라를 만드는 것은 시간문제라고 보았겠지요.

삼일천하
갑신정변

그런데 1884년 음력 10월 19일 오후, 김옥균과 정변 세력에게 청천벽력 같은 소식이 전해졌습니다. 청나라 군사 1,500여 명이 창덕궁으로 쳐들어온다는 것이었지요. 고종과 명성황후가 비밀리에 청나라군에 연락을 취했던 것입니다.

갑작스레 청나라군과 맞서게 된 김옥균과 급진개화파 동료들은 격렬한 전투를 벌였습니다. 그런데 상황이 불리해지기 시작했습니다. 김옥균과 급진개화파의 명으로 궁궐을 지키던 조선의 군사들이 청나라군에 합류했기 때문입니다. 처음부터 정변 세력을 완전히 신뢰하지 않았던 조선의 군사들이 태도를 바꾼 것이었습니다. 일부는 두려움에 싸우지도 않고 도망쳐버리기도 했지요.

일본군의 상황도 크게 다르지 않았습니다. 창덕궁을 점거하고 있던 일본군과 청나라군 사이에 소규모 전투가 벌어졌는데 이 교전에서 일본군도 도망가 버렸습니다. 일본군의 퇴로는 안전하게 보장할 테니 철수하라는 일본과 청나라 사이의 모종의 거래가 있었던 것이지요.

절대적으로 힘이 부족한 상황에 김옥균을 비롯한 정변 세력들은 속수무책으로 청나라군에 밀리기 시작했습니다. 전세가 불리해지자 정변 세력은 뿔뿔이 흩어져 도망가기 시작했습니다. 결국 청나라군의 개입으로 갑신정변은 3일 만에 실패로 끝나고 말았지요. 46시간, 단 3일 만에 실패로 끝나는 바람에 갑신정변을 삼일천하라고도 말합니다.

조선 땅에서 청나라를 쫓아내고 싶었건만 김옥균은 오히려 청나라군에 쫓기는 신세가 되어버렸습니다. 미숙한 혁명가의 무모

함이 갑신정변의 실패를 부른 것이었지요. 김옥균과 정변의 주도
자들은 그 후 어떻게 되었을까요?

정변에 실패했으니 김옥균과 동료들은 역모를 일으킨 사람이
되었습니다. 역적이 되었으니 조선 땅에 있다가는 목숨을 잃게 되
겠지요. 결국 그들은 일본으로 도망가는 것을 선택했습니다.

> "김옥균·박영효·서광범·서재필 및 생도 10여 인은 모두 일본 공
> 사관에 몸을 숨기고 있다가 머리를 깎고 양복을 입고 몰래 인천항
> 으로 가서 곧바로 일본으로 도망쳤다."
>
> 《고종실록》 21권, 21년(1884) 10월 20일

몰래 인천으로 가서 도망친 그들은 음력 10월 26일 일본에 도착
했습니다. 겨우 몸을 피하긴 했지만 만약 일본이 받아주지 않는다
면 다시 조선으로 돌아가야 하는 위태로운 상황이었지요.

다행히 일본은 김옥균과 동료들의 망명을 받아주었습니다. 일
본은 조선을 침략할 계획이 있었기 때문에 조선 안에서 일본과 친
한 세력을 포섭하는 작업이 필요했지요. 만약 일본 정부가 김옥균
일행을 거절했다면 조선에 남아 있던 일본에 우호적인 세력들은
실망하고 등을 돌렸을 것입니다. 또한 일본 안에서도 김옥균과 친
하게 지내며 그를 지지하는 사람들이 있었기에 일본도 김옥균과
동료들을 받아준 것이지요. 조선을 떠나 일본에 체류하게 된 그들

은 일본에서 입지를 다지며 조선의 근대화에 도움을 줄 만한 방법을 찾아야겠다고 생각했습니다.

　그러나 일본에서 머무는 10년간 김옥균은 조선의 근대화에 도움이 될 만한 어떠한 방법도 찾지 못했습니다. 나름대로 개혁 방안을 모색했지만 일본 정부는 전혀 도와주지 않았지요. 심지어 일본은 김옥균 때문에 조선 외교에 자꾸 문제가 발생하자 그를 외딴 섬에 가두기까지 했지요. 섬에 방치된 채 의미 없는 시간만 보내고 나니 김옥균은 일본에 대한 기대를 접었던 듯합니다. 그래서 10년 만에 일본을 떠나 다른 나라에서 방법을 찾기로 결심했습니다. 김옥균이 찾은 다른 나라는, 다름 아닌 청나라였습니다. 자신이 그토록 타도를 외쳤던 청나라의 상하이에 가기로 결심한 것이지요.

근대화를 꿈꿨던
열혈 청년의 최후

　1894년 음력 2월 17일, 김옥균은 마지막 희망을 품고 상하이행 배에 올랐습니다. 김옥균 곁에는 측근 2명과 통역이 함께 했지요. 며칠 후 상하이에 도착한 김옥균은 호텔에 거처를 마련하고 청나라의 주요 인사들과 만날 계획을 세우며 하룻밤을 보냈습니다.

　다음 날, 김옥균은 호텔 방에서 책을 읽으며 시간을 보내고 있었습니다. 그런데 그때, 누군가 김옥균의 방으로 조심스럽게 들어왔습니다. 함께 청나라로 온 동행자 중 한 명이었지요. 그런데 김옥균의 방으로 들어오는 그의 분위기가 심상치 않았습니다. 김옥균이 왠지 모를 섬뜩함을 느끼는 사이, 그는 자신의 품 안에서 총을 꺼내들었습니다. 그리고 김옥균을 향해 총을 쐈지요.

김옥균은 머리와 몸에 총을 맞고 그 자리에서 즉사했습니다. 김옥균을 살해한 남자의 정체는 홍종우. 조선 최초의 프랑스 유학생이라는 타이틀을 가지고 있는 그는 김옥균에게 처음부터 의도적으로 접근했습니다. 그리고 상하이로 이동할 때 동행까지 하게 되

김옥균 씨 조난 사건 일본인 화가가 김옥균 암살 장면을 그린 것이다. 당시 일본에서는 김옥균 암살 사건을 대서특필할 정도로 그를 죽인 조선과 청나라를 향해 비난을 쏟아냈다. 이는 일본이 김옥균의 죽음을 이용하여 청나라와 조선을 야만국으로 규정해 침략을 정당화하기 위함이었다. 명주사고판화 박물관 소장.

었지요. 그런데 그는 도대체 왜 김옥균을 죽인 걸까요?

그는 다름 아닌 고종이 보낸 자객이었습니다. 김옥균이 일본으로 도망친 10년 동안 고종은 항상 김옥균을 주시하고 있었습니다. 실제로 김옥균이 일본에 있을 때도 자객을 보내 죽이려다 실패한 일이 있었습니다. 그러다 고종은 김옥균이 상하이로 가서 방심한 틈을 타 김옥균을 암살하라는 은밀한 명을 내린 것이었습니다. 결국 1894년 음력 2월 22일 갑신정변의 주동자 김옥균은 자객이 쏜 총에 맞아 44세의 나이로 사망하고 말았습니다.

청나라는 그의 시신을 배에 실어 조선으로 송환했습니다. 자객까지 보냈던 고종은 김옥균의 시신을 어떻게 처리했을까요? 시신이 여러 조각으로 찢기는 형벌, 능지처참형을 내렸습니다. 능지처참한 후에는 김옥균의 머리를 장대에 매달아 효수했지요. 그의 머리 옆에는 '대역부도 옥균'이라 써 있는 천이 걸렸습니다. 나라에 큰 죄를 지은 옥균이라는 뜻이었지요.

이뿐만 아니라 역적 김옥균의 시신 조각을 전국으로 보내 온 백성이 보게 했습니다. 다시는 갑신정변 같은 쿠데타를 일으키지 못하도록 본보기로 삼기 위해서였습니다. 한때 고종과 함께 조선의 자주독립과 근대화를 꿈꿨던 김옥균의 파란만장한 삶은 이렇게 비참하게 끝이 나고 말았습니다.

오늘날 갑신정변에 대한 평가는 엇갈리고 있습니다. 비판받는 부분은 조선의 자주독립을 외치면서도 일본이라는 외세에 의존했다는 점입니다. 이 시도가 결국은 조선을 더 큰 위기에 빠뜨렸으니까요. 긍정적으로 평가받는 부분은 근대사회로 나아가기 위한 최초의 위로부터의 개혁이었다는 점입니다. 최초의 정치 개혁 운동이었다는 점에서 역사적 의의가 크지요.

결국 실패로 끝나긴 했지만 약 140년 전 열혈 청년들이 꿈꿨던 나라는 외세에 흔들리지 않을 만큼 힘이 세고 독립적인 나라였습니다. 그리고 또 하나, 신분제가 폐지된 사회였지요. 그들이 주장한 개혁 정강에 '문벌 폐지, 인민평등권리를 세워 능력에 따라 관리를 임명한다'는 내용도 포함되어 있었습니다. 그때는 많은 사람이 이들을 경거망동하다며 손가락질을 했지만 시간이 지난 지금은 어떤가요? 경거망동한 자들의 소수 의견은 이제 너무나 당연한 현실이 되었습니다.

양반 명문 가문에서 태어나 개화기 엘리트로서 자연스럽게 주어진 권력을 누리고 살 수도 있었을 텐데, 갑신정변의 주역들은 기꺼이 신분제 폐지를 개혁 정강의 항목에 넣었습니다. 우리가 더 큰 꿈을 꿔야 하는 이유가, 우리 시대의 모습을 좀 더 먼 미래와 연결지어 바라봐야 하는 이유가 여기에 있습니다. 새로운 세상을 꿈꾸고 노력하는 사람들이 있는 한 세상은 계속 좋아질 테니까요.

8장

멀거벗은 녹두장군

유바다(고려대학교 한국사학과 교수)

전봉준은 어쩌다
죽창을 들게 되었나

"새야 새야 파랑새야 녹두밭에 앉지 마라 녹두꽃이 떨어지면 청포장수 울고 간다"

익숙한 멜로디가 떠오르는 노래 가사이지요? 이 노래는 조선 후기 동학농민혁명 때 농민들 사이에서 애창되었던 〈파랑새요〉라는 전래 민요입니다. 이 민요에는 특정 인물을 상징하는 단어들이 곳곳에 숨겨져 있습니다. 먼저 파랑새는 일본군을 의미합니다. 일본군은 주로 푸른색 군복을 입고 다녔는데, 이를 보고 파랑새라 표현한 것이지요.

그렇다면 녹두는 누구를 뜻할까요? 바로 동학농민혁명을 이끌었던 지도자 전봉준을 의미합니다. 어려서부터 키가 아주 작았던 전봉준을 가리켜 콩 중에서도 크기가 작은 녹두라고 불렀던 것이지요.

그러나 단지 전봉준의 외형만으로 녹두라는 별명이 붙은 것은 아니었답니다. 크기는 작을지언정 녹두처럼 단단했던 그의 의지와 리더십을 비유한 것이기도 하지요. 조선 왕조가 쇠하고 열강이 끊임없이 조선을 노리던 19세기 말, 외세로부터 조선을 구하기 위해 그리고 모두가 평등한 새로운 세상을 이루기 위해 혁명을 일으켰던 전봉준의 존재감이 노래에까지 깃들어 있습니다.

전봉준은 1894년 음력 4월 6일, 지금의 전북 정읍 일대인 황토현 고갯마루에서 무장한 농민들을 이끌었습니다. 비가 추적추적 내리는 날이었지만 무려 1만여 명의 농민들이 죽창을 들고 모여들었지요. 전봉준과 농민들은 어둠이 내린 고갯마루 곳곳에 몸을 숨기고 때를 기다렸습니다. 그들이 기다리던 이들은 봉기한 농민들을 토벌하라는 명령을 받은 전주 관군들이었지요. 하룻밤을 꼬박 새고 사방이 조용한 새벽, 총격 소리와 함께 동학농민군이 관군을 향해 돌진했습니다. 음력 4월 7일, 황토현 고개에서 농민군과 관군이 맞붙는 순간이었습니다.

도대체 무슨 일이 있었기에 전봉준과 농민들은 관군에게 죽창을 겨누었던 것일까요? 개항기에 조선 안팎에서는 무슨 일이 벌어졌을까요? 지금부터 녹두장군 전봉준이 죽창을 들 수밖에 없었던 동학농민혁명의 숨겨진 이야기를 벗겨보겠습니다.

동학의 창시
열광하는 농민들

조선 역사상 가장 큰 농민 봉기였던 동학농민혁명을 파헤치기 위해서는 먼저 동학이 무엇인지 알아야 합니다. 동학東學은 동녘 '동'과 배울 '학' 자를 따서 만들어진 이름으로 동쪽에서 온 학문이라는 뜻입니다.

동쪽에서 온 학문이라면, 반대로 서쪽에서 온 학문도 있었겠지요? 동학은 서쪽에서 온 학문, 서학에 대항해서 만들어졌습니다. 서학은 오늘날 천주교를 뜻하지요. 천주교의 교리라 하면 '모든 사람을 사랑하라'는 핵심 사상을 떠올릴 수 있습니다. 당시에도 마찬가지로 서학은 모든 사람을 평등하게 사랑할 것을 강조했습니다. 이를 보고 굳이 외래의 것을 따르지 말고 모두가 평등하다는 내용을 담아 우리만의 종교로 발전시키자며 만든 종교가 동학이었지요.

그렇다면 동학을 만든 사람은 누구였을까요? 경주 출신의 몰락한 양반 최제우라는 사람이었습니다. 최제우는 양반 가문에서 태

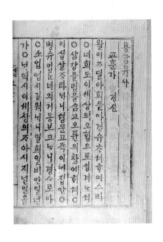

용담유사 최제우가 동학을 알리기 위해 만든 가사집이자, 《동경대전》과 함께 동학의 기본 경전 중 하나이다. 만민이 평등하다는 동학의 핵심 사상에 걸맞게 누구나 쉽게 이해하고 따를 수 있도록 한글로 적었다. 한국학중앙연구원 제공.

동학 창시자 최제우(위, 독립기념관 제공), 동학 제2대 교주 최시형(아래, 국립중앙박물관 제공) 최제우가 인간의 마음 안에 항상 한울님이 있다는 시천주 사상을 바탕으로 창시한 동학은 제2대 교주 최시형에 이르러 교민이 기하급수로 늘어나 전국으로 퍼지게 되었다. 그러나 조정에서는 동학이 세상을 어지럽히는 종교라 하여 신도들을 탄압하고 창시자 최제우를 사로잡아 처형했다.

어났으나 재가녀의 자식이라는 신분 때문에 사회적 차별을 받아야만 했지요. 그런 그가 1860년 창시한 것이 동학이었습니다. 동학은 사람이 본래 하늘의 성품을 가졌으므로 사람을 하늘과 같이 섬겨야 하며 양반과 농민 사이에 신분제를 없애고 모두가 평등할 것을 주장했습니다.

조선에서 신분이란 태어나면서부터 자연스럽게 주어지는 것으로서 양반과 평민의 차별이 당연했습니다. 그런데 모두가 평등하다니 얼마나 파격적으로 들렸겠어요? 이런 주장을 반가워하며 받아들인 이들은 핍박받던 사람들, 바로 조선의 농민들이었습니다.

19세기 말 조선의 농민들은 나라 안팎의 침탈로 인해 생계를 위협받을 정도로 가난에 허덕이고 있었습니다. 더군다나 궂은일까지 도맡아 처리해야 했으니 양반보다 대우도 받지 못했고 차별을 받으며 살아야 했지요. 그들의 마음 한편에 새로운 세상에 대한 염원이 싹틀 법도 했습니다. 힘든 상황 가운데 그들에게 만민 평등을 외치는 동학의 목소리가 들렸으니, 이는 마치 캄캄한 어둠 속 한 줄기 빛과 같았을 것입니다. 조선 정부의 탄압에도 동학은 농민들 사이에서 들불처럼 번져나갔습니다.

탐관오리 조병갑의 기막힌 수탈법

1892년 음력 4월, 지금의 전북 정읍에 해당하는 고부 지역에서 동학을 믿는 농민들에게 예상치 못한 시련이 닥쳤습니다. 이 지역은 옛날부터 드넓은 평야와 눈부신 해안을 끼고 있는 축복받은 땅으로 전라도에서도 손꼽히는 곡창지대로 알려져 있었습니다. 이 날은 고부에 새로 부임해 온 신임 군수를 맞이하는 취임식이 열리는 날로, 신임 군수의 이름은 조병갑이었지요.

조병갑은 고부 지역으로 부임해 올 때부터 뚜렷한 목적을 가지고 있었습니다. 바로 세금이었지요. 고부는 손꼽히는 곡창지대였으니 쌀 수확량이 얼마나 대단했겠습니까. 조병갑은 이곳에서 농민들의 세금을 뜯어 배를 불릴 궁리를 하고 있었지요.

고부 군수로 취임하자마자 조병갑은 농민들을 수탈하기 시작했습니다. 나라에 큰 흉년이 들어 굶어 죽는 주민들이 늘어나도 아랑곳하지 않고 강제로 세금을 징수했지요. 욕심이 넘치고 넘쳤던 조병갑은 만족하지 못하고 더 많은 세금을 뜯어내기 위해 기상천외한 방법을 생각해냅니다. 세금을 명목으로 각종 죄를 만들어낸 것이었지요. 부모에게 효도하지 않는다는 불효죄, 형제자매 간에 화목하지 않았다는 불목죄, 잡귀를 즐긴 죄, 노름을 즐긴 죄 등 말도 안 되는 명목으로 농민에게 뜯어간 돈이 약 2만 냥에 달했습니다. 당시 2만 냥은 쌀 8천 가마와 같은 분량이었으니 조병갑은 1년 동안 무려 4천 명이 먹을 수 있는 쌀의 분량을 챙긴 것입니다.

급기야 조병갑은 본인 아버지의 업적을 기리는 공적비를 세울 테니 고부 지역 주민들에게 세금을 내라고도 했습니다. 갖은 트집을 대가며 세금을 뜯는 조병갑을 주민들은 무어라 불렀을까요? 탐낼 '탐', 벼슬 '관', 더러울 '오', 벼슬아치 '리'. 이를 합쳐 탐관오리라고 불렀습니다. 재물을 탐내어 빼앗는 행실이 나쁜 관리를 의미하지요. 조병갑은 돈을 내지 않는 농민들에게 횡포를 부리며 탐관오리의 대명사로 떠오르게 되었습니다. 착취당하는 농민들의 고통과 시름은 점차 깊어만 갔지요.

조병갑은 농민들의 힘든 현실 앞에 눈 하나 깜짝하지 않고 더욱더 황당한 일을 벌입니다. '만석보萬石湺'를 짓겠다고 나선 것이지요. '보'는 물을 모으기 위해 하천이나 골짜기를 막는 것을 의미합니다. 이 말인즉 만석이라는 이름의 저수지를 만들겠다는 뜻이었습니다.

이를 듣고 고부 지역 농민들은 황당함을 감추지 못했습니다. 농사 짓는 농민이 대부분인 고부 지역에 저수지가 필요한 것은 어찌 보면 당연한 일일 텐데 농민들은 왜 기가 막혀 했을까요? 이미 고부에 멀쩡한 저수지가 있기 때문이었습니다. 그런데 쓸데없이 저수지를 또 짓는다니 황당할 수밖에 없지요. 조병갑은 만석보를 지어놓고 농민들에게 물세를 걷으려던 속셈이었습니다.

게다가 저수지는 그냥 만들어지나요? 공사를 하기 위해선 인력이 필요하겠지요. 만석보를 만들기 위해 동원된 사람들은 당연히 고부 지역의 농민들이었습니다. 농사지을 시간도 없는 농민들을 불러내서 만석보를 만들라고 명령한 것도 모자라 임금을 단 한 푼도 지급하지 않았습니다. 한마디로 무임금 노동이었던 것입니다.

만석보지 전북 정읍시 이평면 하송리에 있는 만석보의 흔적. 본래 정읍천과 태인천 상류에 농민들이 설치한 보가 있었으나, 조병갑은 두 하천이 만나는 하류 지점에 만석보라는 새로운 저수지를 축조한다. 동학농민혁명의 발단이 된 만석보는 농민들에 의하여 파괴되었고 지금은 둑을 쌓았던 흔적만이 남았다. 문화재청 제공.

거사를 결의하라
사발통문

없는 죄까지 만들며 세금을 수탈하던 조병갑의 횡포로 지쳐가던 농민들은 만석보 축조를 계기로 폭발하고 맙니다. 1893년 음력 6월, 분노한 농민들은 누군가를 찾아갑니다. 전라도 고부 마을의 몰락한 양반 전창혁이라는 사람이었지요. 농민들이 그를 찾아간 이유는 전창혁이 글을 읽고 쓸 줄 알았기 때문이었습니다. 조병갑의 행태를 탄원하는 문서를 작성하여 관청에 정식으로 건의하려 했는데 농민들은 글을 쓸 줄 모르니 전창혁에게 농민들의 의견을 대변한 글을 써달라고 부탁했던 것이지요. 그렇게 전창혁의 도움으로 탄원서를 작성한 농민들은 이를 고부 관아로 보냅니다. 조병갑에게 정식으로 항의하면 해결될 수 있지 않을까 하는 희망을 품고 말이지요.

자신을 규탄하는 탄원서를 받아든 조병갑의 반응은 어떠했을까요? 조병갑은 탄원서를 작성한 농민들을 모조리 잡아오라 명령합니다. 농민들이 탄원서를 작성한 이유는 묻지도 않고 그들을 옥에 가두거나 곤장을 때리는 처벌을 내려버렸지요. 항의하는 농민들을 무자비하게 짓밟은 것입니다.

이 과정에서 고부 농민들은 또 한 번 큰 충격에 빠졌습니다. 농민들을 위해 탄원서를 써준 양반 전창혁이 사망했기 때문이지요.

곤장을 맞고 후유증으로 끙끙 앓다가 그만 죽어버리고 만 것입니다. 이 소식을 듣고 가장 분노한 사람은 전봉준이었습니다. 그가 누구보다 분노를 참지 못했던 이유는 매질 당해 죽은 전창혁이 바로 그의 아버지였기 때문입니다.

갑작스럽게 아버지의 죽음을 맞게 된 전봉준은 커다란 충격에 휩싸였을 것입니다. 농민들의 수세를 감면해달라고 요청했던 것이 아버지의 죽음을 불러일으켰으니 전봉준은 그냥 두고 볼 수 없다고 생각했겠지요.

그로부터 몇 개월이 흐른 1893년 음력 11월, 고부 마을에 이상한 분위기가 감돌았습니다. 거리를 걷던 사람이 갑자기 주변을 살피더니 어느 집으로 재빨리 들어가는 수상한 행동을 보였지요. 그 집에는 전봉준을 비롯한 수십 여 명의 농민들, 그리고 동학교도들이 있었습니다.

전봉준 역시 동학교도로서 세상을 바꿀 수 있다고 믿는 인물 중 한 명이었습니다. 그 자리는 전봉준을 따르는 동학교도들과 뜻이 맞는 고부 농민들이 모여 탐관오리 조병갑을 처단하는 거사를 결의한 모임이었습니다. 만약 이 모임이 발각되면 어떻게 될까요? 조병갑이 알게 되면 모임에 가담한 모두가 죽을 수도 있는 위험한 상황이었습니다. 비밀리에 치러야 하는 거사인 만큼 사람들은 숨죽이고 한자리에 모였습니다. 그때 전봉준은 사람들 앞에서 이것을 꺼냈습니다.

전봉준이 꺼낸 것은 다름 아닌 사발 그릇이었습니다. 그는 종이에 사발 그릇을 엎어 놓고 원을 그렸습니다. 그리고 그 옆에 결의를 다짐하는 통문을 작성했지요. 통문이란 개인이나 단체가 어떤 사실이나 주장을 다수에게 공개적으로 전달하기 위해 작성하는 결의문을 뜻합니다. 전봉준과 결의에 참여한 농민들은 통문에 그려진 원을 중심으로 참가자의 이름을 둘러가며 적었습니다.

굳이 사발로 원을 그려 통문을 작성한 이유는 무엇이었을까요? 거사를 알리는 결의문은 지도자의 이름을 가장 위에 작성하는 것

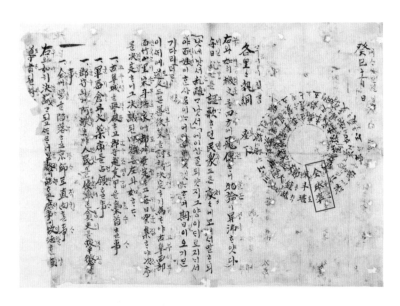

사발통문 고부 관아 습격을 계획하면서 전봉준과 농민들이 합심해 작성한 문서로, 5시 방향에 한글로 '전봉준'이라 적은 이름을 확인할 수 있다. 동학농민혁명기념관 제공.

이 일반적입니다. 그런데 사발을 이용하여 20여 명의 이름을 둥글게 쓴다면, 이 중에서 누가 지도자인지 찾아내기 어렵겠지요. 그들이 의도한 바가 바로 이것이었습니다. 거사가 발각될 경우 주동자를 감추기 위한 장치였던 것이지요. 거사 계획이 실패로 돌아가더라도 주동자를 밝히지 않겠다는 전봉준과 농민들의 의지가 이 사발통문을 통해 전해집니다.

사발통문에는 주동자들의 이름 외에도 이번 거사를 일으킨 목표가 분명하게 적혀 있습니다. 그 목표를 하나씩 들여다볼까요?

> 하나. 고부성을 격파하고 군수 조병갑을 효수할 것.
> 하나. 군기창과 화약고를 점령할 것.
> 하나. 군수에게 아부하여 인민을 갈취한 탐관오리를 쳐 징계할 것.
> 하나. 전주영全州營을 함락하고 수도로 직행할 것.
>
> 〈사발통문〉

먼저 고부 관아를 쳐들어가서 탐관오리 조병갑을 처단하겠다는 내용이 포함되어 있습니다. 농민들의 혈세를 빨아먹으며 제 주머니를 두둑이 챙겼던 조병갑을 해치우는 것은 당연지사였겠지요. 다음은 고부 관아에 있는 무기고를 점령하여 무기와 화약을 가져오겠다는 말이었습니다. 그리고 백성의 재물을 빼앗는 탐관오리를 징계하겠다는 내용이었지요. 마지막으로 '전주영을 함락하고 수도로 직행할 것'이라는 말에 주목해볼 필요가 있습니다. 이게 무슨 뜻일까요?

전봉준은 당시로서는 상상하기 어려운 대단한 목표를 가지고 있었습니다. 그것이 마지막 항목에 적은 사발통문의 최종 목표였지요. 고부가 전라도에 속한 지역이었으니 도청을 의미하는 전주성, 즉 전라감영을 점령하겠다는 의미입니다. 수도로 직행한다는 말은 조선 조정이 있는 한양으로 진격한다는 뜻이지요. 놀랍게도 거사를 계획한 이 모임의 목적은 단순히 조병갑을 없애는 데 그치지 않았습니다. 조선의 조정을 무너뜨리려던 것이었지요.

전봉준을 비롯한 농민들은 왕을 둘러싼 조정 대신들이 농민들의 삶을 피폐하게 만든 원인이라고 생각했습니다. 결국 조병갑 같은 탐관오리 한 명을 처단하는 데서 그칠 게 아니라 국정을 운영하는 조정의 대신들을 바로잡아야 하니 반드시 한양으로 올라가서 해결해야 한다고 여겼던 것이지요.

사실 조선 시대에 농민 봉기는 이미 수차례 일어난 바 있었습니다. 그러나 고부를 중심으로 한 농민 봉기가 여타 농민 봉기와 달랐던 점은 조선의 중앙 정치에 깊이 뿌리내린 문제의 근본을 꿰뚫어 보고 이를 해결하고자 했다는 것입니다. 부패한 탐관오리를 지방에 부임토록 만들고, 농민들의 수탈을 방관한 조정 자체를 바꾸지 않으면 제2의 조병갑, 제3의 조병갑은 조선 땅에 계속해서 나올 것이었으니까요. 중앙 정치 단위에서 문제가 해결되지 않으면 자기들의 문제도 해결되지 않을 것이라 생각했던 것입니다.

전봉준과 고부 농민들은 조병갑이 익산 군수로 잠시 발령났다가 고부로 돌아온 다음 날인 1894년 음력 1월 10일을 거사일로 잡았습니다.

동학농민혁명의 서막
고부농민봉기

드디어 거사 당일, 감시가 소홀해지는 밤이 찾아왔습니다. 전봉준과 1천여 명의 농민들이 횃불을 들고 고부 관아로 진격했습니다. 고부 관아를 습격하고 일사분란하게 움직이며 무기고를 접수하고 억울하게 옥에 갇힌 죄인들을 풀어주었습니다.

그런데 전봉준과 고부 주민들은 대부분 농민이라 변변한 무기도 없었을 텐데 어떻게 고부 관아를 습격할 수 있었을까요? 그들의 손에는 죽창이 쥐어져 있었습니다. 주변에서 쉽게 구할 수 있는 대나무를 날카롭게 깎아서 만든 무기였지요. 전봉준과 농민들은 죽창을 들고서 순식간에 고부 관아를 접수했습니다. 그리고 곧장 만석보로 달려가 저수지를 무너뜨려버렸지요.

고부에서 농민들과 전봉준이 일으킨 봉기를 '고부농민봉기'라고 부릅니다. 탐관오리 조병갑을 몰아낸 역사적인 순간이었지요.

고부에서 농민들의 봉기가 일어났다는 소식은 조정에도 금방 전해졌습니다. 조선의 조정은 어떤 판단을 내렸을까요? 일단 성난 민심을 달래야겠다고 생각했습니다. 그래서 조병갑을 파직시키고 완도로 유배를 보내버리지요. 조병갑을 대신하여 신임 군수를 보내주기도 했습니다. 또 고부농민봉기의 경위를 조사하고 수습하도록 이용태를 안핵사에 임명해 파견했지요.

그토록 농민을 못살게 굴던 조병갑이 물러나고 신임 군수와 진상 조사를 위한 관리까지 온다니 고부 마을은 안정을 되찾을 수 있었을까요? 봉기를 일으킨 농민들은 의심의 눈초리를 거두지 않은 채 일단 목적을 이뤘으니 해산하기로 합니다.

그런데 안핵사 이용태가 고부에 오자마자 마을은 충격에 휩싸입니다. 고부 여기저기엔 시뻘건 불길이 치솟고 살려달라는 사람들의 비명이 끊이질 않았지요. 무슨 일이 벌어진 것일까요? 당시 모습을 목격한 전봉준의 말이 기록으로 남아 있습니다.

> "장흥 부사 이용태가 안핵사로서 우리 고을에 와서 기포한 백성을 동학이라 통칭하고 이름을 열거하여 체포하며, 그 집을 불태우며 당사자가 없으면 처자를 잡아 살육을 일삼는 고로 다시 기포하였습니다."
>
> 〈전봉준 공초〉

안핵사 이용태가 800여 명의 군사를 대동하여 고부 주민들 모두를 동학교도라 매도하고, 체포했다는 것입니다. 이용태와 군사들은 농민들을 무작정 때리고, 집을 불태워버렸습니다. 집에 당사자가 없으면 그 아내를 잡아 간음하기도 했습니다. 반항하는 사람들은 가차 없이 살해했지요. 농민들은 자기들이 동학교도가 아니고, 단지 봉기에 참여했을 뿐이라고 말해도 듣지 않았습니다.

이용태는 어째서 주민들을 동학교도라고 칭하면서 탄압했던 걸까요? 당시 조선 조정에서는 동학을 좋게 바라보지 않았습니다. 조선은 성리학을 중심으로 세워진 나라인데다 양반과 평민으로 나뉜 신분제 체제를 고수했지요. 조정의 시선에 만민 평등을 외치는 동학은 나라를 위험에 빠트리는 반란 세력으로 비춰졌던 것입니다. 그러니 고부 지역을 철저하게 짓밟아서 다시는 봉기가 일어나지 않도록 만드는 것이 목적이었지요.

조정에서 파견한 안핵사 이용태 역시 같은 목적으로 농민 봉기를 일으킨 원인을 동학으로 꼽았던 것입니다. 그래서 고부 지역의 주민들을 모조리 동학교도라고 칭하며 잔인하게 탄압했던 것이지요. 그렇다면 고부농

전봉준과 동학농민군이 활약했던 주요 지역

민봉기의 지도자였던 전봉준은 무사했을까요?

앞서 봉기를 일으켰던 농민들은 이미 해산한 뒤라고 말했지요. 전봉준도 이용태가 고부에 도착하기 전에 고부에서 그리 멀지 않은 무장현으로 몸을 피한 상황이었습니다. 무장현은 지금의 고창 지역을 말합니다.

피신한 전봉준은 이용태의 탄압에 좌절하지 않았습니다. 오히려 못다 한 거사를 마무리하기 위해 힘을 실어줄 세력을 모으기로 하지요. 바로 호남 지역에서 가장 큰 동학 세력을 움직였던 손화중이라는 사람을 통해서였습니다. 손화중과 의기투합한 전봉준은 거사의 마지막 단계를 실현하기로 합니다.

전봉준은 계획대로 조선 조정을 뒤엎어 중앙 정치를 바꾸기 위해 한양으로 진격하기로 결심합니다. 고부농민봉기에서부터 이어진 농민들의 혁명의 불꽃이 본격적으로 타오른 것이지요. 동학농민혁명의 시작이었습니다.

죽창을 들고 일어나다
1차 동학농민혁명

1894년 음력 3월 무장현에 있던 전봉준 앞에 수많은 사람이 모여들었습니다. 전봉준과 뜻을 함께하기로 한 4천여 명의 농민들이었지요. 농민들은 전봉준을 총대장으로 추대하고 하나의 조직 체계를 만들었습니다. 임시로 모였던 농민들이 본격적인 군대의 모습으로 탈바꿈하는 순간이었습니다. 역사적인 동학농민군의 탄생이었지요.

전봉준과 동학농민군은 조선 조정을 향한 선전포고와 함께 이렇게 외칩니다. "보국안민輔國安民" 한자를 풀이하면, 어려움에 처한 나라를 구해내고 백성을 편안하게 한다는 뜻입니다. 이는 동학의 대표 구호였습니다. 동학농민군은 부정부패로 붕괴하고 있는 조선을 동학의 힘으로 구해내겠다는 의지로 똘똘 뭉쳤습니다. 한마

고창 무장기포지 전북 고창군에 위치한 무장기포지는 1894년 음력 3월 20일 동학농민군이 봉기의 이유와 목적 등이 담겨 있는 포고문을 낭독하고 1차 동학농민혁명을 시작한 역사적 현장이다. 무장기포로 인해 동학농민혁명은 지역적 민란에서 전국적인 농민혁명으로 발전하게 되었다. 문화재청 제공.

음, 한 뜻 아래 본격적으로 군사 훈련에 들어갔습니다. 관아에서 탈취한 총을 일부 가지고 있었지만 농민들의 수보다 턱없이 부족한 상황이었습니다. 많은 농민군의 손에는 여전히 죽창이 들려 있었지요.

동학농민군은 한 손에 죽창을 들고 기세등등하게 길을 나섰습니다. 4천여 명으로 출발했던 농민군은 전봉준과 뜻을 함께하겠다고 나선 사람들이 합류해 어느새 1만여 명으로 불어났지요. 이들이 한양으로 진격하기 전에 먼저 장악해야 할 지역은 전라도의 중심인 전주였지요. 전주성을 지키는 관군을 이겨내야만 한양으로 갈 수 있었습니다.

조선 조정에서는 동학농민군의 행적을 모르고 있었을까요? 이미 파악하고 있었습니다. 전주성이 함락되기 전에 동학농민군을 반드시 진압해야 한다고 생각했기 때문에 조정에서는 동학농민군을 제압하기 위해 1천여 명의 전주 관군이 출병하도록 명령합니다. 이로써 동학농민군과 전주 관군 간의 피할 수 없는 전투가 다가오고 있었습니다. 전주 관군의 숫자는 1천여 명, 반면 동학농민군의 숫자는 1만여 명이었지요. 수적으로 10배나 우세했지만 긴장을 늦출 순 없었습니다. 동학농민군은 관군에 맞서 잘 싸웠을까요?

뜻밖에도 전주성으로 향하던 동학농민군은 전주를 코앞에 두고 갑자기 후퇴하기 시작했습니다. 기세등등했던 모습은 온데간데없이 사라졌지요. 첫 전투에 나서기 위해 본격적으로 군대의 모양새까지 갖추었는데, 왜 도망쳤을까요? 동학농민군이 후퇴한다는 소식을 들은 전주 관군은 기세를 선점하기 위해 동학농민군을 매섭게 추격하기 시작합니다.

마침내 1894년 음력 4월 6일, 관군은 동학농민군을 맞닥뜨렸습니다. 관군은 동학농민군을 마주하자마자 총을 쏘기 시작했습니다. 총격 세례에 깜짝 놀란 동학농민군은 관군의 매서운 기세에 쫓겨 황토현의 고갯마루까지 후퇴하게 되었지요. 황토현은 지금의 전북 정읍의 나지막한 고개로, 황토로 덮여 있다 해서 지어진 둔덕 이름이었습니다. 전주 관군의 무자비한 총격에 황토현 고개까지 도망친 동학농민군의 머리 위로 무언가 툭 떨어졌지요. 때마침 비까지 주룩주룩 내려 한 걸음 내딛기도 어렵게 되었습니다.

전주 관군은 금세 황토현까지 뒤쫓았습니다. 하지만 관군들 역시 날씨 때문에 발이 묶이고 말았지요. 비까지 내린 탓에 일대는 안개가 가득 찼고, 해는 지고 어두운 밤이 되었습니다. 더 이상 농민군을 추격할 수 없었던 관군은 다음 날 추격하기로 하고 황토현 고개 아래에서 하룻밤을 지내기로 했습니다. 기세등등해진 관군은 겁 먹고 도망가기 바빴던 동학농민군을 실컷 비웃었지요. 전투 경험이 없는 농민군을 쉽게 이길 수 있을 것이라 생각하며 소를 잡고 술판을 벌이기도 했습니다.

그런데 관군들이 술에 취해 잠든 다음 날 새벽, 갑자기 저 멀리서 요란한 총소리가 들렸습니다. 정체는 동학농민군이었지요. 농민군의 총소리에 화들짝 놀라 잠에서 깬 관군은 혼비백산이었습니다. 심한 안개로 분간이 잘 되지 않는 데다 어디서 날아오는지 가늠할 수 없는 포탄이 화살처럼 쏟아지기 시작했거든요. 이윽고 황토현 곳곳에서 동학농민군이 등장했습니다. 동학농민군이 총칼과 죽창을 들고 관군을 향해 돌진한 것입니다. 기습 공격을 받은 1천여 명의 전주 관군은 속수무책으로 도망칠 수밖에 없었지요. 전투 경험이 없는 농민군을 상대로 군사 훈련을 받아온 관군이 대패한 것입니다.

대체 어떻게 된 일일까요? 사실 이 모든 것이 동학농민군의 유인 작전이었습니다. 황토현 고개까지 관군을 유인하기 위해 처음

황토현 전적지 대한민국역사박물관 제공

부터 후퇴 작전을 펼친 것이었지요. 관군의 방심을 역이용하여 기습하기로 했던 것입니다. 이 작전으로 승리한 전투의 이름이 바로 '황토현 전투'였습니다. 동학농민군이 관군과의 싸움에서 첫 승리를 거두었던 기념비적인 전투였지요.

관군과의 대격전!
황룡촌 전투

조선의 관군이 동학농민군에게 대패했다는 소식을 들은 조정은 충격에 휩싸였습니다. 생각보다 만만치 않은 동학농민군의 공격에 가만히 있을 수 없다고 생각했지요. 지방의 반란 세력이 언제 한양으로 들이닥칠지 모르니 하루 빨리 진압하지 않으면 안 될 노릇이었습니다.

조선 조정은 전라도에서 농민군이 무장하기 시작했다는 소식을 전해 들었을 때부터 사태의 심각성을 인지하고 있었습니다. 이대로 두었다가는 농민군의 기세에 힘입어 전국적으로 대규모 농민 봉기가 발발할지도 모를 상황이었습니다. 그래서 봉기의 싹을 잘라버리기 위해 한양에 주둔하고 있던 최정예 군사 700여 명을 호남 지역으로 파견하기로 결정하지요. 그런데 문제는 이 군대가 미처 농민군을 맞닥뜨리기도 전인 4월 7일에 이미 황토현 전투가 벌어졌던 것입니다. 농민군은 한양의 군대가 내려와 합세하기 전에 전주 관군을 상대로 대승리를 거둘 수 있었지요.

약 2주 뒤, 조선 조정에서 보낸 최정예 부대는 전라도에 도착했습니다. 동학농민군은 한양에서 군대가 내려왔다는 소식을 듣고 황토현보다 더 아래쪽에 있는 황룡촌으로 향했지요. 황룡촌은 지금의 전라도 장성에 위치합니다. 농민군이 황룡촌으로 향하고 있다는 보고를 받은 한양의 관군들 역시 뒤따랐고요.

1894년 음력 4월 23일, 한양에서 파견된 조선 관군과 동학농민군은 드디어 마주하게 되었습니다. 조선 관군은 농민군을 보자마자 다짜고짜 대포부터 쏘았습니다. 농민군 수십여 명이 한꺼번에 쓰러졌을 정도로 최신식 무기인 대포의 위력은 대단했습니다. 하지만 이때까지도 동학농민군의 손에 들린 무기는 죽창과 조총 몇 자루가 전부였지요.

무기의 위력부터 압도적으로 차이가 나는데, 전봉준과 동학농민군은 이대로 당할 수밖에 없는 걸까요? 이들은 불리한 전투에서 승전을 잡기 위해 특별한 물건을 준비했습니다.

동학농민군의 비장의 무기는 바로 '장태'였습니다. 장태는 본래 농민들이 닭을 넣어 기르던 닭장이었습니다. 닭장의 기능을 하던 장태를 전투 현장으로 가져오다니, 동학농민군은 무슨 생각이었던 걸까요?

동학농민군은 대나무를 쪼개 엮어 만든 장태 안에 솜과 짚단을 두둑하게 채워 넣어 준비해두었습니다. 그리고 이 거대한 장태를 일종의 방탄차로 사용했습니다. 장태 뒤에 숨어서 관군이 쏘는 총을 피한 것이지요. 동학농민군은 대나무와 짚으로 만든 장태를 앞세워 관군에게 진격했습니다.

동학농민군의 비장의 무기는 장태에 그치지 않았습니다. 한양에서 오는 관군들은 몰랐겠지만 동학농민군들만이 잘 아는 것, 바로 지리적 특성이 있었지요.

이쯤에서 황룡촌의 지형을 잠시 짚고 넘어가볼까요? 황룡촌은 황룡강이 흐르는 낮은 지대를 끼고 주변에 뒷산이 펼쳐진 지형이었습니다. 동학농민군은 이러한 황룡촌의 지리적 높낮이를 활용

장태를 굴리는 동학농민군 동상 전남 장성 승전기념공원에 세워진 동상으로 당시 농민군이 장태를 어떻게 활용했는지 유추할 수 있다. 한국학중앙연구원 제공.

하기로 합니다. 지대가 높은 산 위에서부터 거대한 장태를 황룡강 쪽으로 굴리면 어떻게 될까요? 자연스럽게 낮은 지대로 장태가 굴러가면서 관군에게 돌격하기가 수월하겠지요. 동학농민군은 이 전략대로 장태를 아래로 굴려서 돌진합니다. 결과는 어땠을까요? 또다시 동학농민군의 승리였습니다. 황룡촌에서 벌어진 두 번째 전투에서도 승리를 거머쥔 것이지요. 동학농민군의 탁월한 전략이 승리를 가져온 '황룡촌 전투'였습니다.

이후 동학농민군의 기세는 한껏 올라갑니다. 변변한 군사 훈련도 받은 적 없는 일반 농민들이 조선의 군사들을 상대로 두 번 연속 승리를 거뒀으니 당연한 일이었겠지요.

자신감으로 무장한 동학농민군은 기세를 몰아 다음 목적지를 정합니다. 사발통문에서 목표로 적었던 목적지 중 하나, 전주성이었습니다. 조선 시대 전라도는 전라남도와 전라북도, 그리고 제주도까지 관할하던 커다란 지역이었습니다. 전라감영은 행정, 사법, 군사의 최고 책임자가 통치하던 전라도의 중심지였지요. 전봉준이 사발통문에서 전주영을 함락한다고 작성했던 이유도 여기에 있었습니다.

황룡촌 전투에서 승리를 거두고 4일 뒤, 전봉준을 필두로 한 동학농민군은 백성들의 환호를 받으며 전주성 앞에 도착합니다. 그런데 무언가 이상했습니다. 전주성 앞을 지키는 관군의 모습이 보이지 않는 것이었습니다.

어떻게 된 일이었을까요? 전주 관군을 지휘해야 하는 총지휘관이 동학농민군의 기세에 겁을 먹고 그만 도망을 간 것이었습니다. 전라감사가 도망갔으니, 전주성 문이 그냥 열려버린 것이지요. 그렇게 전봉준과 동학농민군은 피 한 방울 흘리지 않고 전주성에 입성할 수 있었습니다. 그리고 전주성 주민들이 누구보다 기쁘게 동학농민군을 맞이해주었지요.

동학농민군의 봉기는 고부라는 작은 고을에서 시작해, 전라도 일대를 평정하고 이제 마지막 단계만을 남겨둔 상황이었지요. 전주성을 손쉽게 함락한 뒤, 최종 목표인 한양이 눈앞에 다가온 순간이었습니다.

청나라와 일본의
조선 상륙

그런데 승승장구하던 동학농민군에게 믿을 수 없는 소식이 들려옵니다. 조정에서 조선의 군대만으로 동학농민군을 상대할 수 없다고 판단하고 누군가에게 도움을 요청했기 때문이지요.

"전주가 이미 함락되고 적의 세력이 성해지니 정부에서 비밀리에 위안스카이와 의논하고 청나라 조정에 구원을 청하였다."

　백성들의 진격에 겁이 난 고종과 조선 정부가 앞뒤 생각도 하지 않고 청나라에 군대를 파병해달라고 한 것입니다. 전주성마저 동학농민군이 함락하자 진짜로 그들이 한양으로 몰려와 조선 조정의 목숨을 위협하지 않을까 불안했던 거예요. 그런데 조선의 파병 요청은 예상 밖의 결과를 불러왔습니다. 청나라군을 부른 조선의 조정은 물론 백성들도 예상치 못했을 상상 초월의 사태였지요.

　당시 동아시아를 포함한 세계정세는 이러했습니다. 청나라뿐 아니라 일본, 러시아 등이 조선을 삼키기 위해 호시탐탐 노리고 있었지요. 열강이 조금이라도 더 많은 식민지를 만들기 위해 너도나도 전쟁을 일으키던 때였습니다. 이런 상황에서 1894년 음력 5월 5일 2,500여 명의 청나라 군대가 충청도 아산만에 상륙합니다. 그랬더니 바로 다음 날, 일본군이 뒤따라 조선에 들어오는 것이 아니겠어요? 일본은 자그마치 6천여 명의 군사를 이끌고 인천 제물포항에 상륙했습니다.

　일본에는 군사를 요청하지도 않았는데 어째서 일본군이 조선에 상륙했을까요? 청나라와 일본 사이에 맺은 '톈진조약' 때문이었습니다. 톈진조약은 1885년 우리나라를 두고서 청나라와 일본 간에 맺은 조약입니다. 이 조약에 의하면 양국이 조선에 출병할 때 서로에게 알려주어야 했지요. 이 톈진조약을 빌미로 청나라가 조선

영국 신문에 보도된 일본군의 제물포 상륙 국립중앙박물관 제공

에 군대를 보내자 일본도 군대를 보낸 것이었습니다. 청나라와 일본을 비롯한 열강이 호시탐탐 조선을 넘보고 있을 때, 조선 정부는 동학농민군을 진압하겠다는 생각 하나로 그만 제 발에 덫을 놓은 격이었지요. 조선의 운명은 바람 앞의 촛불처럼 위태로웠습니다.

자진 해산하는
동학농민군이 내민 조건

상황이 이렇게 되자 동학농민군 역시 깜짝 놀랐습니다. 자기들 때문에 조선에 청나라와 일본의 군대가 들어오다니요? 더군다나 동학의 가르침에는 반외세도 포함되어 있을 만큼 조선의 수호도 중요한 가치였으니, 이 소식을 들은 전봉준과 동학농민군은 당황스러웠을 것입니다.

결국 전봉준은 결단을 내립니다. 동학농민군을 자진 해산하기로 한 것입니다. 한양 진격을 눈앞에 두고 내린 큰 결단이었습니다. 동학농민군의 입장에서는 조선의 백성을 위해 제대로 된 나라를 만들어보겠다며 모인 것이었는데, 자기들 때문에 외국 군대가 들어온다니 말도 안 되는 상황이 펼쳐지고 있던 것입니다. 전봉준은 외세의 개입이 아닌 자주적인 해결을 원했는데 오히려 자기가 원하는 방향과 정반대의 노선을 조선 조정이 밟고 있던 것이지요.

"우리의 요구를 들어준다면 자진 해산하겠다."

전봉준은 동학농민군 해산에 앞서 한 가지 제안을 내세웠습니다. 외국 군대까지 동원한 조선 조정의 입장에서는 반가운 제안이었겠지요. 재빨리 사건을 수습하고 싶었던 조선 조정은 동학농민군이 입장을 밝히자마자 바로 협약을 맺었습니다. 이것이 1894년 음력 5월 8일 체결한 '전주 화약'이지요.

동학농민군은 가장 먼저 농민군이 해산하고 본업으로 돌아갈 때, 관군이 자신들을 추격해 체포하지 않을 것을 약속받았습니다. 안핵사 이용태가 고부농민봉기에서 고부 마을을 무차별 탄압했던 전례가 있었으니 중요한 조건이었지요.

그 다음 '집강소執綱所'를 설치해달라고 요구했습니다. 집강소가 무엇이냐면, 지방 행정과 치안을 위해 농민들이 직접 참여하는 일종의 자치 기구를 뜻합니다. 언제 다시금 조병갑과 같은 탐관오리가 나와서 농민들을 수탈할지 모를 일이었으니, 전봉준은 농민들이 스스로 정치에 참여하고 자기 이익을 대변할 수 있는 공간을 마련하기로 한 것이지요. 동학농민군은 집강소만큼은 반드시 설치해야 한다고 강조합니다.

집강소는 비록 조선의 일부 지역인 전라도 내에서만 기능할 수 있었을 테지만 한국 역사상 처음으로 농민을 위한, 농민에 의한, 농민의 정치를 실행하려고 했다는 점에서 역사적 의의가 깊은 기구입니다. 동학농민군은 집강소를 통해 농민, 양반 할 것 없이 평등하게 지내고 싶어 했지요.

마지막으로 동학농민군은 자신들이 정리한 개혁안을 국왕인 고종에게 전달해달라고 요청하며 전주성에서 철수합니다. 그 이름은 '폐정개혁안'이었지요. 폐정개혁안에는 집강소를 설치해달라는 요구 외에도 두 가지 조건이 더 적혀 있었습니다. 그중 하나는 "탐관오리의 죄목을 하나하나 조사하여 엄중하게 징벌할 것"이라고 쓰여 있었지요. 농민들이 봉기를 일으켰던 원인인 탐관오리를 척결함으로써 다시금 수탈이 반복되지 않길 바라는 마음이었을 것입니다.

그리고 마지막으로 남은 조건은 "신분제를 폐지할 것"이라고 적혀 있었지요. 노비 문서를 불태워 신분제를 없애달라는 것이었습니다. 동학농민군은 이처럼 폐정개혁안을 통해 평등을 추구하는 동학의 뜻을 전했지요.

이제 집강소도 마련되었겠다, 농민의 목소리를 대변할 수 있는 기회를 가질 터이니 전봉준과 동학농민군은 얼마나 기뻤을까요? 자기들 힘으로 조선 정부에 당당하게 요구 사항을 제출했으니 말입니다. 조선에도 드디어 희망의 빛이 드리운다며 안도했겠지요. 그런데 이 행복은 오래가지 못했습니다. 전봉준과 동학농민군의 귀에 믿을 수 없는 소식이 들려왔거든요.

1894년 음력 6월 21일, 일본군이 경복궁을 습격해 점거했다는 소식이었습니다. 대체 이게 무슨 황당한 일일까요? 청나라 군대를 뒤따라 조선에 들어온 일본군의 속내는 사실 따로 있었습니다. 처음부터 상륙의 목적은 동학농민군을 진압하기 위한 것이 아니었어요. 조선 정부를 장악하여 조선을 차지하려는 것이었습니다. 조선에 일본군도 주둔했겠다, 일본은 이를 기회로 삼은 것이지요. 경복궁을 무력으로 점령한 것은 물론 일본은 고종을 인질로 삼아 감시하기 시작했습니다. 조선을 삼키려는 야욕을 본격적으로 드러낸 것이지요.

이 시기는 일본과 청나라 간에 결전을 코앞에 둔 때이기도 합니다. 1894년 음력 7월에 청일전쟁이 발발했거든요. 일본은 일찍이 경복궁을 점거해 조선 정부의 내정을 장악하고 청과의 전쟁을 치르기 위해 조선 현지의 협력을 얻으려고 했던 것입니다. 이로써 일본의 후원을 받은 개화파 관료들이 조선 정부를 장악하게 되었고 조선의 군대마저 일본의 간섭을 받게 되었지요.

2차 동학농민혁명
일본을 몰아내자!

조선 조정을 마음대로 휘젓고 다니는 일본의 만행을 지켜보며 전봉준의 마음은 어땠을까요? 동학농민혁명을 주도하고 승리로 이끌었던 전봉준은 조선을 더 나은 세상으로 바꾸려 했는데 느닷없이 나타난 일본이 조선을 손아귀에 넣으려 하고 있었으니 어이가 없었겠지요.

가만히 있을 수 없다고 판단한 전봉준은 해산한 지 5개월도 채 되지 않은 1894년 음력 9월, 위기에 처한 조선을 구해야겠다고 결심했습니다.

"일본이 개화라 칭하고 처음부터 민간에 일언반구도 언급하지 않고 또 격문도 없이 군사를 이끌고 우리 도성에 들어가 야반에 왕궁을 습격하여 임금을 놀라게 하였다 하기로 초야의 사족과 백성들이 충군애국의 마음으로 비분강개하여 의병을 규합하여 일본인과 전투하여 이런 사실을 우선 일차 따져 묻고자 함이었습니다."

〈전봉준 공초〉

동학농민군은 처단해야할 대상을 탐관오리에서 일본으로 변경했습니다. 전봉준은 탐관오리는 둘째 치고 우선 조선 땅에서 외세를 물리치는 게 급선무라고 생각했지요. 이제 전봉준과 그를 따르는 동학농민군의 외침은 '조선 전체의 탐관오리를 몰아내자'에서 '조선에서 일본을 몰아내자'로 바뀌었습니다. 동학의 정신, 반봉건에 이어 반외세를 조선 땅에 실현시키기 위해 한양을 점령한 일본군을 완전히 몰아내기로 결심한 것이지요.

일본군과 맞서기 위해 다시 한번 일어선 전봉준은 측근을 데리고 전라도 삼례로 향합니다. 일본군을 치기 위해선 세력을 규합해야 하는데 이미 동학농민군은 해산했으니, 먼저 전국 각지로 흩어진 동학농민군을 한곳에 모아야 했습니다. 그래서 삼례를 거점으로 삼아 동학농민군을 재조직하고 항일 전선을 구축할 계획이었던 것이지요.

삼례는 전라도와 충청도는 잇는 교통의 요지였습니다. 전봉준은 이곳을 거점으로 삼으면 동학농민군을 모으기 쉬울 것이라 생각했지요. 그렇게 뜻을 함께할 동학농민군이 삼례에서 다시 모이니 그 수가 무려 4천여 명이었습니다. 2차 동학농민혁명의 막이 오른 것이었습니다.

1894년 음력 10월, 전봉준과 동학농민군은 채비를 하고 삼례를 떠납니다. 그들의 목적지는 한양이었지요. 드디어 사발통문에 결의했던 최종 목표를 달성하기 위한 발걸음을 내딛는 순간이었습니다.

그런데 뜻밖에도 한양으로 가는 길목에서 동학농민군에게 반가운 일이 벌어졌습니다. 일본을 몰아내기 위해 먼 길을 떠나는 동학농민군의 진영에 농민들이 너도나도 동참하겠다고 나선 것이었지요. 한양에 가까워질수록 동학농민군의 숫자는 점점 불어났습니다. 4천여 명으로 출발했던 동학농민군은 몇 명이 되었을까요? 무려 4만여 명이었습니다. 농민군이 10배 늘어 4만여 명의 병력을 갖추게 된 것이지요.

조선에서 일본군을 몰아내고 말겠다는 뜨거운 마음으로 모인 농민군 4만여 명을 이끄는 전봉준의 심경은 어떠했을까요? 1차 동학농민혁명과는 비교도 안 되는 숫자로 한양에 진격할 수 있으니 든든한 마음이었을 것입니다. 삼례 일대를 뒤덮을 정도로 많은 수의 농민군이 집결한 모습을 목격했던 당시의 한 관군은 "농민군 세력은 산과 들을 덮어 수를 헤아릴 수 없을 지경이었다"라고 말할 정도였지요.

다시 한번 결의한 동학농민군은 삼례에서 충남 공주를 돌파하고 있었습니다. 그런데 한 무리가 나타나 전봉준과 동학농민군의 앞을 막아섰습니다. 한양으로 진격하는 동학농민군을 방해하는 이들, 누구였을까요? 조선 관군을 대동하고 나타난 일본군이었습니다. 일찍이 일본과 조선 정부는 동학농민군이 세력을 모아 한양으로 쳐들어오고 있다는 소식을 접했습니다. 조선 정부는 동학농민군을 토벌하기 위해 일본과 연합군을 꾸려 남쪽으로 보냈던 것이지요.

조선 조정의 입장에서는 어떻게 해서든 그들이 한양으로 당도하기 전에 진압해야만 했습니다. 일본의 입장에서는 동학농민군이 일본을 몰아내자고 외치고 있으니 조선 침탈에 방해만 될 뿐이었지요. 일본군에게 동학농민군은 조선을 침략하기 위해 반드시 제거해야 하는 방해 세력이었습니다. 공주는 수도 한양으로 가는 길목이었기 때문에 동학농민군은 반드시 공주를 점령해야 했고, 일본과 조선 연합군은 기필코 공주를 사수해야만 했지요. 그렇게 공주는 일본과 조선 연합군, 그리고 동학농민군 간의 피할 수 없는 결전지가 되었습니다.

1894년 음력 10월 23일, 일본과 조선 연합군이 먼저 동학농민군을 기습 공격했습니다. 공주 일대에서 벌어진 첫 전투였지요. 갑작스러운 공격에 동학농민군은 당황하며 인근 산으로 후퇴했습니다. 가지고 있던 총으로 일본군에 반격했지만, 앞선 전투들처럼 큰 성과를 거둘 순 없었지요.

고심하던 전봉준은 새로운 전략을 세우기로 합니다. 일본군과의 충돌 이후 이틀 뒤, 이번엔 전봉준과 동학농민군이 기습 공격을

동학농민군 유광화 편지 동학농민군으로 활동한 유광화가 1894년 11월경 동생에게 보낸 한문 편지. 유광화는 동학농민군의 지도부로 활동하며 군수 물자를 조달하고 전투에 참여했던 인물로, 이 편지는 나라를 침략한 왜군과 싸우고 있으니 필요한 군자금을 급히 보내 달라고 요청하는 내용을 담고 있다. 제국주의 일본에 맞서 전투에 참여한 동학농민군의 의지와 그들이 처한 상황을 보여준다. 문화재청 제공.

하기로 합니다. 일본군과 조선군을 합쳐도 동학농민군의 병력이 많으니 기습 공격을 통해 그들을 밀어붙이기로 한 것이지요.

4만여 명의 동학농민군이 전봉준의 지휘 아래 공격을 감행했습니다. 본격적으로 전투가 발발한 가운데, 동학농민군은 마음에 새겼던 일본 척결을 다지며 있는 힘을 다해 싸웠지요. 그러나 맞붙은 진영 중에 한쪽의 군인들이 하나 둘, 쓰러지기 시작했습니다. 동학농민군이었지요. 그들의 시신은 점점 쌓여만 갔습니다.

농민군이 힘을 쓰지 못하고 쓰러진 이유는 다름 아닌 일본군의 신식 무기 소총 때문이었습니다. 사방에서 재빨리 날아오는 일본군의 총알 때문에 수많은 동학농민군이 대응하지 못하고 무참히 쓰러져만 갔습니다.

당시 일본군과 동학농민군이 가지고 있던 무기의 화력 차이는 엄청났습니다. 동학농민군이 가지고 있던 무기는 구식 조총이었지요. 탄환과 화약을 총에 따로 집어넣어서 불을 붙여 발사하는 형태의 무기였습니다. 화약을 넣느라 공격하기까지 많은 시간이 걸렸던 것이지요.

근대식 무기를 소지한 일본군 용산역사 박물관 제공

반면 일본군이 사용한 무라타 소총은 오늘날 운용하는 소총과 격발 방식이 같을 정도로 최신식이었습니다. 최대 사거리 1,800미터에 육박한 근대식으로 동학농민군의 총과 달리 즉시 격발이 가능했던 것이지요. 긴 사거리와 빠른 장전 속도를 가진 일본군의 무기는 동학농민군의 총과는 비교가 불가했습니다.

압도적으로 많은 병력이었음에도 동학농민군은 일본군의 화력에 무참히

당할 수밖에 없었습니다. 공주 일대엔 동학농민군의 시신이 빠른 속도로 쌓이기 시작했고, 농민군이 흘린 피가 개울을 이룰 정도로 끔찍한 광경이 펼쳐졌습니다. 결과는 전봉준과 동학농민군의 대패였습니다. 참혹한 광경 앞에서 전봉준의 심경은 어땠을까요? 목숨을 잃은 동료들을 바라보며 슬프기도 했겠지만 일본군에 비참히 패배한 것에 분노가 일지 않았을까요? 공주 인근에서 대패한 동학농민군은 슬퍼하거나 분노할 겨를도 없이 후퇴할 수밖에 없었습니다.

그러나 일본군의 잔인한 공격은 여기서 그치지 않았습니다. 1894년 음력 10월 27일, 일본의 총지휘관이 일본군에게 명령을 내렸지요.

"동학당에 대한 조치는 엄열함을 요한다. 향후 모조리 살육하라."
- 병참 총감 가와카미 소코루의 비밀 전보

한마디로 일본군에 반기를 든 동학농민군을 전부 찾아내 말살하라는 의미였습니다. 동학농민군을 모조리 죽일 때까지 일본군의 공격은 멈추지 않을 작정이었지요. 상부로부터 잔혹한 명령을 받은 일본군은 조선 땅에 있는 동학농민군을 찾아내 학살하기 시작했습니다.

최후의 결전지
우금치 전투

전봉준을 비롯한 동학농민군은 목숨을 위협받는 진퇴양난의 상황에 처했습니다. 한 발도 물러설 수 없는 긴장감이 감돌았지요. 전봉준은 다시 한번 동학농민군을 소집합니다. 농민들은 기다렸다는 듯 구름처럼 몰려들었습니다. 이때 결집한 동학농민군은 무려 2만여 명이었습니다. 공주 일대에서 패배한 지 약 2주 만에 2만 명이라는 어마어마한 숫자가 또 한 번 집결한 것이지요.

수많은 동료들과 무고한 농민이 일본군의 총칼에 쓰러지는 모습을 눈앞에서 본 사람들은 어쩌면 자기도 죽을지 모른다는 사실을 알고 있었습니다. 그러나 조선을 지키고, 일본군을 몰아내야 한다는 열망 하나로 똘똘 뭉친 것이지요.

1894년 음력 11월, 지도자 전봉준을 따르는 2만여 명의 동학농민군은 논산에서 최후의 결전지로 향합니다. 그곳은 공주로 들어갈 수 있는 마지막 관문인 우금치였습니다. 우금치는 일본군과 조선 관군의 공격에 패배했던 공주 부근의 고개였지요. 한양으로 진격하려면 공주를 반드시 넘어야만 했습니다. 설사 또다시 일본군에게 패해 후퇴한다 한들, 이미 일본군에게는 동학농민군을 모조리 학살하라는 명령이 떨어진 상황에서 전봉준과 동학농민군은 더 이상 물러날 장소가 없었지요. 죽거나 살거나 둘 중 하나만이 남는 기로에 선 것입니다.

우금치로 향하는 일본군과 조선 관군의 숫자는 모두 합하여 2천여 명이었습니다. 동학농민군은 이보다 10배 많은 2만여 명이었지요. 1894년 음력 11월 9일 공주 우금치에서 동학농민혁명 사상 가장 치열한 전투가 시작되었습니다. 밤낮 없이 일본군과 동학농민군 간에 끊임없는 공방전이 이어졌지요.

치열하게 싸우는 일본군과 동학농민군, 둘 중 누가 승기를 잡았을까요? 상황은 전봉준과 동학농민군에게 불리하게 돌아가고 있었습니다. 그 이유는 지형 때문이었지요. 일본군이 동학농민군이 쳐들어 올 것을 알고 미리 우금치 고개의 높은 지대에 자리를 잡고 기다리고 있었던 것입니다.

높은 지대를 선점하고 총구를 겨누고 있는 일본군 앞으로 동학농민군은 죽을 것을 알면서도 돌진했지요. 이 고개를 넘어야만 더 나은 세상을 물려줄 수 있다, 자주국 조선을 지켜야만 한다고 되뇌던 동학농민군의 마음을 상상할 수 있나요? 높은 지대에서 자리를 잡고 동학농민군을 공격한 일본군은 사거리가 긴 총으로 일제히 사격했다가 산속으로 은신하길 반복했습니다. 치열한 우금치 전투를 치르고 난 뒤 농민군의 상태는 어떠했을까요?

"두 차례 전투 후 1만여 명의 군사 중에 수를 세니 남은 자가 불과 3천여 명이고, 그 후 또 두 차례 전투 후 수를 세니 불과 500여 명이

므로 패하여 달아나 금구에 이르러 다시 불러 모으니 수효는 조금 늘었으나 기강이 없어 다시 전투를 벌이기 몹시 어려웠습니다."

〈전봉준 공초〉

전봉준이 전투를 치른 후 남은 군사를 세어 보았더니 1만 명에서 3천 명으로 줄어 있었고, 또다시 논산에서 접전한 후 세어보니 단 500명만 살아남았다는 것입니다. 목숨을 걸고 전투에 임한 전봉준과 동학농민군은 일본군의 압도적인 화력에 연달아 패배하고 말았습니다.

농민군이 패배할 수밖에 없었던 이유에는 화력과 지형의 군사적 이유도 들 수 있었겠지만, 우리가 잊고 있었던 사실이 또 하나 있습니다. 그것은 전봉준을 비롯한 동학농민군은 군인이 아니라 농사를 짓던 농민이었다는 사실입니다. 농민군이 무기와 전술은 물론 심리적으로도 열세일 수밖에 없는 것이 당연했지요.

우금치 전투에서 패배한 전봉준은 어떻게 되었을까요? 전봉준은 가까스로 도망쳐 목숨을 구했습니다. 그리고 살아남은 동학농민군 세력을 또다시 모아 일본군에게 대항했지요. 그들의 항전은 계속되었습니다. 끝끝내 포기하지 않던 동학농민군은 승리할 수 있었을까요? 결과는 같았습니다. 일본군을 상대로 번번이 패배하던 전봉준은 1894년 음력 11월 27일, 동학농민군의 해산을 결정합니다.

동학농민혁명의
꺼지지 않는 불씨

동학농민군은 해산되었지만 전봉준의 신변이 안전해지지는 않았습니다. 일본군이 전봉준에게 현상금을 거는 바람에 쫓기는 신세가 되었지요. 그렇게 전봉준은 여러 지역을 전전하며 몸을 숨길 수밖에 없었습니다. 전북 순창으로 몸을 피신하여 옛 부하를 만나게 된 전봉준은 그의 제안으로 한 민가에 머물렀습니다. 그런데 갑자기 전봉준이 은신하던 집에 관군이 들이닥칩니다.

알고 보니 전봉준을 숨겨준 부하가 관아에 그를 밀고한 것이었습니다. 1894년 음력 12월, 전봉준은 부하에게 배신당해 체포되고 말았습니다. 그리고 체포된 지 4개월 만에 근대식 법원에서 재판을 받았지요. 재판 결과는 어땠을까요? 전봉준에게 내려진 처벌은 사형이었습니다. 이는 근대식 법원이 생긴 후 최초로 선고된 사형 판결이었습니다.

사형 선고는 전봉준에서 그치지 않았습니다. 동학 제2대 교주였던 최시형 역시 체포되어 사형 선고를 받고, 1898년 음력 6월 교수형을 당했습니다. 충격적인 사실은 동학 교주 최시형에게 사형 선고를 내린 판사의 정체입니다. 고부 마을의 농민들을 수탈해 고부 농민봉기의 원인이 되었던 탐관오리 조병갑을 기억하시나요? 2차 동학농민혁명이 실패하자 완도로 유배되었던 조병갑이 조선 조정

관군에게 잡힌 전봉준 동학농민혁명기념관 제공

에 돌아와, 고등재판소의 판사로 중용되었습니다. 바로 이 조병갑이 고등재판소 판사로서 최시형에서 사형 선고를 내렸지요. 결국 백성들이 꿈꾸었던 새로운 세상을 미처 마주하기도 전에 동학농민혁명은 실패로 마무리됩니다.

동학농민혁명은 대나무와 조총 몇 자루로 세상을 바꾸기 위해 대다수 익명의 보통 사람들과 전봉준이 일으켰던 사건이었습니다. 봉기를 일으키기 전, 전봉준 역시 고부에서 아이들을 가르치며 살아가던 평범한 사람이었지요. 전봉준과 농민군이 바라던 것은 결코 거창한 것이 아니었습니다. 보다 평등한 세상을 꿈꾸면서 불합리를 타파하고, 나아가 외세의 불법적인 침탈로부터 조선을 지키기 위해 일어섰던 것이지요. 오늘날 우리가 자연스럽게 향유하는 것들을 지켜내기 위해 그들은 목숨을 바쳤던 것입니다.

이름 모를 동학농민군은 혁명 이후 어떻게 지냈을까요? 동학농민군은 일제에 국권을 빼앗긴 후에도 또다시 이름 모를 수많은 '항일 의병'으로 남아 항일 운동을 벌였습니다.

누군가는 동학농민혁명을 개항기 조선의 실패한 혁명이었다 기록할지라도, 전봉준과 동학농민군이 지핀 불씨는 꺼지지 않았습니다. 1차 동학농민혁명 발발 이후 조선은 정부 차원에서 반봉건을 위한 개혁 운동, '갑오개혁'을 추진했거든요. 그런데 갑오개혁에 포함된 개혁 내용 중 하나가 무엇인지 아시나요? 바로 '신분제의 폐지'였습니다. 전봉준과 농민들이 간절히 원했던 평등한 세상이 그들로 인해 한 걸음 가까워졌던 것이지요. 동학농민군의 봉기가 '혁명'으로 남아 오늘날 기억되는 이유가 여기에 있었습니다. 나라의 개혁과 변화를 꿈꾸며 더 나은 세상을 도래하게 만든 주역은 이름 모를 수많은 민초들이었음을 우리는 잊지 말아야 합니다.

벌거벗은 한국사 [권력편]

초판 1쇄 발행	2023년 3월 28일
초판 7쇄 발행	2025년 1월 15일

지은이 **tvN** STORY 〈벌거벗은 한국사〉 제작팀
강문식, 김경수, 박재우, 유바다, 임기환, 최태성, 홍문기

펴낸이 임경진, 권영선
책임편집 김민진
디자인 *studio* weme
제작 357제작소
일러스트 스튜디오 쥬쥬베, 스튜디오 마치

펴낸곳 ㈜프런트페이지
출판등록 2022년 2월 3일 제2022-000020호
주소 경기도 파주시 회동길 37-20, 204호
전화 070-8666-7031(편집), 031-942-0203(영업)
팩스 070-7966-3022
메일 book@frontpage.co.kr
인스타그램 instagram.com/frontpage_books
네이버 포스트 https://post.naver.com/frontpage_book

ISBN 979-11-982434-0-9(04910)